Xenia

Aus dem Leben einer Prinzessin im 21. Jahrhundert

Xenia Prinzessin von Sachsen

Xenia

Aus dem Leben einer Prinzessin
im 21. Jahrhundert

Schwarzkopf & Schwarzkopf

Für Max

Inhalt

Liebe Leserin, lieber Leser,

glauben Sie an das Schicksal? Dass alles, was im Leben passiert, einen tieferen Sinn hat? Ich tue das. Mich fasziniert vor allem die Idee, dass der Punkt im Leben, an dem sich uns unser Schicksal das erste Mal zeigt, die eigene Geburt ist.

Bei mir war das der 20. August 1986, als ich in eine Familie geboren wurde, von deren historischer Bedeutung ich als klitzekleines Frühchen noch keinen blassen Schimmer hatte. Der Moment, in dem ich die Wahrheit über meine Herkunft erfuhr, sollte noch ein paar Jahre auf sich warten lassen. Das Schicksal hat ja bekanntlich etwas übrig für Ironie und so kam es, dass ich gerade in meinem Lieblingsprinzessinnenkostüm steckte, ein Plastikkrönchen auf meinem Kopf zurechtgerückt hatte und bereit für meinen großen Auftritt bei einer Karnevalsparty war, als meine Mutter auf die Idee kam, mich über meinen royalen Background aufzuklären. Ja, so ist sie, meine Mutter: immer stilecht.

Ich erfuhr, dass mein voller Name Xenia Gabriela Florence Sophie Iris Prinzessin von Sachsen Herzogin zu Sachsen ist. Die historisch Interessierten unter Ihnen kennen vielleicht meinen Urururururururgroßvater, August den Starken, er und seine Nachkommen ließen so wichtige Kulturdenkmäler wie den Dresdner Zwinger und die Dresdner Frauenkirche erbauen. Doch auch wenn er und ich durch Blutsbande verbunden sind, könnten unsere Leben wohl kaum unterschiedlicher sein. Und das sage ich nicht nur, weil ich nicht sächseln kann. Nein, ein Leben als Prinzessin im Deutschland des 21. Jahrhunderts ist doch schon ein Widerspruch in sich: Wir leben nicht mehr in einer Monarchie und die Vorrechte des Adels sind abgeschafft – jeder weiß das. Und trotzdem sind die ersten Fragen, die ich zu hören bekomme, wenn ich jemanden kennenlerne, immer wieder dieselben: Wo ist denn deine Krone? Hast du Diener? Und: Wo steht dein Schloss?

Womit soll ich anfangen? Ich bin nicht in einem Schloss in Sachsen aufgewachsen, sondern auf dem Land in Nordrhein-Westfalen, zum Mittagessen gab es bei uns eher Pommes rot-weiß als Gänsestopfleber. Die würde ich, nebenbei bemerkt, sowieso nicht essen, weil ich mit Leib und Seele Tierschützerin bin. Ich habe keine Bediensteten (Ich lebe in einer WG: Bevor ich einen Diener beschäftige, würde ich das Geld lieber in eine Spülmaschine investieren!) und auch ein Traumprinz auf einem weißen Pferd hat sich bisher in meiner Nachbarschaft noch nicht blicken lassen. Das ist aber auch gar nicht nötig, denn mein Traummann muss weder standesgemäß sein, noch ein weißes Pferd besitzen. Solange er mich einfach so liebt, wie ich bin, braucht er noch nicht mal ein Auto zu haben – ich kann ihn gern auf meinem weißen Motorroller mitnehmen.

Es gibt jede Menge kuriose Vorstellungen darüber, wie eine Prinzessin in der heutigen Zeit lebt. Also habe ich eines Tages einfach zu Tinte und Feder, äh, ich meine zum Laptop, gegriffen und angefangen, all die Geschichten aufzuschreiben, die zeigen, wie es wirklich ist, so ein Leben als Prinzessin im 21. Jahrhundert. Und eines kann ich Ihnen versprechen: Was hollywoodreife Stoffe angeht, kann mein Leben locker mit dem meiner Vorfahren mithalten.

Wie gesagt: Ich glaube an das Schicksal, aber es ist wichtig, ihm nicht alles durchgehen zu lassen. Hin und wieder kann es nämlich ein riesengroßes A... sein – das weiß ich aus eigener Erfahrung. Wenn ich vom Schicksal überhaupt irgendetwas gelernt habe, dann, dass man sich ihm stellen und es sogar manchmal herausfordern muss. Dies ist *unser* Leben und wir können alles erreichen, tun oder sein, was wir wollen – da bin ich mir sicher. »Im Laufe des Lebens erschafft man sich sein eigenes Universum«, sagte der große Winston Churchill. In diesem Sinne: Willkommen in meinem Universum! Ich wünsche Ihnen viel Spaß beim Lesen.

Alles Liebe, Ihre Xenia

15 Dinge

DIE ICH IN MEINER HANDTASCHE HABE

1. Schminktäschchen
2. Handy
3. Geldbörse
4. Desinfektionsgel
5. Parfüm
6. Hundekot-Beutel
7. Wild-Apricot-Oil für die Lippen
8. Augen-Roll-on gegen Augenringe
9. Notizbuch
10. iPod
11. Dextro Energen
12. Füller
13. Mini-Haarbürste
14. Nagellack
15. Bonbons

Kapitel 1

Prinzessin von Zahnspange

Meine Kindheit

Es war einmal …

Prinzessin Xenia betritt die Bühne des Lebens

Es war einmal eine Prinzessin mit langem blonden Haar, sie war die schönste Frau im ganzen Land und wo sie auch hinkam, jubelten die Menschen ihr zu. In ihrem Schloss wurden rauschende Feste gefeiert und die hübschesten Prinzen der Welt standen bei solchen Anlässen den ganzen Abend lang Schlange, nur um ein einziges Mal mit ihr reden zu dürfen.

Pardon, wenn ich an dieser Stelle gleich mal einhaken dürfte: Glauben Sie wirklich, dass mein Leben so aussieht? Also bitte, Sie haben eindeutig zu viele Disney-Filme gesehen! Auch Prinzessinnen haben es nicht immer leicht im Leben, lassen Sie sich das von einer waschechten Prinzessin gesagt sein. Aber, ach, wo sind meine Manieren geblieben? Gestatten, mein Name ist Xenia Gabriela Florence Sophie Iris Prinzessin von Sachsen Herzogin zu Sachsen. Manche sagen, ich sei ein bisschen zu temperamentvoll – das mag sein, wahrscheinlich ist es einfach Ausdruck meiner Freude darüber, dass ich es überhaupt bis hierhin geschafft habe. Denn schon mein Start in die Welt war wirklich alles andere als märchenhaft.

111 FRAGEN AN EINE PRINZESSIN

Leben Sie in einem Schloss?

Ich lebe nicht in einem Schloss, sondern in einer Mädchen-WG. Aber ich habe ein Lieblingsschloss, das ist das Schloss Weesenstein in Sachsen. Dort haben meine Vorfahren gelebt und ich finde es wunderschön. Es ist 700 Jahre alt, groß, verwinkelt und hat einen Turm. Ich darf in dem Schloss in alle Räume gehen und habe dort sogar schon einmal Klavier gespielt. Es gibt auch einen tollen Schlossgarten, in dem ich irgendwann mit meinem Traumprinzen spazieren gehen will.

Vier Monate hatte meine Mami mit mir bereits im Krankenhausbett gelegen, weil es während der Schwangerschaft Komplikationen gegeben hatte. Aber ich ersparte ihr weiteres Stillliegen und verlegte meinen großen Auftritt einfach acht Wochen vor. Und wie das mit Frühchen immer so ist, war ich eigentlich noch viel zu klein, um überleben zu können. Aber das hielt mich nicht davon ab, selbstbewusst die Bühne des Lebens zu betreten. Ich war so weit, es konnte losgehen: Achtung Welt, ich komme!

Ich hatte einen roten Teppich erwartet und bekam ... ein blutrotes Massaker. Vielleicht war es der royale Besuch im Kreißsaal, der die Ärzte so nervös gemacht hatte, jedenfalls leistete sich einer dieser Götter in Weiß einen buchstäblichen Fauxpas über ein herumliegendes Kabel und riss mir armen Würmchen dabei die Nabelschnur ab. Meine Mami fiel vor Schreck beinahe in Ohnmacht, das Blut spritzte wie in einem Splatterfilm und die Schwestern rannten panisch durcheinander.

Wie ich schon sagte, es war kein märchenhafter Start in die Welt, aber dafür ein spektakulärer – eben genau so, wie ich es mag ...

Der 24. Buchstabe

Prinzessin Xenia verrät eine seltsame Familientradition und freut sich, dass sie nicht »Simion« heißt

Meine Mutter hat eine etwas merkwürdige Vorliebe. Manche Leute mögen Blumen, andere sammeln Briefmarken, meine Mutter liebt den Buchstaben X.

Es begann, als sie mit mir schwanger war. Zuerst war Mami fest davon überzeugt, ich würde ein Junge werden. Also nannte sie mich in den ersten Monaten der Schwangerschaft Simion. Ich bitte Sie: Wäre ich ein Junge geworden, hätte ich in der Schule als Prinz Simion von Sachsen Herzog zu Sachsen zu 99,9 Prozent eine echt miese Schulzeit gehabt. Als Xenia ist es ja schon nicht immer leicht gewesen, aber als Junge, Prinz und mit so einem Namen in den 90er-Jahren hätte ich nun wirklich nichts zu lachen gehabt.

Irgendwann war sie sich nicht mehr so sicher, dass ich ein Junge würde, und überlegte sich Alternativen zu Simion. Als Erstes hatte sie die Idee, mich Sarah zu nennen. Doch schon in den vier Monaten, die sie bis dahin im Krankenhaus verbracht hatte, sollte jedes zweite Mädchen, das auf die Welt kam, Sarah heißen. Dicht gefolgt von Julia. Das war ihr dann doch zu wenig Raum

111 FRAGEN AN EINE PRINZESSIN

Hört eine Prinzessin nur klassische Musik?

Ich höre sehr viel klassische Musik, zum Beispiel Beethoven und Mozart, und ich spiele und komponiere auch selbst – am Klavier und am PC. Mein Lieblingskomponist der Gegenwart ist Hans Zimmer, alles was er macht, ist für mich eine Offenbarung. Aber ich mag auch Hip-Hop, House und momentan stehe ich total auf Dubstep. Das heißt, die Musik, die aus meinen Gemächern kommt, ist immer verschieden und vor allem stimmungsabhängig.

für Individualität. Also wälzte sie ein paar Namensbücher und ließ sich bei ihrer Suche nach dem perfekten Namen von ihrer Mutter inspirieren: Meine Oma hatte meine Mami Iris genannt, das bedeutet Regenbogen auf Altgriechisch. Ein wundervoller Name, nicht wahr?

Jedenfalls sollte nun, gewissermaßen in Familientradition, ein griechischer Name her. Meine Mami forschte nach und verliebte sich in den Namen Xenia. Es war beschlossene Sache: Falls ich doch ein Mädchen werden würde, dann sollte ich Xenia heißen. Und so kam es dann auch. (An dieser Stelle muss ich eine Danksagung loswerden: Danke, Gott, dass du mir kein XY-Chromosom gegeben hast und ich kein Junge geworden bin. Danke!)

Vom Tag meiner Geburt an hatte meine Mami den X-Faktor für sich entdeckt. Ich bin in Xanten zur Schule gegangen. Ein Auto musste her, der Xantia. Als dieses Auto kaputtging, bekamen wir bald ein neues – wie hätte es anders sein können? Den Xsara. Und wenn ich zickig war, nannte meine Mutter mich Xanthippe.

Ich bin gespannt, welche Formen der X-Wahn meiner Mami noch annimmt. Vielleicht legt sie sich einen Hund namens Xund zu oder schreibt ein Selbsthilfe-Buch für Menschen mit X-Beinen. Oder stellt einen Gärtner mit Namen Xaver ein. Ihr ist alles zuzutrauen. Zum Glück hatten wir Kinder Gitarren- und keinen Xylofonunterricht. Sonst würde ich heute wahrscheinlich keine Popsongs singen, sondern wäre Mitglied in einem Spielmannszug.

Puppenspiele

Prinzessin Xenia entdeckt, dass Barbie und Ken auch nur Menschen sind

Wie viele kleine Mädchen, spielte auch ich wahnsinnig gern mit Barbiepuppen. Einmal bekam ich zu Weihnachten ein prächtiges selbst gebautes Barbie-Puppenhaus: Es hatte zwei Etagen, die Wände waren tapeziert und es gab sogar Teppich in den Zimmern. Ich veranstaltete ein kleines Barbie-Casting. Wer würden die beiden Glücklichen sein, die in das Haus einziehen dürften? Ich entschied mich für die Barbie, die meiner Mami am ähnlichsten sah, und für den stattlichen Ken. Es gab ja damals eh nur einen einzigen Mann in Barbies Welt, also mussten die beiden wohl oder übel zusammenziehen.

Der Alltag in meinem Puppenhaus und das echte Leben schienen auf wundersame Weise parallel zu laufen. Denn kurze Zeit später heiratete Mami einen Mann und wurde schwanger. Meine Schwester war unterwegs und ich bekam eine Barbie geschenkt, die ebenfalls schwanger war. Also tauschte ich meine Mami-Barbie kurzzeitig gegen Pregnant-Barbie und wartete ungeduldig auf

111 FRAGEN AN EINE PRINZESSIN

Welche Instrumente spielen Sie?

Als Kind habe ich angefangen, Klavier zu spielen. Ich habe allerdings nur ein paar Stunden Unterricht gehabt und es mir ansonsten mit der Hilfe meiner Mutter selbst beigebracht. Auch Gitarre und Schlagzeug kann ich spielen. Ich bin der Meinung, dass jeder Mensch jedes Instrument erlernen kann, wenn er sich nur ein bisschen Zeit nimmt. Zur Zeit spiele ich viel Gitarre und habe deshalb Hornhaut an den Fingern. Nicht gerade typisch für eine Prinzessin …

die Geburt ihres Babys. Oh Wunder: Meine Schwester und Barbies Baby kamen gleichzeitig zur Welt.

Das Leben in meiner Puppenstube war weiß Gott keine Weichspülversion des wahren Lebens, sondern ziemlich authentisch: voller Liebe, Konflikte und manchmal eben auch ohne Happy End. Als sich Mami und mein Stiefvater immer häufiger stritten, hing auch der Haussegen im Barbie-Haus schief. Ken war aggressiv, brüllte und verstand Barbies Bedürfnisse nicht mehr. Das machte mich ziemlich sauer auf ihn. Also fasste ich einen Entschluss: Ken musste sterben. Oft waren die beiden in ihrem rosa Wohnmobil in den Urlaub gefahren (also in unser Esszimmer oder in die Küche). Es hatte alles so romantisch in dem rollenden Zuhause angefangen und dort sollte es auch enden. Eines Tages war es dann so weit: Ken wollte dieses Mal allein in den Urlaub fahren und ließ Barbie und das Baby einfach im Barbie-Haus zurück. Was er nicht wusste: Barbie hatte nachts die Bremsschläuche des Wohnmobils durchgeschnitten.

Als er kurz vor dem Esszimmer halten wollte, versagten die Bremsen und das Wohnmobil stürzte den Abhang (die Treppe) hinunter. Jede Hilfe kam zu spät, der Notarzt konnte nur noch Kens Tod feststellen. Das Wohnmobil landete dann im Mülleimer. Ich wollte es nicht mehr. Und Barbie und ihr Baby lebten glücklich allein im Haus.

Die Würfel waren gefallen. Kurze Zeit später trennte sich Mami von ihrem Mann. Vielleicht war die Trennung nicht so dramatisch wie Barbies und Kens, aber von da an lebten auch wir als Familie wieder glücklicher zusammen …

Schnipp, schnapp, Haare ab!

Prinzessin Xenia hat Läuse
und ein großes Mitteilungsbedürfnis

Auch Prinzessinnen werden nicht von Krabbeltierchen verschont und so kam es, dass ich mit vier Jahren kurz vor unserem Umzug in Richtung Nordrhein-Westfalen aus dem Kindergarten nach Hause geschickt wurde. Diagnose: Läuse. Verstanden hab ich die ganze Aufregung der Kindergärtnerinnen nicht. Ich freute mich nur, früher nach Hause gehen zu dürfen. Mami war gerade im Umzugsstress und holte mich total abgehetzt ab. Aus unerfindlichen Gründen wollte sie mich nicht auf den Arm nehmen. »Ach Mami, das sind doch nur Läuse«, sagte ich. Schon bei dem Wort schüttelte sie sich. Ich fand es einfach witzig, dass sich alle so aufregten. Zu Hause angekommen, standen wir in einem Meer aus Umzugskartons. Ich wollte gleich meine Barbies holen und spielen gehen. Da schrie Mami: »Finger weg! Die haben Haare!« Na gut, dann eben nicht.

»Mami, ich geh jetzt rüber zu Isabell, ja?«

»Nein! Du kannst nirgendwohin Schatz, du hast L-ä-u-s-e!« Sie zog das Wort so lustig in die Länge und musste sich danach schon wieder schütteln. Dann ging sie vor sich hin murmelnd in die Küche und kam wenig später mit einer großen alten Schere

111 FRAGEN AN EINE PRINZESSIN

Was macht eine Prinzessin mit ihren besten Freundinnen?

Ganz normale Sachen wie andere Mädchen auch: ausgehen, Jungs angucken, Kaffee trinken, Filme anschauen, spazieren gehen, einfach rumhängen. Ich wohne in einer Mädchen-WG, da verbringt man nach der Arbeit einfach Zeit miteinander.

in der Hand zurück. Schnipp, schnapp fuhr sie mir damit durchs Haar – das tat ganz schön weh.

»Tut mir leid, mein Sonnenschein, aber die andere Schere ist in irgendeinem der vielen Umzugskartons versteckt.« Wow! Meine Mutter konnte offenbar Gedanken lesen. Aber das half mir in diesem Fall leider nicht weiter. Mechanisch arbeitete sie sich mit der Schere vor und die Strähnen fielen zentimeterweise. Ich schaute zu Boden und versuchte, so stillzustehen, wie es nur ging. Wenigstens wusste meine Mutter, was sie tat – sie ist ja schließlich ausgebildete Friseurin.

Wenige Minuten später war ich ein anderer Mensch. Ich sah in den Spiegel: Auf meinem Kopf prangte ein klassischer Topfschnitt. Damit sah ich eher aus wie Prinz Eisenherz als wie eine Prinzessin. Ich konnte meine Tränen nicht zurückhalten und weinte um meine geliebten langen Haare. Und Mami bläute mir ein, ich sollte bloß niemandem erzählen, dass ich Läuse hätte. Das wäre ganz, ganz, ganz doll peinlich. Danach telefonierte sie mit Tante Gaby und ich bekam mit, dass die beiden über etwas sprachen, das man in der Apotheke kaufen konnte: Es hieß Goldgeist. Wie dieser Goldgeist wohl aussehen mochte? Wahrscheinlich wie eine kleine glitzernde Fee, die mit ihrem Zauberstab meinen Kopf berühren und alle Läuse einfach verschwinden lassen würde. Gerade als Mami zur Apotheke losgehen wollte, sah ich meine beste Freundin auf der Straße. Mami hatte sich nur eine Sekunde umgedreht, da hatte ich auch schon das Fenster geöffnet und rief nach draußen: »Hallo Isabell … nein, ich kann nicht kommen … ich hab Läuse.«

»Was hast du?« – »L-ä-u-s-e!« – »Waaas?« – »I-C-H H-A-B L-Ä-U-S-E!«

Ich brüllte, sodass mich die komplette Nachbarschaft gehört haben musste. Unsere Nachbarin von gegenüber stand gerade am offenen Fenster, als ich sagte: »Bitte sag es niemandem weiter, sonst ist Mami böse auf mich.«

Meine Mutter erzählte mir später einmal, dass sie sich in diesem Moment am liebsten in eine Ecke gesetzt und geweint hätte. Doch sie kam ganz ruhig zu mir herüber, hob mich von der Fensterbank, lächelte den Nachbarn nett zu und schloss das Fenster. Meine Mutter – immer eine Lady! Trotzdem war sie bestimmt erleichtert, dass sie die Nachbarn nicht wiedersehen würde – denn wir steckten ja mitten im Umzug. Als meine Mutter von der Apotheke zurückkam, stellte sich heraus, dass der »Goldgeist« gar keine Fee war, sondern nur ein Mittel gegen Läuse. Sie wusch mir damit die Haare und stylte meinen Topfschnitt zu einer frechen Kurz-Kurz-Kurzhaarfrisur um. Noch am selben Nachmittag verließen wir die Stadt.

*

Dass meine »Läusefrisur« und unser Umzug auf denselben Tag fielen, war für mich sehr prägend: Noch heute beginne ich fast jeden neuen Lebensabschnitt mit einer neuen Frisur oder Haarfarbe. Wenn kurz, dann radikal kurz. Wenn farbig, dann wild kombiniert. Das unfreiwillige Umstyling von damals hat mich wohl einfach auf den Geschmack gebracht.

111 FRAGEN AN EINE PRINZESSIN

Haben Sie eine Lieblingsstadt?

Ich habe seit zwei Jahren eine innige Beziehung zu London und England, weil ich dort mit der BBC eine wunderschöne Zeit verbracht habe. Seitdem freue ich mich wie ein kleines Kind, wenn ich nach London reisen kann. Aber ich habe jetzt auch meine Heimat gefunden und das ist Berlin. Hier gibt es kulturell und musikalisch wirklich alles, was man sich wünschen kann, deshalb liebe ich diese Stadt. Berlin ist locker und cool, ich kann hier mit einer Jogginghose über die Straße laufen und es ist völlig in Ordnung. In London würde ich das nicht machen.

Der Tag der Wahrheit

Prinzessin Xenia erfährt, dass für sie jeden Tag Karneval ist – und spielt dann doch lieber mit ihren Barbies

Jedes Jahr gibt es eine Zeit, in der die Menschen aus ihrem Alltag ausbrechen, um vorübergehend jemand anders zu sein: Ich spreche natürlich vom Karneval. Und jedes Jahr steht man vor der Frage: Als was verkleide ich mich? Das Kostüm hilft einem dabei, in eine andere Rolle zu schlüpfen, und es hat den großen Vorteil, dass einen nicht jeder sofort erkennt. Denn die Karnevalszeit ist vor allem deshalb so schön, weil man ein paar Tage lang Dinge tun darf, die den Rest des Jahres verboten sind.

Und das gilt auch für kleine Mädchen: Schminke ist erlaubt, man darf sich verrückte Kleider anziehen und wie von Geisterhand fallen Süßigkeiten vom Himmel. Schon Wochen vorher war ich immer aufgeregt und freute mich auf den großen bunten Umzug. Was mein Kostüm anging, hatte ich für einen Dreikäsehoch schon ziemlich genaue Vorstellungen: Seitdem ich drei Jahre alt war, wollte ich mich einzig und allein als Prinzessin verkleiden. Es gab für mich keine Alternative – bis nach dem sagenumwobenen Karneval im Jahr 1992.

Dieses Jahr war ein ganz besonderes, auch weil meine kleine Schwester mich das erste Mal zum Karneval begleiten würde. Ich bekam ein wunderschönes neues Kostüm: Es war ein hellblaues Prinzessinnenkleid und dazu gehörte ein kleines goldenes Plastikkrönchen – mein ganzer Stolz. Als ich fertig angezogen war, stürmte ich vor den Spiegel, um zu schauen, wie ich aussah. Ich stand minutenlang da, um das Kleid in seiner ganzen Pracht zu begutachten. Und dann fing ich an zu tanzen, ich machte ein paar Pirouetten, dabei raschelte der Stoff und der Rock des Kleides breitete sich aus wie eine Glocke. Ich schritt vor dem Spiegel vornehm auf und ab und stellte mir vor, ich sei eine Prinzessin auf einem Ball und viele Prinzen aus aller Herren Länder ständen Schlange, um mit mir zu tanzen. Also machte ich einen Knicks, ließ mir einen Handkuss geben und wirbelte dann mit meinem imaginären Tanzpartner ins Kinderzimmer.

Da bemerkte ich plötzlich, dass meine Mami am Türrahmen lehnte und mich lächelnd ansah. Sie kam auf mich zu, kniete sich neben mich und blickte mir tief in die Augen.

»Du möchtest doch eine Prinzessin sein, oder?«

Ich nickte.

»Mein Sonnenschein, ich möchte dir heute etwas Wichtiges über unsere Familie erzählen. Dein Ururgroßvater war ein echter König. Er herrschte über das Königreich Sachsen und wohnte in einem großen Schloss. Und du, mein Schatz, bist eine echte kleine Prinzessin.«

Als sie diese Worte sprach, lag so ein ganz geheimnisvoller Ton in ihrer Stimme und ich wusste gleich, dass sie mir die Wahrheit sagte.

Ich war also *wirklich* eine Prinzessin ...

Irgendwie fand ich nach dieser Offenbarung nicht so recht in mein Spiel zurück, so sehr ich es auch versuchte. Ich stellte mir einen wunderschönen Prinzen vor, der mit mir tanzen wollte, aber

111 FRAGEN AN EINE PRINZESSIN

Was sind für Sie die wichtigsten Werte im Leben?

Respekt steht bei mir ganz oben: Respekt vor anderen Menschen, Respekt vor der Natur und Respekt vor sich selbst. Freundschaft finde ich unverzichtbar, auch eine Liebesbeziehung sollte auf Freundschaft basieren. Ich halte außerdem Hilfsbereitschaft und Vertrauen für wesentliche Werte. Bei der Ehrlichkeit würde ich Abstriche machen, obwohl sie natürlich auch sehr wichtig ist. Aber manchmal darf man auch auf eine Notlüge zurückgreifen, um andere nicht zu verletzen. Einfach mal die Klappe halten und seine Meinung für sich behalten, kann auch die richtige Entscheidung sein.

der stellte sich dann furchtbar dumm an und trat mir beim Walzer ständig auf die Füße.

Die Begeisterung für mein Prinzessinnenspiel war wie weggeblasen. Wer kennt das nicht? Manchmal, wenn man etwas unbedingt möchte und es dann bekommt, ist es plötzlich nicht mehr so interessant.

»Und, mein Schatz?«, fragte meine Mutter. »Bist du froh darüber, eine Prinzessin zu sein?«

»Das ist schon okay, Mami«, war meine Reaktion. Mehr nicht. Ein Okay und ich spielte lieber wieder mit meinen Puppen.

Für einen Tag wären das eigentlich schon genug Neuigkeiten für ein kleines Mädchen gewesen, doch meine Mutter eröffnete mir bei dieser Gelegenheit auch noch, dass mein Name nicht nur Xenia, sondern *Xenia Gabriela Florence Sophie Iris Prinzessin von Sachsen Herzogin zu Sachsen* sei.

Uiuiui … das war aber ein ganz schön langer Name! Ungläubig sah ich meine Mami an. Den Namen Iris kannte ich ja – so hieß meine Mami –, aber all die anderen Namen kamen mir merkwürdig und fremd vor. Ich hatte gerade erst gelernt, wie man Xenia schreibt, und war nach langem Üben so stolz, dass ich die fünf Druckbuchstaben, die meinen Namen ergaben, endlich ohne Hilfe zu Papier bringen konnte. All diese neuen Namen schreiben zu lernen, würde bestimmt nicht einfach werden. Ob ich die überhaupt auf ein einziges Blatt Papier bekommen würde?

*

Am Aschermittwoch ist die Zeit des Verkleidens vorbei, die Leute legen ihre Kostüme und die damit verbundenen Rollen ab, kehren zurück in den Alltag und freuen sich darauf, ein Jahr später wieder Karneval zu feiern.

Mein hellblaues Prinzessinnenkleid hätte mir noch die nächsten drei Jahre gepasst. Mami hatte es extra groß gekauft und den

Saum nach innen geschlagen, sodass sie ihn jedes Jahr bis auf Knielänge auslassen konnte. Doch in den Jahren darauf wollte ich lieber als Cowgirl oder Fee zum Karneval gehen. Denn eins war mir klar geworden: Mein hellblaues Prinzessinnenkleid konnte ich einfach ausziehen, aber ich würde auch ohne dieses Kleidungsstück mein Leben lang Prinzessin bleiben.

111 FRAGEN AN EINE PRINZESSIN

Sind Ihre besten Freundinnen auch Prinzessinnen?

Meine besten Freundinnen sind für mich auch Prinzessinnen, in dem Sinne, dass sie tolle Menschen sind und ich keinen Unterschied zwischen ihnen und mir mache. Jeder Mensch ist etwas Besonderes, egal was er für einen Namen trägt. Aber ich bin auch mit zwei echten Prinzessinnen gut befreundet, die ich beim Dreh der Serie für die BBC kennengerlernt habe. Eine ist aus Indien und lebt in einem richtigen Palast und die andere ist aus Uganda.

Aufgeflogen

Prinzessin Xenia lernt, dass Namen nicht immer nur Schall und Rauch sind

Als ich in die Schule kam, entschied meine Mutter, dass ich lieber nicht erzählen sollte, dass ich eine Prinzessin bin. Also ließ sie bei meiner Anmeldung den Namenszusatz »Prinzessin und Herzogin« weg. Das war eine wirklich sinnvolle Entscheidung, wie sich herausstellen sollte.

Denn in der ersten Klasse lief noch alles super, wie bei einem ganz normalen Mädchen eben. Vor allem mein erster Schultag ist mir sehr genau in Erinnerung geblieben. Meine Schultüte war rosa und mit Herzchen und Clowns verziert. In liebevoller und wahrscheinlich mühsamer Handarbeit hatte meine Mutter sie für mich gebastelt. In der Mitte prangte mein Name: Xenia. Sogar mein Schulrucksack passte farblich dazu. Abgerundet wurde mein »Look« von einem sogenannten »Pottschnitt«, wie ihn jedes Kind damals hatte, und einer riesigen Zahnlücke. Ich bekam einen Sitzplatz direkt neben einem netten Mädchen und hörte der Lehrerin interessiert zu. Wie gesagt, es lief alles vollkommen normal: In der ersten Klasse fand ich ein paar Freunde, lernte schreiben und rechnen, tobte auf dem Schulhof und in der zweiten Klasse verliebte ich mich in einen Klassenkameraden und danach in seinen Zwillingsbruder. Ich hatte eine glückliche und harmlose Grundschulzeit.

Im vierten Schuljahr sollte sich das jedoch ändern. Wir hatten gerade Projektunterricht, also hatte sich jeder Schüler vorher für verschiedene Arbeitsgruppen beworben. Und nun gab es einen Aushang, auf dem zu lesen war, wer in welche Gruppe eingeteilt worden war. Nichts Weltbewegendes, würde man meinen, doch mit diesem Aushang sollte sich für mich alles ändern. Dort stand schwarz auf weiß: Xenia Prinzessin von Sachsen, Gruppe A.

Diese paar Worte besiegelten das Ende meines bisher normalen Schulalltags. Die Neuigkeit verbreitete sich rasend schnell. In der Pause wurde ich sofort mit allen möglichen Fragen bombardiert. Manche waren interessiert, andere einfach nur gemein:

»Du siehst gar nicht aus wie eine Prinzessin!«

»Wo ist denn deine Krone?«

»Lebst du in einem Schloss?«

»Hast du Diener?«

»Kämmt dir eine Zofe die Haare? Wieso sind die denn dann trotzdem so verfilzt?«

Ich stand wie angewurzelt da und wusste nicht, wie mir geschah. Als die Lehrerin von diesem Verhör Wind bekam, nahm sie mich mit ins Lehrerzimmer. Dort war für mich erst einmal Schonzeit – und dafür war ich ihr wirklich dankbar.

Ich stand unter Schock. Wie konnte das passieren? Was würden meine Freunde dazu sagen? Würden sie mich immer noch mögen? All das schoss mir durch den Kopf. Es fühlte sich an, als hätte jemand meinen Hals zugeschnürt. Ich weinte, schluchzte und konnte nur noch vor mich hin stammeln. Meine Lehrer waren ratlos, weil sie mich kaum beruhigen konnten. Irgendwann musste mich meine Mutter abholen, weil ich einfach nicht aufhörte zu

111 FRAGEN AN EINE PRINZESSIN

Welchen Ort in Berlin mögen Sie am meisten?

Ich mag den Club der Visionäre, dort fühle ich mich wohl. Das ist eine Outdoor-Location auf einem Bootssteg. Als ich das erste Mal dort war, hatte ich High Heels an und war komplett overdressed. Da habe ich schnell meine Schuhe ausgezogen, mich auf den Steg gesetzt und den Club zu meinem Lieblingsort erklärt, weil er so einzigartig ist. Dort kann man Leute aus der ganzen Welt treffen, interessante Gespräche führen und Party machen.

weinen. Für mich stand fest: Ich könnte nie wieder in meine Klasse zurückkehren.

Sag niemals nie. Meine Mutter und ich sprachen lange darüber, was passiert war, und letztendlich konnte sie mich überzeugen, am nächsten Tag an die Schulbank zurückzukehren. Es gab ein kurzes klärendes Gespräch mit meiner Klassenlehrerin, die meinen Mitschülern sagte, dass sie – auch wenn ich eine Prinzessin sei – ganz normal mit mir umgehen sollten. Natürlich hatte sich die Angelegenheit damit nicht auf einen Schlag erledigt, aber mit der Zeit kamen immer seltener Fragen. Alle schienen sich mit meinem Exotenstatus abgefunden zu haben. Der Schulalltag ging weiter. Bald gab es schon den nächsten »Skandal« und mein adliger Hintergrund war offenbar vergessen. Ich war erleichtert.

Doch in der siebten Klasse wurde mein Prinzessinnenstatus wieder zum Thema. Vielleicht lag es an der Pubertät – schwer zu sagen –, jedenfalls war ich für viele plötzlich wieder interessant, im positiven wie im negativen Sinne:

»Wenn ich dich heirate, werde ich dann ein Prinz?«

»Du denkst wohl, du wärst was Besseres, weil du eine Prinzessin bist?«

Die Schonzeit war vorbei und die nächste Fragerunde eröffnet. Mädchen und Jungs, die ich nicht kannte, kamen auf mich zu und sprachen mich an. Manche hatten Vorurteile, andere machten mir kitschige Heiratsanträge.

Ich wusste nicht, wie ich mit dieser Aufmerksamkeit umgehen sollte. Viele wildfremde Leute wollten plötzlich meine Freunde sein, ihre Pausenbrote mit mir teilen oder ihre Freizeit mit mir verbringen. Und meine echten Freunde? Die fanden den ganzen Rummel nervig und wandten sich mit der Zeit von mir ab. Es war eine sehr verwirrende und auch schmerzhafte Zeit für mich.

In dieser Zeit lernte ich, dass die meisten Menschen anders auf mich reagieren, sobald sie meinen vollen Namen kennen. Meine Freunde schauten mich an, als hätte ich sie jahrelang belogen.

Dabei war ich doch immer noch dieselbe. Was spielte ein Name schon für eine Rolle? Ich verstand ihre Reaktion nicht, wusste aber auch nicht, was ich machen konnte, damit alles wieder gut würde.

Wie aus heiterem Himmel waren so viele Leute nett zu mir. Aber wie sollte ich herausfinden, wer es wirklich ehrlich mit mir meinte? Wem konnte ich trauen und wer wollte sich bloß mit mir schmücken? Diese Frage stelle ich mir auch heute immer mal wieder. Doch damals war es besonders schwierig, damit klarzukommen, dass sich plötzlich alle mir gegenüber ganz anders verhielten als zuvor.

Natürlich schmeichelte mir auch die Aufmerksamkeit, die ich von vielen Leuten bekam, aber mir wurde schnell klar, dass die unzähligen Komplimente nicht mehr waren als falsche Höflichkeit. Schließlich war ich schon Xenia gewesen, bevor alle wussten, dass es da noch einen Namenszusatz gab. Und auch nachdem es alle wussten, war ich doch noch immer dieselbe. Aber der Name hatte mich wohl in den Augen der Schüler, meiner Freunde und meiner Mitmenschen im Handumdrehen zu einer anderen Person gemacht.

111 FRAGEN AN EINE PRINZESSIN

Welche Orte mögen Sie nicht?

Ich fahre überhaupt nicht gern mit der U-Bahn, der S-Bahn, mit dem Bus oder der Tram. Dort bin ich zu nah an zu vielen Menschen dran. Von Menschenmassen halte ich mich generell fern. Aber auch mit dem Taxi fahre ich ungern, weil ich fremden Menschen, die ein Fahrzeug lenken, nicht richtig vertrauen kann. Da nehme ich lieber meinen Roller und fahre selbst.

Beauty-Tipps aus dem Bio-Unterricht

Prinzessin Xenia passt in der Schule genau auf und lernt, dass sogar Ratschläge, die von ganz oben kommen, manchmal mit Vorsicht zu genießen sind

Nach der vierten Klasse wechselte ich auf eine katholische Mädchenschule. Hier sollte ich bald zu spüren bekommen, dass eine ganze Menge Wahres an dem Vorurteil dran ist, dass die meisten weiblichen Wesen im tiefsten Inneren ihres Herzens Megazicken sind.

Jungs versuchen immer, sich mit ihrer körperlichen Kraft in den Vordergrund zu spielen, da ist es nicht selten, dass in der Pause schon mal die Fäuste fliegen. Mädchen fechten das eher auf psychologische Art und Weise aus, sie reden sehr gern und vor allem viel. (Ich nehme mich da selbst gar nicht raus.) Wenn jemand anderer Meinung ist als sie, wird er einfach mit Psychotricks, sagen wir mal »umgestimmt«. Es wird gemobbt, gedisst und gezetert. Bis sie bekommen, was sie wollen.

Wer ist die Schönste, wer bekommt als Erste die Periode? Das waren die bestimmenden Themen. Und die nervten mich so sehr, dass ich lieber den Lehrerinnen lauschte.

Meine Lieblingslehrerin war Schwester Angelina. Eine kleine Frau, um die 1,55 Meter groß, mit einem langen Gewand in Schwarz-Weiß. Gern hätte ich gewusst, was sie für eine Haarfarbe hatte, aber ihr Haar war unter dieser unvorteilhaften Kopfbedeckung unmöglich zu erkennen. Sie strahlte immer eine innere Ruhe aus, die den gesamten Raum zu erfüllen schien, war immer gut gelaunt und fair in ihrem Urteil. Ein Traum von einer Lehrerin! Irgendwie musste ich bei ihr immer an Mutter Theresa denken, denn Schwester Angelina hatte eine fast schon heilige Aura.

Aber nicht alle Lehrerinnen an meiner neuen Schule verdienten so ein Lob. Die Direktorin zum Beispiel war eine ernste Frau um die sechzig, die immer ein »Wer hat hier gefurzt«-Gesicht machte. Jeden Morgen kam sie um acht Uhr ins Klassenzimmer. Wir standen brav auf und sagten: »Guten Morgen, Frau Direktorin.« Dann folgte das Gebet. »Vater unser im Himmel« und so weiter und der Gang zur hauseigenen Kirche folgte direkt danach. Nachdem wir Gott dann elendig lange eineinhalb Stunden lobgepriesen hatten, ging der Unterricht los.

Mathe (gähn), Englisch (juhu) und nach den wohlverdienten 15 Minuten Pause mein heiß ersehnter Biologieunterricht mit Schwester Angelina. Leider erfuhren wir darin nichts über die Sexualität oder unsere leidenschaftlichen Gefühle, doch dafür bekamen wir andere nützliche Informationen aus dem weiten Feld der Flora und Fauna.

Einmal waren unsere Zähne und die Mundflora das Thema. Hochinteressant! Ich hatte schon im Alter von sieben Jahren einen Tick entwickelt, der mich dazu zwang, mir mindestens viermal täglich die Zähne zu putzen. Dazu muss ich sagen, meine angeborene Zahnfarbe ist mehr Sonnengelb oder Butterblumencremefarben als Schneeweiß. Nicht wirklich schön eben.

Schwester Angelina sortierte ihre Notizen und begann die erste Lektion in Sachen Mundhygiene: »Meine Lieben, wenn ihr am Abend Hunger auf einen Apfel habt und ihn dann auch esst, dann

111 FRAGEN AN EINE PRINZESSIN

Haben Sie Zofen und Diener?

Nein, im Gegenteil! Bei mir in der WG bin ich diejenige, die wäscht und abspült. Ich habe mich aber, als ich jünger war, eine Zeit lang divenhaft benommen – einfach weil ich dachte, es gehöre dazu, wenn man im Rampenlicht steht. Aber die Allüren habe ich schnell wieder abgelegt, weil es mir selbst zu blöd war. Heute erwarte ich einfach nur Respekt von anderen Leuten, mehr nicht.

dürft ihr euch nicht die Zähne putzen. Die Apfelsäure weicht den Zahnschmelz auf und durch das Reiben der Zahnbürste macht ihr euch die Zähne kaputt.«

Dann sprach sie über Bakterien im Mund und wie lange sie bei einem Kuss noch im Mund des anderen bleiben. Igitt, ich glaube, sie wollte uns alle vor ungezügeltem Speichelaustausch bewahren. Hat natürlich nicht geklappt, es war eben alles viel zu aufregend. Mein erster Kuss war übrigens mit einem Mitschüler in der neunten Klasse. Wir hatten denselben Nachhauseweg und bei einem Gewitter mit Prasselregen küssten wir uns. Echt eklig, der erste Kuss, oder? So nass und ungewohnt. Es heißt, dass das Küssen von einem Instinkt zum Füttern mit dem Mund kommt. So ähnlich wie bei den Vögeln. Na ja, mit den Jahren wurde es besser, aber nach dieser glitschigen Erfahrung beschlossen wir, das erst mal lieber nicht mehr zu tun.

Aber zurück zum Bio-Unterricht. Mit dem Knutschen hatte Schwester Angelina recht behalten: Keine Ahnung, wozu das gut sein sollte. Doch an dem Tag war es die Zahnsache, die mich auf meinem Nachhauseweg verfolgte. Für irgendetwas musste diese Information doch zu gebrauchen sein …

Zu Hause angekommen, ließ ich Schwester Angelinas Worte in Ruhe bei einem Glas Eistee Revue passieren. Apfelsäure weicht den Zahnschmelz auf. Moment … Irgendwo hatte ich mal gehört, dass Backpulver einen bleichenden Effekt auf die Zähne hat. Und da fiel es mir wie Schuppen von den Augen: Sofort mussten ein Apfel und Backpulver her. Ich entwickelte einen teuflischen Zahnplan. Die Apfelsäure und das Backpulver müssten mir eigentlich ein strahlend weißes Zahnarztfrauenlächeln bescheren. Probieren geht über Studieren, wie man so schön sagt. Ich besorgte mir einen Apfel aus der Küche und durchforstete die Speisekammer nach Backpulver. Dann schlich ich in mein Zimmer und schloss mich mit meinen Utensilien ein, nahm den säurehaltigen Apfel und biss hinein. Nun hatte ich einen Abdruck meiner Zähne, also streute ich vorsichtig das weiße Backpulver darauf. Mann, wie das sprudelte! Ich nahm all meinen Mut zusammen und hielt meine Zähne an den Abdruck …

Ein Jucken wurde zu einem Kratzen und dann zu fürchterlichen Schmerzen, aber ich hielt durch. Nach ewig erscheinenden zehn Minuten spülte ich endlich meinen Mund aus. Meine Zähne waren tatsächlich deutlich weißer, mein Zahnfleisch dafür aber völlig ruiniert. Wie sollte ich das nur meiner Mami erklären?

Schon ein paar Minuten später bereute ich die Aktion total. Man sollte Zahnfleisch nicht unterschätzen, ist schon 'ne tolle Sache. Wie bei so vielen anderen Dingen im Leben auch, weiß man das aber erst zu schätzen, wenn man es weggeätzt hat. Jetzt gebe ich mal einen Tipp: Bitte nicht nachmachen, wirklich nicht!

111 FRAGEN AN EINE PRINZESSIN

Wo machen Sie am liebsten Urlaub?

Ich mache nur sehr selten Urlaub, ich habe zu wenig Zeit dafür. Ich habe über drei Jahre auf Mallorca gelebt, aber das war kein Erholungsaufenthalt. Wenn man an einem Urlaubsort lebt, hat man nicht automatisch Dauerurlaub. Mein Urlaub findet meistens zu Hause statt. Ich meditiere bei Kerzenschein oder spiele Computerspiele um abzuschalten. Aber wenn ich in den Urlaub fahre, dann ans Meer und an den Strand. Die Karibik finde ich toll.

Im Kelly-Family-Fieber

Prinzessin Xenia ist das erste Mal verknallt und wundert sich, dass sie nicht in Ohnmacht fällt

Kreischende Fans mit handbemalten Plakaten, meterlange Liebesbriefe für die angebeteten Stars und geduldige Mütter, denen nichts weiter übrig bleibt, als hin und wieder mit dem Kopf zu schütteln – das übliche Bild vor den Toren einer Konzerthalle, kurz bevor die gerade angesagteste Teenieband spielt. Gäbe es keine jungen Mädchen, würde ein kompletter Zweig der Musikindustrie zugrunde gehen. Denn nur die immer nachwachsende Masse an hysterischen und schwärmenden Teenies garantiert, dass jedes Jahr neue Stars aus dem Hut gezaubert werden, denen die Mädchen ihre erste Liebe schenken.

Ich weiß das so genau, weil ich auch eins von diesen Mädchen war. Nur hieß mein Schwarm nicht Justin Bieber, sondern Angelo Kelly. Man sagt, dass sich junge Mädchen meistens als Erstes in einen Star und nicht in den Jungen von nebenan verlieben, damit sie gewissermaßen die Liebe üben können. Der Sänger einer Band ist für seine Fans eine Traumfigur, er ist nicht so real wie der Banknachbar aus dem Biounterricht, das hat Vorteile. Ein persönliches Treffen ist – wenigstens in den meisten Fällen – von vornherein ausgeschlossen. Also muss man auch keine Angst haben, dass die ganzen tollen Vorstellungen, die man sich von seinem Star macht, der Realität nicht standhalten können. Perfekt: Man kann alles in den Jungen hineinprojizieren und wird nicht enttäuscht.

Angelo war mein Traumboy: Als ich ihn 1994 das erste Mal im Fernsehen sah und er voller Inbrunst *An Angel* sang, schmolz ich nur so dahin. Von Stund an musste ich einfach alles haben, das den Schriftzug »Kelly Family« trug: CDs, Poster, Aufkleber, Käppis und Kissen. Ich war in einem absoluten Kelly-Family-Wahn.

Meine Gedanken drehten sich nur noch um Angelo. Das ging so weit, dass ich sogar von ihm träumte: In meinem Traum machte ich einen Spaziergang am Strand und trug ein weißes, wallendes Kleid. Dann sah ich plötzlich Angelo, er lief direkt auf mich zu. Es kam, wie es kommen musste: Er spitzte die Lippen und küsste mich auf den Mund. Und ich erwachte am nächsten Morgen mit einem Lächeln auf den Lippen.

Nach dem Aufstehen rannte ich zu meiner Mutter und verkündete: »Mami, ich heirate Angelo von der Kelly Family.« Sie nickte stumm und lächelte mich an, als wollte sie mir damit sagen: So soll es sein, mein Schatz. Angelo Kelly war einfach mein Traumprinz und nach diesem Traum war für mich klar, dass ich ihn eines Tages heiraten würde. Dass es da noch einige andere Mädchen gab, die denselben Plan hatten, kam mir gar nicht in den Sinn. Ich war verliebt und bereit, mein Leben mit ihm zu verbringen – Angelo würde schon einsehen, dass ich die Richtige für ihn war.

Und schon bald bekam ich die Gelegenheit, ihn auf mich aufmerksam zu machen, denn in Essen sollte ein großes Konzert der Kellys stattfinden. Ich durfte hingehen – natürlich nur in Begleitung meiner Mutter, die hatte sich meiner Kelly-Hysterie nicht entziehen können und durch mein Rauf-und-runter-Hören mittlerweile so viel Kelly Family intus, dass auch sie schon zum Fan geworden war.

111 FRAGEN AN EINE PRINZESSIN

Wohin würden Sie gern einmal reisen?

Ich möchte gern nach Indien reisen. Ich habe auch schon eine Einladung von meiner Freundin Prinzessin Aaliya. Eigentlich möchte ich noch die ganze Welt sehen, von Afrika bis Hawaii. Und so viele Sprachen wie möglich lernen, damit ich mich überall verständigen kann. Ich finde, man sollte immer ein paar Worte der Landessprache kennen, wenn man verreist.

Als dann der große Tag des Konzerts kam, war ich unglaublich aufgeregt. Endlich würde ich meinen Angebeteten treffen. Wir betraten das Stadion und ich musterte neugierig die anderen Kelly-Fans. Die Sanitäter mussten ständig ausrücken, weil reihenweise Mädchen in Ohnmacht fielen – und das schon vor dem Konzert. So ging es damals vielen: eine vollkommen normale Reaktion, wenn man ein echter Fan war. Und so war auch ich darauf gefasst, dass es mich als Nächstes treffen würde. Schließlich war ich ein riesiger Kelly-Fan und ich wollte den anderen Mädchen in nichts nachstehen.

Ich sah mich um und versuchte, den Überblick über die Situation zu behalten. All die Fans, das Gedränge und diese wahnsinnige Vorfreude! Mir war klar: Ich würde bestimmt gleich vor Aufregung kollabieren und deswegen sagte ich immer wieder zu Mami: »Pass bitte auf, ich falle gleich in Ohnmacht. Ganz bestimmt!« Doch die Ohnmacht ließ auf sich warten.

»Mami, bist du denn auf jeden Fall da, wenn ich gleich umfalle?«

Immer noch nichts.

Meine Mutter sah mich mit einem ratlosen Blick an. Sie muss wirklich gedacht haben, dass ich den Verstand verloren hatte. Aber für mich war es wirklich unbegreiflich, dass ich nicht in Ohnmacht fiel. Gehörte das nicht dazu? Schließlich war ich doch ein Riesenfan und so was von aufgeregt!

Endlich hatten wir in dem Getümmel im Stadion unsere Sitzplätze gefunden. Wir wollten uns gerade niederlassen, da merkte ich, dass ich unbedingt für kleine Prinzessinnen musste, und nervte meine Mutter, dass wir schnell eine Toilette finden sollten, damit wir rechtzeitig zurück wären, um den Anfang des Konzerts nicht zu verpassen. Meine Mutter seufzte kurz und machte sich dann mit mir auf den Weg zu den kleinen blauen Klohäuschen. Wir kämpften uns durch die Menge: Überall wimmelte es von Mädchen. Ein paar Jungs waren auch dabei, aber die waren wahrscheinlich nur im Schlepptau der Mädels ... Für mich war klar: Kein Junge würde Angelo jemals das Wasser reichen können. Und so malte ich mir Angelos und meine gemeinsame Zukunft in den schillerndsten Farben aus, während ich in der Schlange vor den Klos stand. Vielleicht waren meine Gefühle für Angelo einfach viel ernsthafter als die der anderen Mädchen. Anders konnte ich mir nicht erklären, warum ich nicht in Ohnmacht fiel.

Wenig später bahnten wir uns den Weg zurück zu unseren Plätzen. Und dann ging das Konzert auch schon los. Ich sah Angelo auf der Bühne stehen, leider nur von der Seite, aber nun gut, dann musste ich ihn einfach auf mich aufmerksam machen. Ich war gut vorbereitet und faltete ein selbst gemaltes buntes Transparent auseinander. Darauf hatte ich in Druckschrift geschrieben:

ANGELO, ICH LIEBE DICH! DEINE XENIA

Ich schrie seinen Namen und sang alle Lieder aus Leibeskräften mit – all das, ohne in Ohnmacht zu fallen. Dann kam der Höhepunkt des Konzerts: Angelo sang *An Angel*, unser Lied. Ich war

111 FRAGEN AN EINE PRINZESSIN

Verheimlicht eine Prinzessin manchmal lieber, dass sie eine ist?

Ja, ich versuche oft, erst einmal zu verheimlichen, dass ich eine Prinzessin bin, damit der erste Eindruck, den sich Menschen machen, nicht von meinem Namen beeinflusst wird. Ich würde nie auf jemanden zugehen und sagen: »Hi! Ich bin Xenia Prinzessin von Sachsen.« Allerdings erkennen mich viele Leute oder wissen gleich, dass sie mich schon mal irgendwo gesehen haben – neuerdings sprechen mich auch viele Touristen in Berlin an, weil die BBC-Serie »Undercover Princesses« gerade in vielen Ländern ausgestrahlt wird. Damit habe ich kein Problem, schließlich habe ich mir den Weg in die Medien selbst ausgesucht und verstecke mich nicht.

wie weggetreten, hob meine Arme und schwenkte sie gedankenverloren im Takt des Liedes hin und her. In dem Moment war es, als gäbe es nur Angelo und mich.

Ich war überglücklich, während des ganzen Konzerts befand ich mich in einer Art Liebestaumel, aber, wie gesagt, wirklich ohnmächtig bin ich nicht geworden.

Angelo hatte ich zwar nur aus der Ferne gesehen und mein Plakat war ihm offenbar auch nicht aufgefallen, doch auch nach dem Konzert rückte ich nicht von dem Plan ab, mit ihm den Rest meines Lebens zu verbringen. Obwohl ich mittlerweile Zweifel hatte, die Richtige für ihn zu sein. Denn ein Kelly-Fan fällt doch um, wenn er seinen Traummann sieht. Oder nicht?

Die Kelly-Hysterie hielt bei mir an, bis ich zwölf Jahre alt war, die »echten« Jungs einfach interessanter wurden und ich die weit entfernten Kelly-Boys langsam ausblendete. Ich glaube, irgendwann hatte ich einfach begriffen, dass ich Angelo immer mit jemandem hätte teilen müssen. Er hatte einfach so viele Fans, dass ich für ihn wohl nie die Einzige geworden wäre, und so verebbte meine Schwärmerei irgendwann. Inzwischen hatte ich die Mädchenschule wieder verlassen und begann, die Jungs in meiner neuen Schule wahrzunehmen. Die hatten wenigstens nicht zehn Fans an jedem Finger, sondern konnten sich vollkommen auf mich konzentrieren.

*

Vor ein paar Jahren war ich einmal zu einem Event in Stuttgart eingeladen und lernte auf dem Weg dorthin Patricia Kelly kennen. Eine supersympathische Frau. Wir wurden mit demselben Auto abgeholt und auf der Fahrt verriet ich ihr, dass ich mal unsterblich in ihren Bruder Angelo verliebt war. Patricia erzählte mir dann, dass er glücklich verheiratet sei und mittlerweile drei niedliche Kinder habe.

Ich dachte kurz darüber nach, wie mein Leben wohl aussehen würde, wenn Angelo und ich damals doch zusammengekommen wären. Dann hätte ich heute vielleicht schon einen Stall voller Kinder und wäre eine treusorgende Hausfrau. Nein, das würde nun wirklich nicht zu mir passen. Ich freute mich für Angelo, dass er sein Glück gefunden hatte. Aber insgeheim war ich auch froh, dass sich mein Jugendtraum von damals nicht erfüllt hatte.

111 FRAGEN AN EINE PRINZESSIN

Wenn Sie eine Million Euro hätten, was würden Sie damit machen?

Ich würde die Hälfte anlegen und nicht gleich alles ausgeben. Das Geld soll sich für zukünftige Pläne und Projekte vermehren. Mit einem kleinen Teil der anderen Hälfte würde ich mir ein Musikstudio einrichten und an meiner Musikkarriere arbeiten. Das meiste Geld würde ich jedoch ausgeben, um neue Hilfsorganisationen zu gründen. Ich möchte meinen Teil dazu beitragen, die Welt besser zu machen.

Eine Frage der Ehre

Prinzessin Xenia riskiert eine dicke Lippe

In der Schule war ich eines dieser Kinder, die ständig neue Spitznamen bekamen. Ich hatte schon vieles gehört, was mich wahnsinnig machte, erst mal natürlich die Schimpfwort-Klassiker, die bei Kindern immer zum Repertoire gehören, wie zum Beispiel »blöde Kuh«, aber auch persönlichere Beleidigungen, wie »Blondi« oder »Prinzesschen«. Ganz ehrlich, Prinzesschen klingt in meinen Ohren abwertend und nach einem verzweifelten Versuch, irgendwie das Wort »Prinzessin« schlechtzumachen. Und Blondi? Herrgott, ich bin nun einmal blond geboren worden. Ich nenne ja auch niemanden wegen seiner Haarfarbe »Brünetti«, »Roti« oder »Schwarzi«.

Ich hatte mir jedenfalls schon einiges anhören müssen und war solche Attacken gewohnt. Doch als mir ein Mädchen beim Reitunterricht ernsthaft mit »Xenia von Sachsen hat krumme Hachsen« kam, verlor ich nicht nur die Nerven, sondern auch meine angeborene Höflichkeit.

»Spinnst du? Wo hab ich denn bitte krumme Hachsen? Ich sag zu dir ja auch nichts Böses, also lass das!«

Sie hat es nicht gelassen. Jede Woche begannen sie und ihr Anhang (zwei Mädels, die an ihr klebten, als hätte sie Schokolade am Hintern) aufs Neue, mich mit diesem beknackten Reim zu ärgern. Nach drei Wochen hatte ich genug – das musste aufhören. Ich nahm meinen Mut zusammen und sagte: »Los, wir gehen jetzt nach draußen und klären das allein.«

Prinzessin gegen blöde Kuh, so war der simple Plan. Ich hatte bei der ganzen Sache nicht nur vergessen, dass sie ungefähr zehn Kilo mehr wog als ich, nein, ich hatte auch keine Ahnung, wie man sich eigentlich prügelt. Also steckte ich kräftig ein. Ich werde an dieser Stelle nicht auf die Details eingehen – nur so viel: In diesem Kampf habe ich nicht gerade eine gute Figur gemacht. Dabei war es alles andere als ein Kleinmädchenkampf: Ich trug ein blaues Auge, einige Kratzer und blaue Flecken davon.

Meine persönliche Moral von der Geschichte? Überleg dir dreimal, mit wem und warum du dich prügelst.

111 FRAGEN AN EINE PRINZESSIN

Wovon träumt eine Prinzessin des 21. Jahrhunderts?

Ich träume wie jede Frau von einem tollen Ehemann und einer Familie. Ich möchte mich selbst verwirklichen und ausgeglichener werden. Ich wünsche mir Respekt, Achtung und Liebe. Außerdem träume ich von einer Welt, in der alle Kinder eine Chance auf ein erfülltes Leben haben.

Nabellos

Prinzessin Xenia will nicht wie ein Alien aussehen und geht zum Psychologen

Ein Bauchnabel ist ein Bauchnabel. Wenn man ihn hat, hat man ihn, aber genau genommen, ist er zu nichts zu gebrauchen. Dass aber ein fehlender Bauchnabel zu einem riesigen Problem werden kann, musste ich als Kind am eigenen Leib erfahren. Bei meiner dramatischen Geburt war meine Nabelschnur gerissen und seither hatte ich da, wo andere einen Bauchnabel hatten, einfach nur einen geraden Strich.

Als Kind hatte mich das nicht weiter interessiert, bis meine Klassenkameraden anfingen, über meinen nicht vorhandenen Bauchnabel zu lästern.

»Kommst du aus einem Ufo?«, fragten sie mich und kicherten. »Du siehst aus wie ein Alien!« Erwachsene, die mich im Freibad im Bikini sahen, sagten Sätze wie »Das arme Mädchen!« oder »Was ist da wohl passiert?«. Ich war am Ende. Was sollte das? Ich hatte gelernt, dass der Charakter eines Menschen zählt und nicht sein Aussehen. Warum dann bitte all diese Aufmerksamkeit für so ein unwichtiges Ding wie meinen Bauchnabel?

Meine Mami sah, dass ich in solchen Momenten traurig war, und sagte mir: »Irgendwann kommt ein Scheich und macht dir dort einen Brillanten rein.« Damit gab ich mich anfangs noch zufrieden. Bis ich in Biologie lernte, dass Babys durch den Bauchnabel der Mutter ernährt werden: Von da an hatte ich eine riesige Angst, dass ich niemals Kinder bekommen könnte.

Meine einfache Überlegung war: kein Bauchnabel, keine Schwangerschaft möglich. Für mich war das ein riesiger Schock! Ich wusste schon als Kind, dass ich, wenn ich einmal groß wäre, unbedingt Mutter sein wollte.

Also weinte ich mich Abend für Abend in den Schlaf, traute mich aber auch nicht, mit meiner Mami darüber zu sprechen. Sie musste gemerkt haben, was in mir vorging, denn eines Tages kam sie von sich aus zu mir und sprach mich auf das Thema an. Ich sagte ihr, dass ich mich ausgeschlossen fühlte und wirklich, wirklich, wirklich einfach dazugehören wolle, nicht mehr anders sein, sondern genau so wie all die sein wolle, die über mich redeten. Ich erzählte, dass ich auch irgendwann mal ein Baby bekommen und einfach glücklich sein möchte. Sie hörte mir lange zu, überlegte, weinte und sah mich traurig an. Dann sagte sie: »Du kannst irgendwann ein Baby bekommen, das geht auch so. Aber du hast recht, wegen deines Nabels müssen wir etwas tun.«

Bald darauf saß ich zum ersten Mal einem Psychologen gegenüber. Der wollte unglaublich viel von mir wissen: wie ich mich fühlte, so ganz ohne Nabel, und warum es mich störte, keinen zu haben. Zwei Gutachten später stand fest: Einer Operation würde auch in meinen jungen Jahren nichts im Wege stehen. Endlich würde ich einen Bauchnabel bekommen und so aussehen wie alle anderen! Juhu!

Der Tag der Operation rückte näher und ich konnte an nichts anderes mehr denken, als dass ich bald einen Bauchnabel haben

111 FRAGEN AN EINE PRINZESSIN

Wurden Sie streng erzogen?

Nein, meine Mutter war sehr locker, aber sie hat mich auch nicht verwöhnt. Ich habe nicht alles bekommen, was ich haben wollte, denn das verdirbt den Charakter. Als Teenager habe ich angefangen, mein Taschengeld selbst zu verdienen: Ich habe in Restaurants und in Bäckereien ausgeholfen. Auch zu Weihnachten oder an Geburtstagen habe ich keine Unmengen von Geschenken bekommen. Meine Mutter hat mir zudem beigebracht, wie man sich benimmt, wie man richtig sitzt und isst – beim Essen durfte ich natürlich nicht fernsehen.

und endlich normal aussehen würde. Dann war es so weit. Im OP-Hemdchen wurde ich an meiner Mami vorbeigeschoben. Sie sah mir sorgenvoll hinterher.

Als ich nach der Operation erwachte, konnte ich es kaum erwarten, das Resultat zu bewundern. Ich wollte endlich meinen wunderschönen Nabel sehen. Der Arzt hatte gesagt, ich dürfte das Pflaster erst drei Tage nach der Operation abmachen, aber so lange konnte ich nicht warten, auf gar keinen Fall! Ungeduldig pulte ich eine Hälfte des Pflasters ab, immer ein Stückchen weiter, bis ich endlich freien Blick auf das Ergebnis der Operation hatte.

Wunderschöner Nabel? Oh nein! Da, wo ein toller Bauchnabel à la Jennifer Lopez prangen sollte, war nichts weiter als ein blutiger Punkt. »Das muss noch heilen und dann müssen auch noch die Fäden gezogen werden. Keine Sorge!«, wurde mir am nächsten Tag gesagt. Na ja, wenn die Ärzte das sagten …

Das Warten aufs Fädenziehen war schrecklich. In der Schule fragten mich alle, wie die Operation gelaufen sei und ob sie mal sehen könnten, wie der Bauchnabel denn nun aussähe. Nein, Leute, erst einmal keine Bauchnabelshow.

Dann kam der Tag, als mir die Fäden gezogen wurden. Es ziepte nur ein paar Mal und dann konnte ich endlich vor den Spiegel treten. Erwartungsfroh sah ich hinein, doch schon bald hingen meine Mundwinkel ganz weit unten, denn wie der Bauchnabel meiner Schwester oder meiner Freundinnen sah »das Ding« in der Mitte meines Bauches nicht aus. Was mich da anlachte, war eher ein unförmiger Krater. Als wäre eine Bombe in meinen Bauch eingeschlagen.

Wie peinlich! Jetzt sah ich noch mehr aus wie ein Alien. Das hatte ich mir wirklich anders vorgestellt. Auch wenn ich enttäuscht war, versuchte ich, konstruktiv an das Problem heranzugehen. Es war klar: Eine zweite Operation musste her. Natürlich hatte meine Mami Bedenken, aber für mich war die Sache ganz klar: Ich hatte diese Operation über mich ergehen lassen, um einen Bauchnabel zu bekommen. Und jetzt hatte ich trotzdem keinen. Also noch einmal das Ganze.

Wie immer setzte ich meinen Kopf durch und das Spiel ging von vorne los: Ich stattete dem Psychologen einen weiteren Besuch ab, es vergingen Wochen, in denen ich an nichts anderes denken konnte als daran, wie es sein würde, endlich einen Bauchnabel zu haben, dann wurde ich ein zweites Mal operiert und das Ergebnis war: wieder enttäuschend! Ein trauriger Anblick.

Wochenlang überlegte und überlegte und überlegte ich, was ich noch tun könnte, bis mir endlich die rettende Idee kam. Die dritte Operation würde mich in ein Tattoo-Studio führen. Sie denken jetzt bestimmt: Oh Gott, das arme Kind, ein Tattoo in so jungen Jahren, das ist ja furchtbar! Ich kann Sie beruhigen, denn ich bekam nur ein Piercing. Von nun an zierte ein Schmuckstein die Stelle, an der andere einen Bauchnabel haben. Xenia das Alien war Geschichte.

*

111 FRAGEN AN EINE PRINZESSIN

Welche Schwierigkeiten muss eine Prinzessin im Alltag meistern, weil sie eine Prinzessin ist?

Als Prinzessin, besonders als blonde Prinzessin, werde ich mit vielen Vorurteilen konfrontiert. Schon in der Schulzeit wurde ich als eingebildet abgestempelt. Viele dachten, als Prinzessin hätte ich es nicht nötig zu lernen und deshalb wäre ich dumm. Vorurteile sind also die größten Hürden, die ich im Alltag überwinden muss. Ich kann mir auch nie sicher sein, was mein Gegenüber wirklich von mir will. Aber dieses Problem haben alle Menschen, die im Fokus der Öffentlichkeit stehen oder eine wichtige Position innehaben. Man muss einfach vorsichtig sein.

Ich trage auch heute noch die größten Steine, die ich auftreiben kann, und seit vielen Jahren ist es niemandem mehr aufgefallen, was sich hinter der glitzernden Kugel wirklich befindet. Bauchfrei oder Bikini? Alles kein Problem. Und zu guter Letzt war ich sogar eine Trendsetterin an meiner Schule. Denn ich war eine der Ersten mit einem Bauchnabelpiercing.

15 Dinge

DIE KINDER VON EINER PRINZESSIN DENKEN

1. Sie hat ein Schloss
2. Ihr Vater ist ein König
3. Sie hat ganz viel Gold, Geld und Schätze
4. Sie hat viele Diener
5. Sie trägt immer schöne Kleider
6. Auf ihrem Kopf ist immer eine Krone
7. Sie kämmt sich die Haare nicht selbst
8. Sie kann mit Tieren sprechen
9. Sie kann toll singen
10. Sie hat lange Haare
11. In ihrem Zimmer ist alles rosa
12. Zu ihr kommen die Prinzen auf weißen Pferden
13. Sie ist einfach perfekt und weiß alles
14. Ihr wird jeder Wunsch sofort erfüllt
15. Prinzessinnen müssen nicht auf die Toilette

Kapitel 2

Prinzessin von morgen

Meine Teenager-Jahre

Not macht erfinderisch

Prinzessin Xenia will dazugehören
und legt eine Nachtschicht ein

Statussymbole werden absolut überschätzt, wenn Sie mich fragen. Aber es gibt Zeiten im Leben, da spielen solche Dinge eine fast schon überlebenswichtige Rolle. Nein, ich spreche nicht von der Midlife-Crisis, sondern von den Teenager-Jahren. Es begann in der siebten Klasse: Als hätten sich alle heimlich abgesprochen, war es plötzlich Pflicht, angesagte Marken zu tragen. Die Jungs trugen Jeans so, dass ihre Boxershorts rausguckten, und Caps mit NY-Symbolen. Für uns Mädchen war es schon ein bisschen kostspieliger, es musste mindestens eine Miss-Sixty-Jeans sein, um zu den Coolen dazuzugehören.

Das war für mich ein Problem, weil ich nicht reich bin, wie alle Welt immer annimmt. Auch ich musste mir einen Schülerjob suchen, um mir Wünsche zu finanzieren, die bei meinem Taschengeld einfach nicht drin waren. Mit 15 habe ich für meine Klamottenwünsche in einem Café gejobbt. Mit 16 habe ich in der Küche eines Restaurants Salate angerichtet. Aber auch mit diesem Zuverdienst konnte ich keine großen Sprünge machen – für eins der aktuellsten Miss-Sixty-Modelle reichte mein Geld nicht, also kaufte ich mir eine Jeans aus der älteren Kollektion. Trotzdem

111 FRAGEN AN EINE PRINZESSIN

Was mögen Sie an sich?

Ich denke, ich bin sehr hilfsbereit, das finde ich gut an mir. Ich bin stolz darauf, dass ich Musik komponieren und Songs schreiben kann. Insgesamt bin ich zufrieden mit mir, auch weil ich meine Einstellung geändert habe. Früher waren mir viele Dinge egal. Jetzt mache ich mir mehr Gedanken und versuche, den richtigen Weg einzuschlagen.

waren meine neuen Jeans und ich von nun an unzertrennlich: Ich hätte sie am liebsten 24 Stunden am Tag angehabt, so stolz war ich auf meine Anschaffung. Ich warf sie jeden Abend in die Waschmaschine und legte sie danach auf die Heizung, sodass sie am Morgen darauf wieder eine super Passform hatte.

Doch nach einer Weile fingen meine Mitschüler auf dem Schulhof an zu lästern: »Sie ist eine Prinzessin und trägt fast immer dieselben Hosen!« oder »Sie hat nur *eine* Miss Sixty, wie süß!«

Ja, Teenager können gemein sein. Aber wenn man's genau nimmt, hat mich gerade dieser letzte Spruch auf die Idee gebracht, die mich zur Klamotten-Queen an der Schule machen sollte. Vor Kurzem war *die* neue Superjeans auf den Markt gekommen: hellblau, mit perfektem Schnitt und dem richtigen Label auf der Rückseite. Die musste ich haben. Unbedingt! Also überredete ich meine Mutter, mir die Hälfte des Geldes zu leihen, und ging dann stolz wie Oskar in den Laden, um die Scheine für meine Traumjeans auf den Tisch zu legen. Und da war sie: Größe 26, super Passform – und sie saß tatsächlich wie angegossen.

Zu Hause angekommen, holte ich sie andächtig aus der Tüte, zog sie an und fühlte mich wie ein Star. Am Ende des Tages legte ich sie ganz vorsichtig auf meinen Schreibtischstuhl und ging glücklich und aufgeregt schlafen.

Am nächsten Morgen war ich schon um sechs Uhr hellwach. Dann hieß es: Schnell duschen und rein in die Hose. Jetzt konnte der Schultag beginnen und meine Einführung in die Welt der Coolen starten. Ich war gespannt, wie die Reaktionen an der Schule sein würden.

Und sie waren viel besser, als ich gedacht hatte. Es gab neidische Blicke auf mein Prachtstück – und damit meine ich nicht nur meine neue Jeans. Denn in meiner neuen Hose sah auch mein Hintern toll aus, was bei Jeans ja superwichtig ist. Mein Selbstvertrauen schnellte in die Höhe. Nun konnte ich die neue Jeans im Wechsel mit der älteren in der Schule anziehen. Ich hatte erst mal Schonzeit von den fiesen Lästerattacken.

Aber schon nach einer Woche ging das Gerede wieder los. Konnten es denn niemals genug Jeans sein?

Ich war nicht bereit, mir weiter diese Sprüche anzuhören, aber genug Geld, um mir noch eine Hose zu kaufen, hatte ich auch nicht. Ich musste eine kreative Lösung für das Problem finden.

Also ging ich zum Supermarkt um die Ecke. Ich wusste, Mami würde mir niemals erlauben, die neue Hose zu färben, doch das sah ich als einzige Chance, cool zu bleiben. Ich musste handeln.

Meine Wahl fiel auf Dunkelblau. Einen Waschgang mit circa 600 Umdrehungen pro Minute später war aus meiner hellblauen eine neue dunkelblaue Hose geworden. Und ich gehörte weiter zu den Coolen. Das Tollste an meiner Makeover-Aktion war, dass ich mein Problem damit langfristig gelöst hatte. Die Woche darauf fing das Spiel einfach wieder von vorn an.

»Wow ... neue Hose? Cool!«

»Schöne Hose, Xeni ...«

Am Wochenende wurde gewaschen. Also hieß es in den Supermarkt gehen, rote Wäschefarbe kaufen, Jeans über Nacht in die Waschmaschine stecken und zwei Stunden später – ich stellte mir einen Wecker – eine »nagelneue« lilafarbene Jeans in den Händen halten. Yeeeeha! Gott, war ich gut. Nicht nur, dass in der folgenden Woche wieder alle total entzückt waren, meine »neue«

111 FRAGEN AN EINE PRINZESSIN

Darf eine Prinzessin einen bürgerlichen Mann heiraten?

Definitiv! Wir sind schließlich im 21. Jahrhundert. Und Prinz William heiratet ja auch keine Adlige. Ich brauche keinen Mann mit Titel an meiner Seite, aber er muss Manieren und Anstand haben. Ich möchte einen Gentleman heiraten, der wird dann automatisch mein Prinz sein.

Hose zu sehen, außerdem hatte kein Mensch eine lilafarbene Jeans von diesem Label.

»Woher hast du die denn? Die will ich auch!«

»Aus Italien, direkt eingeflogen«, flunkerte ich und bekam innerlichen einen Lachanfall.

Bald war ich einer Art »Aus alt mach neu«-Sucht verfallen. Meiner Mutter war das natürlich spätestens bei der Lilafärbung aufgefallen. Statt mich wegen der nächtlichen Wascheinlagen auszuschimpfen, lachte sie mich an und sagte stolz: »Wow, eine kreative Lösung!« Sie legte mir für den nächsten Waschgang Schwarz ans Herz. Das war die letzte Variationsmöglichkeit für die Hose, denn Bleichen hätte sie in ihrem Zustand nicht überlebt.

Sechs Wochen später waren Löcher der letzte Schrei: Je mehr, desto besser. Ich kramte meine Glitzersteinchen hervor und holte mir eine Schere aus der Küche. Dann schnitt ich an den Beinen kleine Löcher und Streifen in die Jeans und verzierte das Ganze mit den Steinen.

So avancierte ich in der Schule zur Stilikone, weil ich mir immer wieder etwas Neues einfallen ließ.

*

Wenn man kreativ ist, kann man sich immer das aus den neuesten Modetrends heraussuchen, was einem am meisten gefällt – auch ohne viel Geld. Man muss einfach mit der Kleidung arbeiten, die man hat, und daraus das Beste machen.

Viele denken, dass ich reich bin, nur weil ich eine Prinzessin bin, aber das stimmt nicht. Seit meine Wünsche größer wurden als nur der Schokoriegel vom Kiosk nebenan, habe ich immer für mein Geld gearbeitet – darauf bin ich stolz. Und bei den Dingen, die ich mir nicht leisten konnte, bin ich einfach kreativ geworden.

Her mit dem Mikro!

Prinzessin Xenia gründet eine Girlband

Es heißt, der Apfel fällt nicht weit vom Stamm. Und was meine Leidenschaft für Musik angeht, trifft diese Weisheit absolut zu. Genau genommen ist meine Mutter daran schuld: Sie kann selbst wunderschön singen und Gitarre spielen und hat mir ein wenig von ihrem Talent vererbt. Danke, Mami!

Solange ich denken kann, hat Musik in meiner Familie eine große Rolle gespielt: Zu allen möglichen Anlässen wurde bei uns gesungen und musiziert. Und falls es mal keinen offiziellen Anlass gab, haben wir uns davon auch nicht abhalten lassen. Frei nach dem Motto: Welchen Grund gibt es schon, *nicht* zu singen? Wenn meine Mutter und ich zusammen im Auto sitzen, muss nur eine von uns gedankenverloren vor sich hin summen und schon stimmt die andere mit ein. Neulich haben wir auf einer Fahrt durch Berlin *Hejo, spann den Wagen an* gesungen. Im Kanon. Minutenlang. Und mein Hund Josy hat dazu geheult wie ein Wolf.

Musik macht mich einfach glücklich und das war auch schon so, als ich noch ganz klein war. Ich gehöre zu dieser Spezies, die immer alles mitsingen muss, was im Radio läuft. Genre-über-

111 FRAGEN AN EINE PRINZESSIN

Muss eine Prinzessin arbeiten?

Viele denken, eine Prinzessin braucht nicht zu arbeiten, aber das stimmt nicht. Ich muss arbeiten und mir mein Geld selbst verdienen. Ich habe keinen Schatz im Keller, von dem ich leben könnte. Es macht mir außerdem gar keinen Spaß, Geld auszugeben, das ich nicht durch Arbeit verdient habe. Mit 18 habe ich mich für die Medienwelt entschieden und viele Erfahrungen gesammelt. Diese kann ich für die Zukunft nutzen, denn ich habe noch viel vor!

greifend! Ich gebe zu, damit kann man seinen Mitmenschen ganz schön auf die Nerven gehen. In meinem Fall hatte vor allem meine Mutter darunter zu leiden. Denn mit meiner Singerei hielt ich den morgendlichen Betrieb bei uns zu Hause ganz schön auf, weil ich ja nicht gleichzeitig frühstücken und die Lieder im Radio mitsingen konnte. Doch alles Schimpfen war zwecklos. Ich konnte einfach nicht anders: Ich trällerte vor mich hin und bekam automatisch gute Laune.

Von meiner Leidenschaft fürs Singen war ich auch als Teenager noch besessen. Ich hatte ein paar Freundinnen, die glücklicherweise genauso gern sangen wie ich. Wir hatten überhaupt viel gemeinsam: Wir waren in derselben Klasse, mochten Leonardo DiCaprio und – das Wichtigste – wir liebten die Spice Girls. Natürlich wollten wir auch so aussehen wie unsere Idole. Also wälzten wir die *Bravo* und guckten uns den Style der Spice Girls ab: kurze Röcke, Plateauschuhe und enge Shirts.

Wir trafen uns bei mir zu Hause, saßen in meinem Zimmer, hörten das erste Album der Spice Girls rauf und runter und verbrachten Stunden damit, die Choreografien aus ihren Musikvideos nachzumachen.

Eines Nachmittags sangen und tanzten wir zu *Too Much*, da wurde mir plötzlich etwas klar.

»Hey, das können wir doch bestimmt auch auf einer richtigen Bühne, oder?«, fragte ich die anderen ganz aufgeregt.

Sie waren sofort Feuer und Flamme. Wir fünf Mädels als richtige Girlgroup? Ja, das machen wir! Und so gründeten wir an diesem Tag unsere erste Band. Ab sofort waren wir die Spice Kids. Unser erster Song *Little Boy*, den ich selbst auf einem kleinen Keyboard komponiert hatte, wurde zwar weder ein Welthit, noch hatte er einen sinnvollen Text (»Little boy, you are my love … I will you«), aber immerhin war es unser erster eigener Song.

Als wir uns ein Repertoire an Songs erarbeitet hatten, organisierten wir einen ersten kleinen Gig: in der Schule!

Am großen Tag war die Aula gut gefüllt. Wirklich nicht schlecht für einen ersten Auftritt – schließlich war unsere Gruppe bis zu diesem Tag noch vollkommen unbekannt. Wir versammelten uns auf der Bühne und waren ziemlich aufgeregt, als die Musik über die Lautsprecher ertönte.

Vielleicht verpassten wir deswegen unseren Einsatz. Jedenfalls entwickelte sich unsere gesamte Performance nach und nach zu einem absoluten Fiasko. Anfangs waren wir nur nicht richtig synchron, aber dann klappte plötzlich gar nichts mehr: weder unsere Choreografie noch der Gesang. Trotzdem versuchten wir natürlich, unseren Auftritt so gut wie möglich durchzuziehen. Doch irgendwann fielen dann auch noch die Mikrofone aus und unser Debüt war nicht mehr zu retten. Wir standen auf der Bühne wie bestellt und nicht abgeholt. Eins lernten wir auf jeden Fall an diesem Abend: Man sollte eine Liveshow niemals unterschätzen! Die Zeit, in der wir ohne Musik auf der Bühne standen und dumm aus der Wäsche guckten, erschien uns unerträglich lang. Wahrscheinlich waren es nur ein paar Minuten, bis die Musik wieder anging, doch die hatten gereicht, um die Stimmung vollkommen kaputt zu machen. Auch als die Musik wieder lief, ließ sich der Auftritt einfach nicht mehr retten – und der erhoffte Ruhm auf sich warten.

Okay, wir hatten unsere erste Performance verpatzt, aber ich war nicht bereit, wegen so einer kleinen Niederlage gleich aufzugeben. Wir probten und trainierten weiter und bald waren un-

111 FRAGEN AN EINE PRINZESSIN

Wie viele Kleider und Schuhe haben Sie?

Ich habe dreißig Paar Schuhe, ich finde das für eine Frau ganz normal. Ich bin ein High-Heel-Typ, Schuhe mit 7 Zentimeter Absatz sind für mich flach. Turnschuhe trage ich nur beim Sport. Ballkleider habe ich nicht viele, brauche ich auch nicht, mein Lieblingskleid ist ganz schlicht. Ansonsten kleide ich mich ganz normal. Und nachts trage ich T-Shirts und Pants, auch wenn nackt schlafen cooler klingt.

sere ersten fünf Songs fertig. Als wir uns das Demotape anhörten, merkten wir, dass wir uns in den letzten Wochen irgendwie selbst überholt hatten. In dieser Probenphase hatten wir nicht nur unser Programm weiterentwickelt. Wir hatten uns auch als Menschen verändert. Plötzlich spielten Make-up, Klamotten und coole Jungs eine Rolle in unserem Leben. Wir erlebten den ersten Kuss und hatten den ersten Freund. Da war es nur logisch, dass wir auch für unseren Bandnamen zu alt geworden waren: Spice Kids passte da nun wirklich nicht mehr. Unser neuer Name war schnell gefunden: Expensive Surprise! Neuer Name, neues Image – jetzt konnte es richtig losgehen mit der Karriere.

Doch in der Zeit unserer Neuformation merkte ich, dass ich vielleicht ein wenig ehrgeiziger an das Projekt heranging als die anderen Bandmitglieder. Die Mädels folgten mir einige Zeit zu Produzenten und kleineren Wettbewerben. Aber nach und nach verloren sie das Interesse und gingen lieber mit Jungs aus, als an neuen Songs für unser Demotape zu arbeiten.

Aus heutiger Sicht erscheint es mir vollkommen normal, dass es so kam. Viele Jugendliche haben irgendwann mal den Traum, berühmt zu werden. Heutzutage betrifft das wahrscheinlich noch mehr Teenager als früher – oder können Sie sich überhaupt noch ein Fernsehprogramm ohne Castingshows vorstellen? Jedenfalls ist der Traum vom Ruhm für die meisten nur eine Phase und sie wenden sich über kurz oder lang wieder ihren »normalen« Leben zu.

In meiner Zeit mit Expensive Surprise stellte sich aber heraus, dass Musik für mich mehr war als nur eine Phase. Mit der Musik hatte ich endlich eine Sprache gefunden, in der ich mich spielend ausdrücken konnte. Das war kein vorübergehendes Hirngespinst, nein, ich wollte dranbleiben, ich wollte weiter an mir und meinen Fähigkeiten arbeiten und mit meiner Musik etwas erreichen. Die Tage der Spice-Kids-Choreografien zu Hause im Wohnzimmer waren wie der Ursprung einer Idee, wie mein Leben sein könnte.

Mir wurde langsam klar, dass ich genau das machen wollte: Auf der Bühne stehen und die Menschen erreichen.

*

Auch wenn wir uns letztendlich als Band getrennt haben: Ich erinnere mich immer gern an meine Zeit mit den Mädels zurück, als wir zusammen in unsere Haarbürsten gesungen und gegackert haben, bis uns die Bäuche wehtaten.

Girl-Power!

111 FRAGEN AN EINE PRINZESSIN

Ziehen Sie sich auch mal sexy an oder gehört sich das nicht für eine Prinzessin?

Für mich gilt die Regel: Entweder oben kurz oder unten kurz. Man kann nicht einen Minirock mit einem bauchfreien Top kombinieren. Es ist viel sexyer, wenn man nicht alles zeigt. Aber jeder muss selbst entscheiden, was er trägt. Wenn man sich in seinen Klamotten nicht wohlfühlt, hat man auch keine Ausstrahlung. Ich finde Natürlichkeit sexy.

Trendsetting für Mutige

Prinzessin Xenia will unbedingt anders sein und verfällt der Totalerneuerungssucht

Mit 14 ändert sich bei einem Mädchen so einiges. Statt die Zeit mit meinen Barbies zu verbringen, probte ich mit meiner Band oder gab Tanzunterricht im Jugendhaus im Dorf. Ich traf mich mit Jungs und ging skateboarden (natürlich nur, um mit den Skaterboys abzuhängen).

Wie war das noch mal mit der Einheit von Körper und Geist? Als ich 13 war, sah ich noch aus wie ein Normalo: straßenköterblond, brave Frisur, die übliche Jeans-und-T-Shirt-Kombination – wie das nette Mädchen von nebenan. Doch ein Jahr später musste unbedingt eine alles umwälzende Veränderung her. Ich wollte nicht mehr aussehen wie irgendein Mädchen, sondern wie Xenia. Doch was war der Xenia-Stil? Das galt es herauszufinden!

Die Ferien standen an und ich stürzte mich ins Projekt »Totalerneuerung«. Meine besten Freundinnen Sasi und Jenny waren mir dabei eine große Hilfe. Gemeinsam blätterten wir sämtliche Teenie- und Mädchenzeitschriften durch, um Ideen zu sammeln. *Bravo*, *Mädchen* und *Yam* waren unsere Inspirationsquellen. Wie konnte ich mich verändern? Vielleicht mit dem Look von Britney? Aber solche Klamotten in der Schule? Nee, das wäre zu krass gewesen. Wie Avril Lavigne? Na ja, in Wirklichkeit konnte ich ja gar nicht Skateboard fahren. Und überhaupt: Ich wollte nicht aussehen wie der billige Abklatsch einer anderen!

Also beschlossen wir, die Trends auf der Straße einzufangen. Wir gingen in die City, um uns dort von den Menschen inspirieren zu lassen. In unserem Lieblings-Jeansshop fanden wir, wonach wir gesucht hatten: Der neue Trend nannte sich »Extrem-Coloration«. Es gab eine Auswahl an Haarfarben: Pink, Blau, Orange, Rot und

Grün. Da musste ja was dabei sein. Wir überlegten hin und her und entschieden uns dann für Pink.

Zurück in der »Kreativzentrale von Sachsen« kümmerten wir uns als Erstes um mein neues Outfit. Wir fingen an, meine neuen und alten Klamotten zu zerschneiden: Aus einem alten Pullover wurde ein kurzes Top, aus einer alten Jeans sexy Hotpants. Selbst meine Schuhe mussten dran glauben. Ich bemalte sie mit einem schwarzen wasserfesten Stift. Heute denke ich, man hätte die Sachen auch verkaufen können, so cool sahen sie aus.

Jetzt war es Zeit, sich um meine Haare zu kümmern. Die Farbe sollte zum Einsatz kommen, die Frage war nur: komplett Pink oder lieber nur unter dem Deckhaar? Ich glaube, wenn ich sie mir komplett in diesem grellen Tussi-Pink gefärbt hätte, hätte meine Mutter mich umgebracht. Also unten Pink und darüber Blond – eine ziemlich krasse Kombination. Haare abgeteilt, Handschuhe an und los! Farbe rein, warten und abwaschen.

Das Ergebnis war sensationell und ich rundum zufrieden. Stolz führte ich meinen neuen Look meiner Mutter vor.

»Gefällt es dir?«

Meine Mutter rechnete in meiner Pubertät jeden Tag mit dem Schlimmsten. Vollkommen gelassen blickte sie mich an und sagte: »Ich wusste, dass dieser Tag kommen würde«, drehte sich um und ging in die Küche.

111 FRAGEN AN EINE PRINZESSIN

Was finden Sie schön an sich?

Ich bin kein spiegelfixierter Mensch und finde mich in Ordnung, auch wenn ich wie jedes Mädchen Dinge nennen könnte, mit denen ich nicht ganz zufrieden bin. Am besten gefällt mir mein Bauch, ich mache jeden Tag Sit-ups und habe ein richtiges Sixpack. Ich finde, ich habe eine gute Figur und trainiere auch viel dafür. Außerdem bin ich dankbar für die guten Gene meiner Mutter, ich denke, ich werde nie große Probleme mit Übergewicht haben.

»Gefällt's dir nun oder nicht?«

»Nein.«

»Mir aber schon!«, antwortete ich trotzig. Sie würde sich wohl oder übel daran gewöhnen müssen.

Was hat meine Mutter in meinen Teenager-Jahren nur alles mit mir durchmachen müssen! Wenn ich an diese oder ähnliche Situationen zurückdenke, finde ich es beeindruckend, dass sie immer so relaxt geblieben ist. Nach den Sommerferien war ich die Attraktion auf dem Schulhof. Pink-blonde Haare, Buffalos und, na ja, »Brüste« konnte man das damals eigentlich noch nicht nennen. Jedenfalls fühlte ich mich wie die Dorf-Britney. Bei den Pfadfindern wurde ich dann auf einer Karaoke-Veranstaltung auch mal zur »Britney Spears des Pfadfinderlagers« gewählt.

Und das sollte nur der Vorgeschmack auf ein absolutes Superjahr sein: Zuerst wurde ich Klassensprecherin und danach sogar Schulsprecherin. Mit pink-blonden Zöpfen hielt ich wichtige Reden und bewies, dass man auch ernst genommen werden konnte, wenn man anders aussah als die anderen. (Elle Woods aus *Natürlich blond* würde mir recht geben.)

Doch bald war mir mein eigenes Aussehen nicht mehr extrem genug. Mein Style hatte auf dem Schulhof bereits die Runde gemacht und daher reichten meine pinken Haare nicht mehr aus, um mich von den anderen abzuheben. Als ich eines Morgens dem dritten Mädchen mit »meiner« Haarfarbenkombination über den Weg lief, überlegte ich nach der Schule, wie mein nächstes Umstyling aussehen könnte.

Wochen vorher hatte ich in einem Nachbarort eine Frau gesehen, die unter dem langen aufgestylten Haar fast glattrasiert gewesen war. Das war wirklich eine krasse Frisur, aber so extrem sie war, so sehr gefiel sie mir auch. Doch für die Umsetzung würde ich Hilfe brauchen. Also wartete ich sehnsüchtig, dass meine Mutter endlich von der Arbeit nach Hause kam. Als sie da war, stürmte ich auf sie zu.

»Mami? Kannst du mir eine neue Frisur machen?«

»Warum denn, was ist passiert, mein Kind?«

Ich erzählte ihr, was morgens auf dem Schulhof passiert war.

»Und nun?«, fragte meine Mutter.

»Unten alles kurz rasieren, bitte.«

»Nein, auf gar keinen Fall!«

Aber ich blieb stur.

»Doch, bitte, bitte, bitte.«

»Na gut! Wenn du nicht hören willst, dann musst du aus deinen eigenen Fehlern lernen. Setz dich hin. Ich hol den Rasierer.«

Ein paar Minuten lang hörte ich nur das Surren des Rasierers. Danach sah ich in den Spiegel: Die Haare waren ab und ich extrem unglücklich. Diese Stoppelfrisur stand mir einfach überhaupt nicht. So hatte ich mir das nicht vorgestellt. Mami hatte recht gehabt und jetzt war ich schockiert, dass sie mir so etwas angetan hatte.

Es fiel mir nicht leicht, mich an meine neue Extremfrisur zu gewöhnen. Ich erschrak immer wieder, wenn ich in den Spiegel sah. Aber in der Schule ließ ich mir nichts anmerken. Schließlich kommt es immer nur auf die Haltung an, mit der man eine Sache trägt, redete ich mir ein.

In den folgenden Monaten wuchsen die Haare langsam wieder. Doch obwohl ich mit meiner letzten neuen Frisur nicht zufrieden

111 FRAGEN AN EINE PRINZESSIN

Gibt es Umgangsformen und Benimm-Regeln, die eine Prinzessin beherrschen muss?

Grundlegende Umgangsformen wurden mir bereits als Kind beigebracht. Mit 18 hatte ich einen Benimm-Trainer, mit dem ich noch mal alles aufgefrischt und geübt habe: essen, gehen, begrüßen, verbeugen, winken, artikulieren, tanzen. Knigge habe ich auch gelesen. Eine Prinzessin sollte sich zu benehmen wissen, ich fluche zum Beispiel nicht und benutze keine Schimpfwörter.

gewesen war, konnte ich einfach nicht aufhören, neue Styles auszuprobieren. Es war, als befände ich mich auf einer ewig dauernden Suche nach meinem eigenen Stil: Nur war der richtige einfach noch nicht dabei gewesen! Also färbte ich mir in einer Nacht-und-Nebel-Aktion meine Haare rot, wenig später ließ ich mir eine Dauerwelle machen und als mir auch das zu langweilig wurde, entschied ich mich für eine Haarfarbe, die ich bisher noch nicht ausprobiert hatte: Blau-Schwarz.

*

Am Ende meiner drei experimentierfreudigen Jahre waren meine Haare wieder blond. Von unzähligen Selbstversuchen und dem Färben reichlich kaputt, aber lang. Heute bin ich gern blond und stehe zu meiner Lieblingshaarfarbe – egal ob sie gerade Trend ist oder nicht. Aber ich gebe zu: Manchmal, wenn ich in der Drogerie an den Haarfärbemitteln vorbeigehe, juckt es mir doch in den Fingern …

Meine erste Liebe

Prinzessin Xenia schmeißt ihre erste große Geburtstagsparty und stellt fest, dass es auch Liebe auf den zweiten Blick gibt

Zu meinem 15. Geburtstag hatte ich mir eine Riesenparty gewünscht: mit all meinen Freunden, einem DJ, der gute Musik auflegt, und jeder Menge Snacks. Zu meinem Glück hatte meine Mutter gute Laune, als ich sie darum bat, und war bereit, den Spaß zu bezahlen. Sie mietete für den Anlass sogar einen Saal in einer Reithalle – die Vorbereitungen konnten starten.

Natürlich hatte ich in der Schule schon allen davon erzählt und bastelte fleißig Einladungen … in der Mathestunde: typisch Xenia. Einen Jungen wollte ich unbedingt dabeihaben, er war der coolste Junge in meiner Schule, hieß Mark und war bisher einfach unerreichbar für mich gewesen. Er stand immer mit den »Großen« in der Raucherecke der Schule und da trauten meine Freundinnen und ich uns nicht hin. Was hätten wir da auch tun sollen? Rauchen wollten wir nicht und nur so daneben stehen wäre auch extrem auffällig gewesen. Davon abgesehen hätte uns der Direktor dann

111 FRAGEN AN EINE PRINZESSIN

Haben Sie ein Pferd und eine Kutsche?

Ich habe in meinem Leben zwei Pferde besessen, die mir wirklich am Herzen lagen: Idefix und Ron. Sie waren beide meine Freunde, ich denke, dass Pferde sehr klug sind und eine Seele haben. Ich war eine gute Reiterin und habe auch Turniere gewonnen. Ich mochte Dressur- und Westernreiten. Im Damensitz wie eine Prinzessin reiten konnte ich aber nicht. Jetzt bin ich schon lange nicht mehr geritten, denn Ron hatte sich damals das Bein gebrochen und musste eingeschläfert werden. Da habe ich beschlossen, nicht mehr in den Sattel zu steigen. Eine Kutsche habe ich nie besessen, ich bin noch nicht mal in einer gefahren!

auch eine Verwarnung gegeben. Wegen des »Dabeiseins«. Aber irgendwie musste ich ihn doch auf meine Party bekommen!

Dann kam die rettende Information. Meine Freundin Sasi sagte: »Ich glaube, er ist DJ … so ein bisschen wenigstens. Frag ihn doch mal, ob er auf deinem Geburtstag auflegt!« Ich hatte schon bei dem Gedanken die Hose voll und schickte lieber Sasi vor.

Sie ging todesmutig zu ihm hin, sprach ihn an und zeigte auf mich. Wie peinlich! Ich lächelte und winkte ihm zu.

Zu meiner Überraschung nickte er und sie kam mit einem breiten Grinsen zurück.

»Er hat Ja gesagt!« Wir hüpften ein bisschen und gingen zurück in die Klasse.

Ein paar Tage später war es dann so weit. Meine Freunde und Familie kamen zu meiner Party-Sause. Es konnte losgehen, die Musik spielte und ich konnte es kaum glauben: Er war wirklich *mein* DJ für heute Nacht. Wahnsinn!

Ich fühlte mich, als ob Leonardo DiCaprio höchstpersönlich zu meiner Party gekommen wäre. Wow!

Er legte die ersten Lieder auf und wir alle tanzen wie wild durch den Saal. Nachdem mir ein paar untalentierte Tänzer mehrmals auf den Fuß getreten hatten, ging ich zu den Tischen und setzte mich kurz. Neben mir saß Jan, Marks bester Freund, und schaute mich an. Ich sagte: »Hey, was ist los? Party, Baby!« Er schüttelte den Kopf. Wenn er nicht wollte, Pech gehabt.

Und schon ging das Bootyshaken auf der Tanzfläche weiter. Beim Tanzen wurde mir richtig warm und meine Mädels und ich beschlossen, draußen eine kurze Pause einzulegen. Wir standen im Kreis und quatschten über Mr DJ und den Verlauf der Party, als Sasi mich ansah und zur Seite nickte.

»Was'n los?«, fragte ich.

»Guck mal bitte, wie er dich anguckt.«

»Wer? Er?«

»Nicht der DJ, du hohle Nuss: Jan, da vorne auf der Bank.«

Und wirklich, Jan saß auf der Bank circa zehn Meter entfernt von uns und schaute traurig.

Ich ging zu ihm rüber.

»Kannst du uns mal was zu trinken holen?«, fragte ich mit einem Augenklimpern.

»Was bekomme ich denn dafür?«

»Einen Kuss?«

Das war der Deal: Getränk gegen Kuss.

Er ging los, kam mit zwei Flaschen wieder … und bekam seinen wohlverdienten Kuss. Aus diesem zarten Küsschen auf den Mund wurde ein wildes Rumgeknutsche auf der Bank.

Na ja, wir knutschten die ganze Nacht und – wie das damals so war – am nächsten Morgen gingen wir miteinander. Er war mein erster richtiger Freund. Mann, fühlte ich mich cool! Das bedeutete, ich konnte knutschen, wann immer ich wollte, und hatte immer eine Schulter zum Anlehnen.

Vielleicht war er nicht perfekt, schließlich war er nicht der DJ, den ich eigentlich gewollt hatte. Vielleicht war auch die Situation nicht perfekt, denn er kam nicht auf einem weißen Pferd und war auch kein Prinz, aber das war egal. Schließlich war auch ich nicht perfekt, sondern nur ein kleines Mädchen mit Träumen, Hoffnungen und einer gewaltigen Portion Naivität, wie sich noch herausstellen sollte.

111 FRAGEN AN EINE PRINZESSIN

Sind Prinzessinnen immer reich und haben Sie eine Schatztruhe?

Prinzessinnen waren weder früher immer reich, noch sind sie es heute. In den vergangenen Jahrhunderten haben Prinzessinnen versucht, ihre finanzielle Situation durch eine günstige Heirat zu verbessern. Das funktioniert heute auch noch, aber ich arbeite lieber für mein Geld. Meine Schatztruhe ist ein Tresor aus Plastik, in dem ich Kleingeld sammele. Die Schätze meiner Vorfahren, der Wettiner, kann man in Museen bestaunen, zum Beispiel im Grünen Gewölbe in Dresden.

Doch erst einmal war es für mich der Himmel auf Erden: In der Schulpause knutschten wir und auf dem Weg nach Hause hielten wir Händchen. Die erste Liebe gibt es wirklich nur einmal. Man geht an die ganze Beziehungssache einfach unbefangen ran und genießt die gemeinsame Zeit.

Meine erste Liebe war mehr als nur eine kurze Romanze. Monate gingen ins Land und mit uns lief es richtig gut. Sogar unsere Eltern mochten sich und so wurde unsere Beziehung immer ernster.

Eines Tages hatte er in seinem Zimmer ein großes Herz aus Teelichtern aufgestellt, in der Mitte lag ein Ring und Jan fragte mich, ob ich ihn heiraten wolle.

Na klar wollte ich das. Warum hätte ich auch nicht Ja sagen sollen? Ich liebte ihn ja schließlich.

Heute weiß ich, dass es falsch war, Ja zu sagen. Denn danach ging unsere Beziehung langsam in die Brüche.

Vielleicht ist es auch einfach so, dass die erste Beziehung meistens zum Scheitern verurteilt ist.

Wenn man so jung ist, wie wir es damals waren, muss man Erfahrungen sammeln und sich frei fühlen. Es kam, wie es so oft kommt, er lernte ein anderes Mädchen kennen und ich andere Jungs. Unsere Gespräche wurden immer leerer und unsere Küsse waren bald eine komplette Nullnummer: absolut ohne Gefühl. Es machte keinen Sinn mehr. Nach eineinhalb Jahren trennten wir uns. Kurz darauf fand ich heraus, dass er mich betrogen hatte. Wie eklig! Im Urlaub auf Teneriffa hatte er ein anderes Mädchen, sagen wir mal, »geküsst«. Pfui! Doppelt pfui! Überräudig!

Auch wenn Jan ein wichtiger Teil meines Lebens gewesen war, fiel mir die Trennung mit diesem Wissen nicht besonders schwer. Ich bin nicht der Typ, der tagelang weint, wenn eine Beziehung zu Ende geht. Nachdem er sich so verhalten hatte, fand ich, ehrlich gesagt, dass es kein großer Verlust war.

Jan und ich haben heute zwar keinen Kontakt mehr, doch ich erinnere mich immer mit einem Lächeln an ihn. Wir hatten eine tolle Zeit zusammen und ja, er war mein erster Verlobter. Aber für mich ist viel wichtiger, dass er meine erste große Liebe war – denn die vergisst ein Mädchen niemals …

111 FRAGEN AN EINE PRINZESSIN

Bevorzugen Sie Festessen oder Fast Food?

Ich liebe Schnitzel mit Zitrone, das ist für mich ein schnelles Festessen. Ich versuche, mich gesund zu ernähren, und esse jeden Tag einen Apfel. Aber wenn ich mich entscheiden müsste, würde ich eher Fast Food wählen, doch nur wenn Sushi dabei ist. Ein Festessen ist für mich sowieso jedes Essen, das ich mit Freunden zusammen genieße.

Diebstahl aus galanten Gründen

Prinzessin Xenia gerät in eine Verfolgungsjagd, obwohl sie eigentlich nur Playstation spielen wollte

Richterin: »Ihren vollen Namen, bitte.« Ich stand in einem kurzen Leoparden-T-Shirt und einer Hüftjeans im Zeugenstand. Ja, ich weiß, ein Gerichtssaal ist keine Disco. So sollte man eigentlich nicht vor ein Gericht treten, heute ist mir das auch klar. Aber damals, mit »sweet seventeen«, habe ich das noch anders gesehen.

Ich: »Xenia Gabriela Florence Sophie Iris Prinzessin von Sachsen Herzogin zu Sachsen.«

Richterin: »Langsamer!«

Ich: »Xeeeeennnnniiiaaaaa ... Gaaaaabbbbrrrriiieeeellllaaaa ... Fllllllooooorrrreeennnncccce ...«

Ich habe das bis zum Ende meines Namens durchgezogen. Gaaaanz langsam, die Richterin wollte es ja so. Irgendwie fühlte sie sich dann wohl veräppelt und wurde leicht, na ja, sagen wir mal: säuerlich. Nachdem ich meine Aussage gemacht hatte, warf sie mir einen vernichtenden Blick zu und verabschiedete mich mit folgendem Satz:

»Ich bin mir sicher, wir werden uns wiedersehen und dann sitzen Sie auf der Anklagebank. Raus!«

Ein Buch über mein Leben wäre ohne die Geschichte einer Jugendsünde nicht vollständig. Schließlich hat doch jeder eine Leiche im Keller, oder? Bei manchen war es Ladendiebstahl, andere haben sich nachts heimlich rausgeschlichen und wieder andere sind regelmäßig auf Partys schlimm abgestürzt. Sorry, aber mit so etwas kann ich nicht dienen. Man kann mit Fug und Recht behaupten, dass sich meine rebellische Phase im Teenageralter in Grenzen gehalten hat. Abgesehen von meiner Vorliebe für extreme neue Looks habe ich mich recht ruhig verhalten. Irgendwie bin ich von uns Kindern immer die Liebe gewesen. Aber, wie gesagt, jeder hat eine Leiche im Keller.

Für meinen 17. Geburtstag hatte ich eine große Sause geplant und vier Freunde zum Reinfeiern eingeladen. Bis zum Anstoßen um null Uhr war die Stimmung auch super, aber danach wussten wir plötzlich nicht mehr so recht etwas mit uns anzufangen. Langeweile machte sich breit. Uns war so langweilig, dass wir beschlossen, ins circa zwölf Kilometer entfernte Nachbardorf zu spazieren. Dort wohnte einer der Jungs, die ich eingeladen hatte und der in puncto Spaß-Equipment einfach mehr zu bieten hatte als ich: eine Playstation und jede Menge Spiele. Vor allem *Tekken* war damals ein sehr beliebtes Spiel und für uns Anreiz genug, uns mitten in der Nacht auf einen langen Fußmarsch zu machen.

Nach ungefähr zwei Kilometern ging uns Mädels schon die Puste aus und wir wurden immer langsamer. »Wann sind wir denn endlich da?«, riefen wir. Die drei Jungs interessierte das anscheinend wenig, sie marschierten voraus und quatschten über Autos, Fußball und andere typische Männerthemen. Wir dagegen unterhielten uns über die wirklich wichtigen Dinge des Lebens, wie die Jungs vor uns, Make-up und die nächste Party-Sause.

Irgendwann kam einer der Kerle zu uns gelaufen und sagte: »Wir kommen gleich wieder, bleibt mal hier, wartet kurz und haltet Wache.«

111 FRAGEN AN EINE PRINZESSIN

Können Sie kochen?

Als ich zum ersten Mal allein gewohnt habe, sind mir Nudeln mit Butter und Salz irgendwann zu blöd geworden, und ich habe angefangen zu kochen und zu backen. Ich habe alle möglichen Zutaten zusammengeworfen und am Ende hat es geschmeckt. So koche ich immer noch, ohne Rezepte, Mengenangaben und Abschmecken. Aber ich koche und backe nicht für mich allein, da esse ich lieber ein Knäckebrot.

Wieso? Was war denn jetzt los? Die Jungs hatten anscheinend nicht vor, uns darüber aufzuklären, und waren schon auf und davon. Also taten wir, wie uns befohlen, und überlegten, wann und bei wem wir denn überhaupt Alarm schlagen sollten. Wir sahen einander ratlos an und setzten uns dann an den Straßenrand und warteten.

Plötzlich hörten wir lautes Geschrei. Die drei Jungs bretterten auf Fahrrädern um die Ecke und steuerten direkt auf uns zu. Offensichtlich hatten sie es ziemlich eilig. »Springt auf! Schnell! Wir müssen los. Keine Zeit!«

Wir waren so überrumpelt, dass wir nicht nachfragten, sondern uns einfach auf die Gepäckträger schwangen und mit einem Affenzahn in einen Feldweg einbogen. Die wilde Fahrt ging über Stock und Stein. Wir Mädels hatten nicht gerade die besten Plätze erwischt, hüpften auf den Gepäckträgern auf und ab und versuchten, uns – so gut es ging – auf den Fahrrädern zu halten.

Bald bemerkte ich ein Auto, das uns auf dem Feldweg folgte, und da war mir klar: Die Jungs hatten die Räder nicht geschenkt bekommen. Was für ein Stress an meinem Geburtstag! Es war wie eine Verfolgungsjagd in einem schlechten Krimi. Wir Mädchen waren kurz davor, in Panik zu geraten, und die Jungs spielten die Helden, die alles im Griff hatten.

»Los, wir trennen uns«, sagte einer, »du mit den Mädels in die Richtung und wir in die andere.« Gesagt, getan. Wir Mädels setzten unseren Weg zu Fuß fort und rannten, begleitet von einem Jungen mit Fahrrad, in die eine Richtung, die anderen beiden Jungs bogen mit ihren Rädern in die andere Richtung ab. Ich sprintete wie eine Weltmeisterin, drehte mich dabei nicht ein einziges Mal um und hoffte einfach, dass wir unsere Verfolger abhängen konnten.

Irgendwann hielten wir an. Wir waren vollkommen aus der Puste und erleichtert, als wir kein Auto mehr hinter uns sahen. Jetzt waren wir zwar weit weg von der Straße, aber hatten keine

Ahnung, wo die anderen waren und wann oder wie wir sie wiederfinden sollten. Panik machte sich breit. Wer hatte uns da eigentlich verfolgt und wo waren die anderen? Wir malten uns die schlimmsten Szenarien aus: Vielleicht waren sie erwischt worden und sollten jetzt umgebracht werden. (Wir hatten eindeutig zu viele schlechte Krimis gesehen.) So langsam wurde mir das alles eine Nummer zu aufregend. Von Langeweile konnte nicht mehr die Rede sein, jetzt bestimmte Angst die Situation und das gefiel mir gar nicht.

»Wir holen jetzt mein Auto und suchen sie!«, sagte der Junge. Wir wussten, dass sein Auto nicht angemeldet war, und einen Führerschein hatte auch keiner von uns dreien. Eigentlich hätte in diesem Moment schon allen klar sein müssen, dass die Aktion nur in die Hose gehen konnte. Aber der jugendliche Übermut siegte: Kaum hatten wir das Haus seiner Eltern erreicht, setzten wir uns ins Auto und fuhren mit Vollgas vom Hof. Das war der Moment, in dem ich mir wünschte, ich wäre zu Hause geblieben.

Da rasten wir also mitten in der Nacht eine Feldstraße herunter, als wäre ein Rudel Wölfe hinter uns her, als uns auf einmal Scheinwerferlicht von vorn blendete. Unser Fahrer schrie: »Da sind sie!« und hielt an. Dann überlegte er kurz, machte einen U-Turn und raste mit Vollgas in Richtung Haus, von wo wir gerade erst gekommen waren. Der andere Wagen folgte uns und machte ständig Lichthupe.

111 FRAGEN AN EINE PRINZESSIN

Welches Sternzeichen sind Sie?

Ich bin ein typischer Löwe und mein chinesisches Tierkreiszeichen ist der Tiger. Ich bin also ein richtiges Raubtier! Ich kämpfe um die Dinge, die mir wichtig sind, ich sage meine Meinung gern vor Publikum, aber ich bin nicht mittelpunktsüchtig. Ich mag Wassermänner und Jungfrauen. Allerdings habe ich mir abgewöhnt, Leute nach ihrem Sternzeichen zu fragen, weil ich ihnen vorurteilsfrei begegnen will. Horoskope können auch gefährlich sein, wenn man sie zu ernst nimmt.

»Halt an! Die wollen, dass wir anhalten!«, redete ich auf den Fahrer ein.

»Ja klar! Die wollen uns ja auch umbringen!« Er hatte sich offenbar so reingesteigert, dass er jetzt schon schrie.

Ich hatte eine Heidenangst, aber die Situation weckte auch meinen Spieltrieb. Es war irgendwie cool, wie in einem Actionfilm.

Auf dem Grundstück seiner Eltern angekommen, hielt der Fahrer das Auto an, stieg aus und machte Anstalten zu flüchten. Ich wusste gar nicht, wie mir geschah, und blieb mit meiner Freundin einfach im Auto sitzen. Das Verfolgerauto hatte hinter uns angehalten und zwei Männer stiegen aus.

»Halt, stehen bleiben! Polizei!« Sie rannten auf ihn zu und warfen ihn zu Boden. Polizei? Auweia, jetzt gab es wohl richtig Ärger.

Wir beschlossen, lieber auszusteigen, und sahen im Zivilpolizeiauto unsere eben noch verschollenen Freunde sitzen – in Handschellen! Uiuiuiuiui …

Nachdem sie auch dem »Flüchtigen« Handschellen angelegt hatten, waren wir Mädchen an der Reihe.

»Ausweise! Aber schnell!« Mir schossen tausend Dinge durch den Kopf. Mami würde mich killen! Was würden die Polizisten sagen, wenn sie meinen Namen in meinem Ausweis sahen? Kämen wir jetzt alle ins Gefängnis?

Wie heißt es doch so schön? Mitgefangen, mitgehangen. Ich gab meinen Ausweis ab und direkt danach wollte einer der Polizisten mir Handschellen anlegen, hatte aber keine mehr.

»Macht nix, ich lauf schon nicht weg«, sagte ich, »ich mach mir eh gleich vor Angst in die Hose.« Doch er hatte kein Erbarmen und holte Kabelbinder aus dem Auto. Kabelbinder? Ich war doch kein Paket! Die Frage, ob er nebenbei bei UPS arbeitete, sparte ich mir einfach mal. Kurz darauf war ich also mit meinen Händen auf dem Rücken gefesselt und wartete auf die unvermeidliche Reaktion auf meinen Namen.

»So, so … Prinzessin von Sachsen, hä? Mann, Mann, Mann … Prinzessin beim Fahrradklauen erwischt. Da werden die anderen auf der Wache was zu lachen haben.«

Ich dachte mir nur: Hahaha … wie witzig, Mister Polizist.

Als wir auf der Polizeistation ankamen, wartete auch schon meine Mami auf mich. Ihren Blick werde ich nie vergessen – sie war so unglaublich sauer. Mit gesenktem Kopf und dem Gelächter der Polizisten im Rücken machte ich mich im Gleichschritt mit Mami auf den Weg zum Auto. Stille … eisige Stille.

Die Autotür knallte zu. Ich versuchte gleich, ihr zu erklären, dass ich ja »nur« dabei gewesen war. Aber sie wollte das gar nicht hören. So sauer hatte ich meine Mutter noch nie zuvor erlebt. Schließlich war ich in unserer Familie ja immer die Liebe gewesen … bis jetzt. In dieser Nacht bin ich bestimmt um zehn Jahre gealtert und habe einige graue Haare bekommen. Ich kann nur sagen: So einen Quatsch bitte nicht nachmachen, so etwas gibt nur Ärger!

*

Ein paar Monate später stand dann die Gerichtsverhandlung auf dem Plan. Fahren ohne Führerschein, Diebstahl und Gefährdung des Straßenverkehrs – zum Glück waren nur die Jungs angeklagt.

111 FRAGEN AN EINE PRINZESSIN

Können Sie Walzer tanzen?

Walzer tanzen und andere Standardtänze habe ich schon früh gelernt und mit 18 noch einmal aufgefrischt. Auf einem Ball macht diese Art zu tanzen sehr viel Spaß. Ansonsten tanze ich lieber frei und einfach drauflos. Mein Tanzstil ist ein bisschen verrückt. Ich lerne Choreografien ziemlich schnell und würde mich spontan als »Britney-Spears-Style-Tanzvideo-Maus« bezeichnen. In der Disco kommt es dann schon mal vor, dass ich meine Moves auch zeige. Showtime!

Alle drei hatten bei der Aussage am Abend auf der Polizeistation gesagt, dass die Mädels nicht aktiv, sondern nur »dabei« gewesen wären.

Irgendwann war ich an der Reihe mit meiner Aussage. Die Richterin war berühmt-berüchtigt. Keiner mochte sie und alle hielten sie für verklemmt und böse. Das hatte ich jedenfalls so gehört, doch ich wollte mich gern vom Gegenteil überzeugen lassen. Da stand ich also das erste Mal in meinem Leben vor Gericht. Ich konnte mir mein Lachen leider nicht verkneifen. Über die blöde Aktion der Jungs, über uns Mädels und über die höchst aufgebrachte Richterin. Wenn ich jemals wieder vor Gericht stehen sollte – klopf auf Holz –, dann bitte nicht in meinem kleinen Heimatort. Heute ist mir mein Auftritt von damals nämlich ziemlich peinlich.

MaX

Prinzessin Xenia erinnert sich an ihren Lieblingsmenschen

Mein Lieblingsmensch war immer schon mein Freund Max. Wir wuchsen zusammen auf und waren unzertrennlich. Seine Mutter Gaby war seit meiner Geburt ein Teil meiner Familie, für mich ist sie wie eine zweite Mutter und ich nannte sie schon immer Tante Gaby. Und daher waren Max und ich Cousin und Cousine. Ist doch klar!

Als kleines Mädchen war ich immer neidisch auf sein »Ding« zwischen den Beinen, denn ich wollte auch so cool im Stehen pinkeln können wie er. Wir haben in all den Jahren so viel zusammen erlebt, wie zum Beispiel einen Disneyland-Ausflug: Wir waren noch zu klein für den *Space Mountain*, die größte Attraktion damals. Während also die anderen Achterbahn fuhren, fischten wir aus Langeweile das Kleingeld aus dem Wunschbrunnen. Ganz zur Freude unserer Mütter, die ahnungslos aus der Achterbahn kamen und sich dann erst einmal durch eine Menschenmenge kämpfen mussten, die sich um Max und Klein-Xenia gebildet hatte. Ich hing nämlich kopfüber im Brunnen, um besser an die

111 FRAGEN AN EINE PRINZESSIN

Wie reagieren Leute, wenn sie erfahren, dass Sie eine echte Prinzessin sind?

Oft halten sie es für einen Spaß und reagieren mit Witzen wie »Und ich bin der König von …« oder einfach nur mit einem ungläubigen »Ja, klar«. Dann denke ich mir, ja, sehr lustig! Aber viele Leute wissen auch gar nicht, dass es in Deutschland noch Prinzessinnen gibt. Andere wiederum machen sofort einen Knicks, verbeugen sich oder geben mir einen Handkuss. Spontane Heiratsanträge gab es auch schon. Cool finde ich, dass meine Freunde immer wieder vergessen, dass ich eine Prinzessin bin. Es spielt für sie keine Rolle, ich bin einfach Xenia.

Geldstücke heranzukommen. Zum Glück war Max da und hielt mich an den Fußgelenken fest, sodass ich nicht hineinfallen konnte.

Als Teenager spielten wir tagelang gegeneinander *Super Mario Kart* auf dem *Super Nintendo*. Max war ein fabelhafter Freund, mit dem man Pferde stehlen konnte. Einmal versuchten wir uns sogar als Filmemacher. Wir hatten auf dem Dachboden kistenweise Kleidung und Spielzeug entdeckt, die sich hervorragend als Ausstattung für unseren ersten Kurzfilm »Baby Schmalzlocke« eigneten. Darin spielte ich die Mutter der hässlichsten Babypuppe, die man sich vorstellen kann. Ich gab eine verzweifelte Frau auf der Suche nach ihrem »Kind«, das entführt worden war. Max war bei unserem Projekt Kameramann Schrägstrich Produzent und leistete ganze Arbeit. Als unser Film fertig war, waren wir mächtig stolz auf unser Werk. Es folgten noch weitere Filme »produced by Max and Xenia«, die wir dann sogleich unseren Familien vorführten.

Auch als wir älter wurden, blieb unser Verhältnis immer gut. Zwar sahen wir uns etwas seltener, denn ich hatte mit meiner Band und meinen Hobbys zu tun und auch er machte Musik. Doch wie das bei einer Familie so ist, trafen wir uns immer wieder an den Festtagen und zwischendurch zu Kaffee und Kuchen.

Max' Begeisterung für Musik war nicht zu übersehen beziehungsweise zu überhören. Er machte sie nicht nur selbst, nein, er liebte es auch, sie morgens nach dem Aufstehen so laut aufzudrehen, dass wir alle aus unseren Betten fielen.

Damals hat mich das total genervt, doch heute würde ich alles geben, um noch einmal von ihm und seiner Musik geweckt zu werden. Würde mir eine gute Fee begegnen und hätte ich einen Wunsch frei, würde ich die Zeit bis zum 23.03.2004 zurückdrehen und versuchen, seinen Tod zu verhindern.

Meine letzte Erinnerung an Max ist ein Abend, den ich in der Karnevalszeit mit ihm verbrachte, kurz bevor er starb. Ich ging als eine Mischung aus Clown und Promotion-Girl in einem verrückten Outfit, er ging als Chandler aus der Serie *Friends*. Na ja, eigentlich hatte er sich einfach nicht verkleidet und dann beschlossen, dass er immer noch ohne Weiteres als Chandler durchgehen würde.

Max saß an dem Abend mit einigen Freunden im Wohnzimmer und ich machte mich noch schick für die Karnevalssause in Mülheim. Als wir zur Party aufbrechen wollten, knallte mir der Wind die Zwischentür vor der Nase zu. Max hatte wegen des Türknallens wohl gedacht, dass ich schon raus zum Auto gegangen sei, denn er sagte zu seinen Freunden: »Das war meine Cousine. Süß, hm?«

Er sagte es mit Liebe in der Stimme und in dem Moment machte mich das unendlich stolz.

Einen Monat später kam Max bei einem Autounfall ums Leben.

Ihn zu verlieren war, wie in ein großes schwarzes Loch zu fallen, in dem es keinen Sauerstoff gibt. Als ob ich ohne ihn nicht atmen konnte. Es fühlte sich alles so sinnlos an.

Ich habe lange gebraucht, um seinen Tod zu verarbeiten. Doch was auch passiert, ich werde Max an jedem einzelnen Tag meines Lebens vermissen.

111 FRAGEN AN EINE PRINZESSIN

Welche sind Ihre Lieblingsbücher?

Mein allererstes Lieblingsbuch war »Pünktchen und Anton« von Erich Kästner, ein wirklich schönes Kinderbuch. Als Jugendliche war ich dann sehr von »Interview mit einem Vampir« begeistert, eigentlich habe ich alle Bücher von Anne Rice verschlungen. Momentan ist »The Secret« von Rhonda Byrne mein absolutes Lieblingsbuch, es ist so eine Art Bibel. Generell lese ich ziemlich viel, und auch sehr gern spirituelle Literatur wie zum Beispiel die Bücher vom Dalai Lama. Ich liege, ehrlich gesagt, am liebsten bei mir zu Hause auf dem Teppich und lese. Das ist wahrscheinlich wenig prinzessinnen-like, aber das habe ich schon als Kind so gemacht. So kann ich supergut entspannen.

Die Erinnerung an ihn gibt mir vor allem ein Gefühl von Familie und Geborgenheit. Die Zeit mit ihm und all die schönen Erfahrungen, die wir gemeinsam in unserer Kindheit machen durften, bleiben für immer ein Teil von mir.

Oft spreche ich abends mit Max und erzähle ihm von allem, was mir im Leben gerade passiert. Ich habe das Gefühl, dass er mich hören kann und irgendwie immer noch bei mir ist. Sich an Max zu erinnern, bedeutet, dass er immer weiterleben wird – im Herzen seiner Familie, seiner Freunde, ja, im Herzen aller, die das Glück hatten, ihn gekannt zu haben.

*

Eines Nachts habe ich Max um ein Zeichen gebeten, ob der Mann an meiner Seite der Richtige für mich sei, und in dieser Nacht träumte ich, wie Max mich am Tage meiner Hochzeit an der Hand aus der Kirche führte, mich ansah, lächelte und mit dem Kopf schüttelte.

Ich widme dieses Buch über mein Leben Max, denn er war es, der mich wie ein Bruder begleitet hat, der mich inspirierte und mir selbst nach seinem Tod noch den richtigen Weg weist. MAXimum Respekt …

15 Dinge

MIT DENEN ICH ALS TEENIE MEINE MUTTER FAST IN DEN WAHNSINN GETRIEBEN HABE

1. Mit meinem Karnevalsoutfit 2002:
X-Tina im Musikvideo »Lady Marmalade«

2. Mit meinem Wunsch nach einem Piercing

3. Mit dem Satz: »Mama, ich möchte ein Pony«

4. Mit meinem ständigen Gesinge

5. Mit meinen Choreografien im Wohnzimmer

6. Mit meinem Hypochondergehabe

7. Mit meinem Geheule beim Haarekämmen

8. Mit dem Satz: »Ich glaub, ich bin verliebt«

9. Mit den tausend »Hello Kitty«-Dingen,
die ich unbedingt haben musste

10. Mit meinen wechselnden Haarfarben

11. Mit meinen vielen Haustieren

12. Mit meinem Kelly-Family-Wahn

13. Mit meinem Wunsch, Sängerin zu werden

14. Mit meiner pubertären Art

15. Mit meinen extremen Looks

Kapitel 3

Prinzessin von Beruf?

Mein Karrierestart

Und was machst du so?

Prinzessin Xenia erläutert die Komplexität einer beliebten Eisbrecherfrage

Beim ersten Aufeinandertreffen zweier Menschen läuft die Konversation fast immer gleich ab. Die drei typischen Fragen lauten »Wie heißt du?«, »Woher kommst du?« und »Was machst du so beruflich?«. Und auch wenn die Antwort auf die erste Frage bei mir bestimmt länger ausfällt als bei den meisten Leuten, ist es Frage Nummer drei, für die ich wirklich weit ausholen muss.

Mein Beruf ist wohl genau wie mein Musikstil: undefinierbar. Ich komponiere Songs, habe als Journalistin gearbeitet und eine Kolumne geschrieben, bin beim Fernsehen als Moderatorin tätig gewesen und als Protagonistin einiger Boulevardsendungen durch die Welt getingelt, meine Bilder wurden in einer Galerie ausgestellt und ich habe mich auch schon mal als Model versucht. Wahrscheinlich bin ich einfach vieles gleichzeitig, aber eins bin ich nicht: Prinzessin von Beruf!

111 FRAGEN AN EINE PRINZESSIN

Wie stehen Sie zu Schönheits-OPs?

Ich habe meinen Bauchnabel aus ästhetischen Gründen operieren lassen. Daher kann ich es verstehen, wenn Menschen durch eine Schönheits-OP etwas korrigieren lassen wollen, das ihr Selbstbewusstsein belastet. Ansonsten würde ich jetzt nichts an mir machen lassen. Ich bin noch jung und eine OP ist immer ein Risiko. Aber ich möchte auch nicht ausschließen, dass ich später mal etwas machen lasse, wenn ich älter werde. Ich kann nachvollziehen, wenn Frauen ihr jugendliches Aussehen so lange wie möglich erhalten wollen. Ich denke, es gibt sinnvolle und überflüssige Schönheitsoperationen.

Hätte ich vor langer Zeit als Prinzessin gelebt, wäre das bestimmt anders gewesen, doch dann hätte ich auch ganz andere gesellschaftliche Verpflichtungen gehabt als heute. Im 21. Jahrhundert kann ich mir meine Aufgaben als Prinzessin selbst aussuchen. Ich entscheide, was ich mit meinem Leben anfange und was ich bewegen möchte. Darüber bin ich sehr glücklich, denn ich bin ein freiheitsliebender Mensch und früher wäre ich damit als Prinzessin bestimmt mehr als einmal angeeckt.

Und heute bin ich Künstlerin? Musikerin? Jornalistin? Ich sehe mich selbst eher als einen lauten Mix aus alldem. Mir war schon sehr früh in meinem Leben klar, dass ich, wenn ich einmal groß bin, nicht jeden Tag denselben Job machen möchte. Als ich in der fünften Klasse war, spürte ich, dass ich auf die Bühne, Musik machen und einfach die Menschen erreichen wollte. Ich mochte es, wenn man mir zuhörte, ob als Klassensprecherin oder bei meinen Theaterauftritten in der Schule.

Zunächst ging ich aber wie alle anderen zur Schule, verliebte mich, fand Hausaufgaben doof und interessierte mich mehr für Klamotten und Musik – ein ganz normales Teenagerleben eben. Erst meine Teilnahme an *Popstars* veränderte alles. Ich bekam viele Jobangebote und beschloss, die Chance zu nutzen, um meinen Traum von einer Karriere im Rampenlicht zu verwirklichen. Meine Freunde standen hinter mir und meiner Entscheidung, aber in meiner Familie gab es natürlich ein paar Leute, die nicht gerade begeistert waren, dass ich schon nach der zehnten Klasse von der Schule abgehen wollte. Doch mit der Unterstützung meiner Mutter habe ich mich durchgesetzt. (Danke, Mami!) Ich war damals total überwältigt von all den Möglichkeiten, die sich plötzlich vor mir auftaten, und wollte einfach alles ausprobieren und mich voll auf meine neuen Aufgaben konzentrieren.

Natürlich war dieser Weg kein leichter – das ist er bis heute nicht. Wäre ich ein geerdeter Mensch, hätte ich wahrscheinlich eine Ausbildung gemacht, früh geheiratet und wäre dann heute eine liebende Ehefrau und Mutter. Nicht, dass es da Missverständnisse gibt: Ich habe großen Respekt vor Menschen, die jeden Morgen aufstehen, einem »normalen« Beruf nachgehen oder Hausfrau sind und genau wissen, dass sie ihren Teil zu unserer Gesellschaft beitragen. Aber so bin ich einfach nicht.

Meine Art der Arbeit unterscheidet sich sicherlich sehr von den Jobs der meisten Menschen. Ich habe keine klassische Ausbildung gemacht, die mir einen bestimmten Weg vorgezeichnet hätte. Meinen Weg muss ich mir immer wieder aufs Neue selbst bahnen. Ich bin freiberuflich tätig und stehe daher unter großem Druck. Als mein eigener Chef muss ich mit den Konsequenzen meiner geschäftlichen Entscheidungen allein klarkommen. Das ist nicht immer einfach, aber hey, wer hat es heutzutage schon leicht?

Wenn es auch keinen Namen für meinen Beruf gibt, so mache ich doch bei meiner Arbeit ganz ähnliche Erfahrungen wie andere Leute bei ihren Jobs. Auch ich habe in der Vergangenheit sehr viel dazulernen müssen. In den ersten Jahren meiner Medienpräsenz habe ich viele Fehler gemacht. Ich habe die falsche Kleidung getragen, die falschen Antworten gegeben und hier und da sicherlich auch die falsche Message verbreitet.

Doch das bereue ich nicht, denn ich habe aus meinen Fehlern gelernt. Jeder Mensch findet erst nach und nach in seinen Beruf hinein. Ich habe Menschen mein Vertrauen geschenkt, die es nicht

111 FRAGEN AN EINE PRINZESSIN

Haben Sie Ticks und Macken?

Ich habe eine Menge Ticks. Am schlimmsten ist, dass ich es nicht ausstehen kann, Menschen essen zu hören. Deshalb kann ich schon mal laut werden, wenn jemand neben mir Chips isst. Außerdem putze ich mir ungefähr fünf Mal am Tag die Zähne, aber das ist ja eigentlich nicht schlecht. Und ich berühre ungern Sachen, die schon viele Leute angefasst haben: Treppengeländer, Knöpfe von Automaten, Haltestangen in öffentlichen Verkehrsmitteln.

verdient hatten. Das war bestimmt naiv, aber vielleicht auch einfach ein typischer Anfängerfehler. Lernen gehört nun mal zum Leben dazu. Man fällt hin und steht wieder auf.

Ich bin dankbar, dass das Schicksal mir diesen Weg beschert hat – mit all seinen Vor- und Nachteilen. Wäre ich damals nicht zu *Popstars* gegangen, hätte ich viele tolle Dinge in meinem Leben nicht erlebt. All die wunderbaren Menschen, die ich heute nicht missen möchte, und all die schönen Orte, die ich bereist habe und in meinem Herzen trage, sind der beste Beweis, dass ich mich damals richtig entschieden habe.

»Popstars – Jetzt oder nie«

Prinzessin Xenia nimmt an einer Casting-Show teil, scheitert grandios und fragt sich, warum sie trotzdem gewonnen hat

Als Teenager wurde Musik zu meinem Lebensinhalt. Mit Keyboard, Schlagzeug und Gitarre komponierte ich in meiner Freizeit eigene Songs. Und ich war ganz schön fleißig – im Laufe meiner Schulzeit kamen bestimmt einhundert Lieder zusammen. Musik zu machen wurde mir einfach nie langweilig!

Und dann traf meine Leidenschaft auf eine günstige Gelegenheit: In den Sommerferien 2004 sah ich mit meinen Freunden die Fernsehwerbung zur vierten Staffel von *Popstars*. Es gab einen Aufruf für das Casting unter dem Motto »Jetzt oder nie«. Dieser Moment war wohl so etwas wie eine Berufung. »Jetzt oder nie«, riefen meine versammelten Freundinnen gleichzeitig. Sie waren auf einmal wild entschlossen, mich da hinzuschleifen. Das kam nicht von ungefähr, schließlich kannten sie meine Leidenschaft für Musik und hatten miterlebt, wie ich nach der Schule immer nach Hause rannte, um Songs zu komponieren und zu singen.

Toll, solche Freunde zu haben. Ich war gerührt, dass sie gleich an mich gedacht haben, aber ich hatte auch ganz schön Bammel. Mit Tausenden von Jugendlichen zu konkurrieren war nicht

111 FRAGEN AN EINE PRINZESSIN

Lieben Sie Luxus?

Für mich ist Luxus, wenn ich Zeit für mich habe und einfach mal Musik hören, Tagebuch schreiben oder ein Computerspiel spielen kann. Auch reisen zu können und Zeit mit meiner Mutter zu verbringen gehört dazu. Luxus hat für mich nichts mit materiellen Dingen zu tun. Ich brauche keinen Palast mit goldenen Wasserhähnen.

ohne ... Und das auch noch vor laufenden Kameras. Da sollte man lieber sehr gut vorbereitet sein. Mein Ehrgeiz war geweckt: Als Erstes übte ich eine Auswahl an Songs rauf und runter, bis ich sie wirklich gut drauf hatte. Danach probierte ich dann stundenlang ein Outfit nach dem anderen an und führte die unterschiedlichen Looks meinen Mädels vor. So lange, bis mir endlich alle ihr Go gaben.

Jetzt war nur noch die Frage: Was würde meine Mutter dazu sagen? Sie war skeptisch, als ich ihr von dem Casting erzählte. Ich sei doch noch so jung und ob ich mir das denn wirklich gut überlegt hätte? Mir ist die Meinung meiner Mutter immer schon wichtig gewesen. Und natürlich hatte sie recht, es war ein Risiko, sich den Kameras auszusetzen. Man wusste ja nie, was die hinterher draus machten. Aber das war nicht ihre einzige Sorge. Meine Mutter ahnte schon, dass mein Name für einigen Wirbel sorgen würde und riet mir deshalb, ihn beim Casting zu verschweigen. Das würde nur einen falschen Akzent setzen.

Wenn meine Mutter schon solche Bedenken äußerte, musste ich auf sie hören. Mami hatte meinen Traum von einer Karriere als Popstar von Anfang an mit gemischten Gefühlen gesehen. Aber sie wusste auch, dass ich leidenschaftlich für die Sache brannte und unterstützte mich daher trotzdem in meinem Vorhaben. Das rechne ich ihr bis heute sehr hoch an.

Das Casting

Beim Casting in Düsseldorf angekommen, war ich wirklich nervös. Was würde passieren? Wie würden die dort auf mich reagieren? Bei der Anmeldung nannte ich nur meinen Vornamen. Ich hatte mir Mamis Rat zu Herzen genommen und nicht die Prinzessinnen-Karte ausgespielt. Die Casting-Crew wollte natürlich trotzdem meinen Ausweis sehen, aber ich sagte einfach, ich hätte ihn nicht dabei. Damit gaben sie sich zunächst zufrieden.

Ich war ziemlich aufgeregt: All die anderen Kandidaten zu sehen, die Texte übten, probten, sich von ihren Freunden beruhigen ließen, das war schon eine tolle Atmosphäre! Dann war es endlich so weit: Ich sang vor der Jury *I'm Outta Love* von Anastacia ... und kam eine Runde weiter. Ein überwältigendes Gefühl! Ich wollte die Welt umarmen, so glücklich war ich, und sprang vor Freude durch die Gegend. Nun war ich meinem Traum schon ein Stückchen näher gekommen.

Der Recall

Am nächsten Tag sollte ich wiederkommen: zum Recall. Alle Teilnehmer dieser Runde bekamen drei Lieder zur Auswahl. Ich entschied mich für *Everytime* von Britney Spears – ein anspruchsvoller Song mit sehr hohen Tönen, aber eben auch ein sehr schönes Lied. Das würde schon schiefgehen, dachte ich mir und zog mich zum Üben zurück.
An diesem Tag wurde ich von den *Popstars*-Mitarbeitern wieder nach meinen Ausweis gefragt. Dieses Mal konnte ich mich nicht rausreden und gab ihnen, was sie haben wollten. Als sie meinen Namen gelesen hatten, schauten sie mich ungläubig an. Vielleicht überlegten sie, ob sie einen Knicks machen sollten. Ich nahm nur schnell mein Formular und ging in den Casting-Raum.

111 FRAGEN AN EINE PRINZESSIN

Mussten Sie als Prinzessin im Haushalt helfen?

Ich habe meiner Mutter immer gern geholfen, aber ich musste nicht. Am liebsten habe ich in der Küche mit angepackt und auch heute bin ich noch die Schnellste im Kücheaufräumen, nur Geschirrspülen mag ich nicht. Mein Zimmer habe ich ebenfalls aufgeräumt und das Bad nach mir sauber gemacht – die ganz normalen Dinge eben. Und wenn man mir heute Handschuhe gibt, mache ich alles sauber, auch Toiletten. Ich ekele mich nicht.

Da stand ich nun und knabberte vor Nervosität an der Innenseite meiner Unterlippe. Dann wurde ich aufgerufen, um vor die Jury zu treten. Auf dem langen Weg dahin versuchte ich, mir in Gedanken noch einmal den Songtext aufzusagen. Vor den Juroren angekommen, sagte man mir, ich solle einfach loslegen, also setzte ich zum Singen an … doch nichts kam aus meinem Mund.

Gar nichts.

Blackout.

Ich war mir nur selten zuvor in meinem Leben so hilflos vorgekommen. Das war es dann wohl mit meinem Auftritt. Jemand von der Jury fragte, ob ich es noch mal probieren wolle. Ich sagte: »Lieber nicht«, und ging raus.

Nach dieser Blamage war ich erst einmal am Boden zerstört. Vollkommen aufgelöst erzählte ich den anderen Kandidaten, was passiert war. Sie waren total lieb zu mir und versuchten, mich zu trösten, doch das war in dem Moment wirklich schwierig, da ich so wütend auf mich selbst war. Es dauerte einige Zeit, bis ich mich wieder einigermaßen beruhigt hatte. Ich versuchte einfach, wieder an andere Dinge zu denken, und sagte zu mir selbst: Xenia, das ist alles nicht so schlimm. Die Welt dreht sich weiter, auch wenn du ein Casting verpatzt hast. Komm drüber weg.

Xenia: a new face?

Man muss immer nach vorne schauen! Am nächsten Tag war die Sache für mich schon so gut wie abgehakt. Oder doch nicht? Ich bekam einen Anruf von einem jungen Mann, den ich beim Casting bei ProSieben kennengelernt hatte. Er fragte mich, ob ich Lust hätte, beim New Faces Award dabei zu sein. Ist der Papst katholisch? Na klar hatte ich Lust! Also hatte sich aus *Popstars* doch etwas Neues für mich ergeben – toll! Und zu diesem Zeitpunkt hatte ich noch keine Ahnung, was sich daraus noch alles entwickeln würde.

Bei dieser Award-Show sollte ich nämlich meine zukünftige Managerin kennenlernen. Wir kamen ins Gespräch und sie war mir auf Anhieb sympathisch. Ich erzählte ihr, dass ich gern als Einzelkünstlerin durchstarten wolle, und sie wollte mich dabei unterstützen. An dem Abend dachte ich mir: Das ist ja einfach, ein nettes Gespräch und schon stehe ich kurz vor dem Abschluss meines ersten Managementvertrages.

Doch so einfach wie gedacht war es dann doch nicht. Ich war noch nicht volljährig, das hieß, meine Mutter musste den Vertrag mitunterschreiben, damit er gültig war. So schwer würde es schon nicht sein, sie zu überzeugen, dachte ich mir.

Aber Pustekuchen! Als Mami von dem Vertrag erfuhr und unter welchen Umständen er mir überhaupt angeboten worden war, war sie, die vorher mein größter Fan gewesen war, plötzlich gar nicht mehr so von meiner anstehenden Karriere überzeugt. Schließlich hatte ich mich nicht an unsere Absprache gehalten, sondern hatte nur durch meinen Namen auf mich aufmerksam gemacht. Sie hatte die Befürchtung, dass nun Leute nur wegen meines Namens mit mir Geld verdienen wollten. Außerdem wollte sie nicht, dass der ganze Medienrummel mich verändert und ich dann nicht mehr ihre Xenia, ihr Sonnenschein, war.

Irgendwie verstand ich ja ihre Bedenken. Aber hey, erwarten Sie nicht zu viel von mir: Ich war siebzehn Jahre alt und träumte wie viele Teenager davon, mit meiner Musik erfolgreich zu sein. Dieser Traum war einfach größer als mein Verständnis für die

111 FRAGEN AN EINE PRINZESSIN

Sind Sie bei Facebook?

Weil ich kein Fan des Internets bin, habe ich mich lange gegen Facebook gesträubt. Aber da ich auf den Kontakt zu vielen Leuten nicht verzichten wollte, habe ich mir doch ein Profil zugelegt. Leider muss ich zugeben, dass Facebook süchtig macht, und ich inzwischen versuche, meine Aktivitäten dort zu reduzieren.

Sorgen meiner Mutter. Ich wollte diese Karriere so sehr, dass ich es schaffte, sie zu überreden, den Vertrag zu unterschreiben.

Einige Tage später bekam ich einen Anruf auf meinem Handy: Es waren die Leute von *Popstars*. Die Jury hätte sich überlegt, mir doch noch eine Chance zu geben, und ich sei zum Re-Recall nach Wien eingeladen. Die Flugtickets wären bereits am Schalter auf meinen Namen hinterlegt.

Eine zweite Chance? Klar, wollte ich die nutzen. Ich sagte zu, packte meine Sachen und flog nach Wien.

Der Re-Recall

»Same procedure as last recall« – oder wie sagt man doch so schön? Ein bisschen fühlte ich mich wie in der Wiederholung meines eigenen Films. Wieder total aufgeregt, wieder knabberte ich an meiner Lippe und wieder fieberte ich der Begegnung mit der Jury entgegen. Diesmal würde ich *The First Cut is the Deepest* in der Version von Sheryl Crow singen. Ich war bereit.

Doch irgendwie schienen meine Auftritte bei *Popstars* unter einem schlechten Stern zu stehen, denn gerade, als ich so richtig loslegen wollte, hatte ich einen üblen Texthänger. Wo war bitte der ganze gelernte Text plötzlich hin? Ich weiß, wenn man zu Hause vor dem Fernseher sitzt, lässt es sich leicht lästern über all die Kandidaten, die dumm aus der Wäsche gucken, weil sie plötzlich nicht weiterwissen. Aber wenn man selbst vor der Jury steht, ist es nicht mehr ganz so lustig. Mein ganz persönliches Drama vom Recall wiederholte sich also und ich musste den Song abbrechen.

Vielleicht klingt es komisch, aber dieses Mal war ich nicht mehr so am Boden zerstört wie beim letzten Mal. Ich sah es als Schicksal, es hatte nicht sollen sein.

Zurück im Hotel hatte ich mir vorgenommen, ein bisschen schwimmen zu gehen, um von der ganzen Aufregung runterzukommen. Ich wollte gerade mein Hotelzimmer verlassen, da standen ein Mann und eine Frau vor meiner Tür. Ich sah sie verdutzt an, also stellten sie sich gleich bei mir vor: Der Herr war ein hohes Tier des damaligen Plattenlabels von *Popstars* und die Frau war eine Managerin, die ich kurz zuvor beim Casting gesehen hatte. Höflich gewährte ich ihnen Einlass und fragte mich, was sie wohl von mir wollten. Das sollte ich nur Sekunden später erfahren.

Der Mann vom Label redete sofort auf mich ein und holte dabei einen Kuli aus seiner Hemdtasche, dann hielt er mir einen Vertrag unter die Nase. Einen Vertrag zum Direkteinstieg als Bandmitglied beim damaligen *Popstars*-Projekt Nu Pagadi.

Wie bitte?

Ich verlasse mich immer auf meine Intuition und die sagte mir in dem Moment ganz deutlich: Mach das nicht! Also lehnte ich ab. Da war doch etwas faul an der Sache. Warum wollten die mich in der Band haben? Ich war doch gerade erst beim Re-Recall rausgeflogen.

Die Herrschaften zogen unverrichteter Dinge wieder ab und nach diesem merkwürdigen Auftritt saß ich noch einige Minuten kopfschüttelnd auf meinem Hotelzimmerbett.

Meine Managerin erklärte mir später dann den Grund für meine nachträgliche Einladung zum Re-Recall und für das ewige

111 FRAGEN AN EINE PRINZESSIN

Welche Märchenprinzessin mögen Sie am meisten?

Ich war als Kind verrückt nach Disneys Arielle, der Meerjungfrau. Ich habe mir die Haare sogar mit Henna gefärbt, damit ich so rote Haare bekomme wie sie. Sie war mein Vorbild, denn sie hatte ein großes Herz und schenkte auch den kleinen Dingen im Leben Beachtung. Sie sammelte zum Beispiel lauter Kleinkram, den Menschen weggeschmissen hatten. Das gefiel mir, ich wollte auch nie etwas wegwerfen. Und sie hatte einen Traum, den sie ehrgeizig und gegen alle Widerstände verfolgte. Auch damit konnte ich mich identifizieren.

Hin und Her mit der Jury. Sie sagte mir, dass die Mitarbeiter beim Casting immer von »der Prinzessin« erzählt hätten und der Label-Manager dadurch erst auf mich aufmerksam geworden war.

Welch eine Enttäuschung! Sie hatten mich nicht wegen meiner Persönlichkeit oder aufgrund meiner Fähigkeiten unter Vertrag nehmen wollen, sondern nur, weil sie sich erhofft hatten, mit einer Prinzessin in der Band am hart umkämpften Musikmarkt bessere Chancen zu haben. Diese Erkenntnis setzte mir ganz schön zu. Warum hatte ich nicht gleich begriffen, worum es bei all dem Theater wirklich ging?

*

Durch meine Erfahrung bei *Popstars* wurde mir klar, dass ein großer Name oftmals den Menschen dahinter verdeckt. Und ich bin noch heute heilfroh, dass ich den Vertrag für Nu Pagadi damals nicht unterschrieben habe.

Prinzessin sein dagegen sehr

Prinzessin Xenia hadert mit ihrem Schicksal und ruft die Polizei

Meine Mutter hat mich bei meinem Wunsch nach einer Karriere als Sängerin immer unterstützt, auch wenn sie anfangs Bedenken hatte, ob ich schon reif genug wäre, um mit der medialen Aufmerksamkeit klarzukommen – schließlich war ich noch nicht mal 18. Für mich war das natürlich kein Argument. Was machten so ein paar Monate schon aus? Sie versuchte, mich davon zu überzeugen, dass es besser wäre, wenn ich noch ein Jahr abwarte, aber erzählen Sie einem Teenager mal, dass er warten soll! Ich träumte von einer großen Karriere und wollte alles dafür tun, ein Popstar zu werden.

Natürlich war meine Mutter skeptisch, denn eine Karriere in den Medien würde nicht nur mein eigenes, sondern unser aller Leben verändern. Doch trotz der Nachteile, die das für sie und meine Schwester haben würde, unterstützte sie mich. Für meine Familie standen nun turbulente Zeiten an: Das Telefon stand nicht mehr still, ständig riefen Leute an, die Interviews oder Fernsehbeiträge mit mir machen wollten.

111 FRAGEN AN EINE PRINZESSIN

Merken Sie es, wenn eine Erbse unter Ihrer Matratze liegt?

Ich weiß nicht, ob es daran liegt, dass ich eine Prinzessin bin, aber ich merke definitiv, wenn eine Erbse unter meiner Matratze liegt. Das haben nämlich schon einige meiner Freunde aus Spaß ausprobiert und ich habe es jedes Mal gespürt. Ich denke, ich habe einen prinzessinnenhaft empfindlichen Rücken. Mit Krümeln im Bett kann ich übrigens ebenfalls überhaupt nicht schlafen. Ich wechsle zweimal die Woche die Bettwäsche!

Der richtig große Rummel fing nach dem ersten Fernsehauftritt an, als mich die Menschen auf der Straße erkannten, Fotos machen wollten, Autogramme haben wollten. Kurz darauf hatte im Internet jemand eine Fansite eingerichtet. Dementsprechend viel Fan-Mails bekam ich, es waren sogar Liebesbriefe dabei. Solche Briefe sind etwas, na ja, sagen wir mal: gefährlich. Manche Menschen neigen dazu, sich in Dinge hineinzusteigern, die fern von der Realität sind. Ein Beispiel gefällig? Ein typischer Satz aus diesen Briefen ist: »Wir sind füreinander bestimmt.« Ich finde, das greift schon in die Privatsphäre ein. Genauso wie »Ich liebe dich« von einer fremden Person zu lesen – wir kennen uns doch gar nicht! Ich habe mir wirklich Sorgen gemacht und die waren, wie sich bald herausstellte, nicht unbegründet.

Als Erstes musste ich meine Telefonnummer wechseln. Insgesamt vier Mal. Dann fanden einige Fans meine Adresse heraus: Die ersten Leute fingen an, vor meiner Haustür rumzulungern. Einmal standen drei Leute vor meinem Balkon und begannen zu schreien, als ich mich am Fenster blicken ließ. Das hat mir Angst gemacht und ich habe die Polizei gerufen.

Es gab auch diejenigen, die mir überallhin gefolgt sind. Einmal ist mir jemand vom Supermarkt bis nach draußen hinterhergelaufen, da musste ich schon Umwege nehmen beziehungsweise ins Taxi steigen, damit der Typ nicht auch noch herausfand, wo ich wohne. Manchmal haben sogar Journalisten stalkerartige Züge: Sie folgen einem überallhin, auch nach Hause. Mich hat sogar schon mal einer beschimpft, nur damit ich auf seinen Zuruf reagiere. »Arrogante Prinzessin«, hat er mir hinterhergeschrien. Das war wirklich das Letzte!

Trotzdem: Ich war damals viel unterwegs und freute mich über mein neues und spannendes Leben. Mami aber musste sich vor Familie, Freunden und sonst wem rechtfertigen und finanziell mindestens drei Gänge runterschalten. Ich bin meiner Mutter und meiner Schwester unglaublich dankbar, dass sie damals diesen Weg mit mir zusammen gegangen sind. Es war bestimmt nicht immer leicht für sie.

Manchmal sage ich meiner Mutter: »Vielleicht hättest du mich damals aufhalten sollen.« Und sie antwortet dann immer: »Nichts und niemand hätte dich aufgehalten!« Damit hat sie wahrscheinlich recht. Ich wollte schon immer meine eigenen Erfahrungen machen. Nur so lernt man seine Grenzen kennen.

Ehrlich gesagt, hatte ich mir meinen Aufstieg zum Popstar damals einfacher vorgestellt, als er war. Klar, ich kam in der ersten Zeit nach *Popstars* viel rum, aber damit ließ sich kaum Geld verdienen. Außerdem fragte ich mich, ob ich von nun an immer »die Prinzessin« sein würde. Das war es, worauf ich von den meisten Menschen reduziert wurde. Ich fühlte mich wie verdammt. Wer konnte mir sagen, wie sich eine Prinzessin verhält? Mami etwa? Durfte eine Prinzessin alles, was andere Mädchen auch dürfen? Konnte ich trotzdem ein stinknormales Mädchen sein? All diese Fragen jagten durch meinen Kopf. Und irgendwann machte es dann Klick.

Als Erstes trennte ich mich von meiner Managerin. Statt in jedem TV-Format mitzuwirken, nahm ich mir lieber die Zeit, mir einige Fragen zu beantworten: Wer bin ich, wo komme ich

111 FRAGEN AN EINE PRINZESSIN

Was tun Sie gegen Liebeskummer?

Früher habe ich mir Kopfhörer in die Ohren gesteckt, auf Repeat gedrückt und mir immer wieder dasselbe Lied, mit dem ich mich in diesem Moment identifizieren konnte, angehört. Dabei habe ich Tagebuch geschrieben und geweint. So habe ich mit unglücklichen Liebesgeschichten abgeschlossen. Aber inzwischen bin ich an einem Punkt angekommen, an dem ich Liebeskummer nicht mehr mein Leben bestimmen lasse. Ich lenke mich dann einfach ab und treffe mich mit Freunden. Ich kann zwar aus vollem Herzen lieben, aber ich weiß, dass alles vergänglich ist und die Zeit alle Wunden heilt.

her, wo soll die Reise hingehen? Statt einfach nur zu »chillen«, verbrachte ich mehr Zeit mit Lesen. Ich habe mich intensiv mit meiner Familiengeschichte auseinandergesetzt.

Plötzlich war für mich nicht das Wichtigste zu wissen, ob Britney nun wirklich noch Jungfrau war oder nicht. Kurz gesagt: Ich wurde ein bisschen erwachsener. Mir wurde klar, das Leben ist schön und nur ich bestimme, wie mein Leben und meine Zukunft aussehen werden. Ich verabschiedete mich vom schnellen Erfolg, konzentrierte mich mehr auf mich und lernte langsam, dass ich viel Ausdauer brauchen würde, um an mein Ziel zu kommen.

15 Dinge

DIE ANDERE ÜBER MICH SAGEN

1. Sie ist verrückt

2. Sie kann gut tanzen

3. Sie hat schöne Augen

4. Sie redet zu viel

5. Sie ist eine Mischung aus Audrey Hepburn, Pink und Cinderella

6. Sie rockt die Party

7. Sie ist eine gute Freundin

8. Sie ist zu dünn

9. Sie ist zu wählerisch

10. Sie hat ihren eigenen undefinierbaren Stil

11. Sie ist einfach the Princess

12. Sie rappt besser als viele Männer

13. Sie ist manchmal wie eine Vierzigjährige und dann wieder wie eine Fünfjährige

14. Sie ist immer für ihre Freunde da

15. Sie geht ihren eigenen Weg

Kapitel 4

Prinzessin von außen

Mein Leben mit den Medien

He-Man, She-Ra, It-Girl?

Prinzessin Xenia findet sich in schlechter Gesellschaft wieder und vergisst ihre gute Kinderstube

Seinen ganz eigenen Stil findet man nicht sofort und automatisch, es dauert Jahre, um sich selbst richtig kennenzulernen und zu verstehen. Erst dann ist es möglich, sein Äußeres mit dem Inneren in Einklang zu bringen. Meine Stilsuche dauerte ganze zehn Jahre. Vom abrasierten Schopf über die Dauerwelle bis zu zerrissenen Jeans war alles dabei gewesen, aber das war niemals ganz ich.

Am Anfang meines TV-Abenteuers hielt ich mich unterbewusst wohl für eine Mischung aus Madonna und Britney: blondes Haar, Minirock und ein kleiner Hund. Mein Inneres sah jedoch anders aus. In meinem Freundeskreis fanden alle meinen Look zu tussig, sagten mir aber nichts davon. Erst Jahre später, als ich diese Phase schon lange hinter mir hatte, beichteten sie mir das.

Im TV kam ich mit diesem Styling natürlich auch so rüber wie eine Barbie. Die Zuschauer vor den Bildschirmen haben bestimmt gedacht: »Oh Gott, schon wieder *so* eine …« Klar, ich war selbst für meinen Look verantwortlich. Aber ich war damals auch noch sehr jung. Ich konnte kaum »Barbie« sagen, da stellte man mich

111 FRAGEN AN EINE PRINZESSIN

Haben Sie schon mal einen Prinzen geküsst?

Nein, habe ich nicht. Aber ich bin mir sicher, dass ich noch einen Prinzen küssen werde, weil es für jeden Topf den richtigen Deckel gibt. Und wenn ich ihn finde, meinen persönlichen Prinzen, werde ich ihn vom Fleck weg heiraten. Außerdem meine ich, dass alle Männer ihre Traumfrau wie eine Prinzessin behandeln sollten. Dadurch werden sie zu Prinzen.

schon in eine Ecke mit all den blonden TV-Hühnern und dort kam ich nicht wieder raus. Eine Hand reicht einem in diesem Business niemand. Jedenfalls nicht umsonst ...

Nach *Popstars* wurde ich immer mal wieder auf der Straße erkannt. Sprüche wie »Du warst doch bei *Popstars,* oder?« und »Guck mal da, die Prinzessin« ließen mich inzwischen kalt. Wenigstens sagten sie nicht: »Da ist Miss Barbie 2004«. Manchmal starrten sie mich auch nur an und sagten gar nichts. Das war schlimm. Ich fühlte mich wie ein hilfloser Elefant im Zoo.

Die Zeitungen fingen an, über mich zu schreiben. Sie mischten sich in mein Leben und meine Beziehungen ein. »Ist sie mit einem Boygroup-Sänger liiert?«, »Sie ist Single – steht sie etwa mehr auf Mädchen?« – all das wurde gesagt und geschrieben und all das war mir ziemlich egal. Bis zu dem Punkt, als sie mich das erste Mal als »It-Girl« bezeichneten. Xenia, das It-Girl. Was sollte das überhaupt sein, so ein It-Girl? Ich recherchierte, dass es in England und den USA ziemlich schmeichelhaft war, als »Mädchen mit dem gewissen Etwas« bezeichnet zu werden. Doch offenbar sah das in Deutschland etwas anders aus. Hier führten Frauen die Riege der It-Girls an, die eher durch viel nackte Haut und diverse Männergeschichten in den Mittelpunkt der Aufmerksamkeit gerückt waren. Auf die Aufnahme in diesen Kreis konnte ich verzichten!

Doch das I-Wort verfolgte mich. Bald musste ich im Internet Folgendes über mich lesen: »Riesiger Auflauf beim dritten Casting in Düsseldorf: 1749 Talente wollten die Jury überzeugen, darunter auch eine echte Prinzessin, Xenia von Sachsen. Kann die deutsche Antwort auf Paris Hilton wirklich singen?«[1]

Wie bitte? Paris Hilton? Warum dieser Vergleich? Weil ich blond bin und sie auch? Oder weil wir beide einen Namen mit Hintergrund haben?

Ich wollte kein It-Girl sein, nicht wegen blonden Haaren und Nichtskönnen im Fokus der Öffentlichkeit stehen. Und noch weniger wollte ich in irgendeiner Weise mit Paris Hilton verglichen werden. Es mag ja sein, dass sie ein netter Mensch ist, doch mit einem Mädchen, das Hauptdarstellerin in einem Porno ist, wollte ich nicht in einen Topf geworfen werden. Es musste etwas passieren! Noch bevor ich Zeit hatte, mir zu überlegen, was ich gegen diese Berichterstattung tun konnte, kam der nächste Schock in Worten. Die Überschrift des Artikels lautete: »Wird Luder-Prinzessin Xenia von Sachsen ›Popstar‹?«

Luder? Wer schrieb denn so was? Ich hatte doch gar nichts getan, womit ich diesen Namen verdient hätte. Bisher hatte ich dieses Wort vor allem im Zusammenhang mit Frau Hilton oder irgendwelchen Pornostars gehört. Ich forschte nach und gab das Wort »Luder« bei Wikipedia ein.

»Das Luder bezeichnet in der Jägersprache ein totes Tier, das zum Anlocken von Raubtieren verwendet wird. In der Umgangssprache bezieht sich das Wort auf pflichtvergessene Personen, auch auf Geräte, die ihren Zweck nicht erfüllen, in neuerer Zeit vor allem auf Frauen, denen mit diesem Wort ein promisker Lebensstil unterstellt wird.«[2]

Promisker Lebensstil? Jetzt wollte ich es ganz genau wissen. Zu »Promiskuität« sagte Wikipedia: »Als Promiskuität (von lat. *promiscuus* gemeinsam, *promiscere* vorher mischen) wird die Praxis nicht an langfristigen Bindungen orientierter sexueller Kontakte

111 FRAGEN AN EINE PRINZESSIN

Wo werden Sie als Prinzessin bevorzugt behandelt?

In England wurde ich ein Stück weit respektvoller behandelt als in Deutschland. Aber das ist ja klar, die Briten leben schließlich in einem Königreich. Ansonsten werde ich überall bevorzugt, wo ich meinen Ausweis zeigen oder meinen Namen angeben muss, vom Türsteher bis zur Flugbegleiterin. Lehrer hingegen haben mir nie etwas geschenkt, ich hatte eher das Gefühl, dass ich mich noch mehr anstrengen musste als meine Mitschüler. Eigentlich möchte ich einfach nur so behandelt werden wie jeder andere auch.

mit verschiedenen Partnern bezeichnet; das Adjektiv *promiskuitiv* oder *promisk* wird auch verwendet für ›sexuell freizügig‹ oder ›offenherzig‹. Im Tierreich versteht man unter Promiskuität, dass sich Weibchen und Männchen in einer Saison mit mehr als einem Geschlechtspartner paaren.«[3]

Jetzt war ich sauer und zwar richtig. Warum schrieben die so etwas? »Sexuell freizügig« war ich nun wirklich nicht. Ich trug meine Klamotten, weil ich sie schön fand und nicht, um Männchen anzulocken. Für diese Lügen hätten meine Vorfahren diese Leute in den Kerker geworfen! Und heute? Da wird man einfach fertiggemacht. Ein nettes Mädchen wird erst aufgebaut und dann abgesägt. Das war wirklich gemein und unfair.

Jetzt brauchte ich erst einmal einen Kaffee und meine beste Freundin. Nach einem SOS-Anruf machte ich mich auf den Weg zu ihr. Ich war so tieftraurig und gekränkt, dass ich beinahe geheult hätte. Als ich den Bürgersteig entlanglief und über das Geschehene nachdachte, hörte ich eine Stimme hinter mir: »Ey, Alter, guck mal. Krass, da ist Paris Hilton!«

Ich hatte einen riesigen Kloß im Hals und die Tränen schossen mir nur so in die Augen. In diesem Moment ging mir diese eine Gleichung durch den Kopf: Paris *gleich* It-Girl *gleich* Luder *gleich* Nichtskönnerin. Ich drehte mich um und drückte dem Typen einen richtig fiesen Spruch.

Ich weiß, eigentlich traf ihn überhaupt keine Schuld an meinem Elend, sondern all die Menschen, die solche Lügen über mich verbreiteten, zum Beispiel die Redakteurin, die mich beim Interview so nett angelächelt hatte und zu mir gesagt hatte »Wow, du bist so hübsch und natürlich!«, um mich danach als Luder zu bezeichnen. Die wusste bestimmt nicht einmal, was das Wort genau bedeutete! Was für ein Haufen Lügner.

Sein Spruch hatte das Fass zum Überlaufen gebracht, ich war durch die beleidigenden Worte so wütend und verletzt, dass ich mich nicht mehr im Griff hatte.

Ich rang um Fassung und steuerte auf die nächste Drogerie zu. Ich würde meine Haarfarbe ändern, und zwar auf der Stelle! Aber welche Farbe? Pink, Schwarz, Rot und Blau hatte ich schon hinter mir. Entschlossen griff ich nach zwei Päckchen brauner Haarfarbe.

An der Kasse sah die Verkäuferin auf die Farbe und sagte: »Sie wollen sich verändern, ne?« Ich antwortete nicht. Da schaute sie mir in mein total verheultes Gesicht und fragte: »Ist alles in Ordnung bei Ihnen?« Ich schüttelte den Kopf und ging aus dem Laden, zurück nach Hause, direkt ins Bad, holte die Färbung raus, mischte nach Anweisung alles zusammen, schüttelte das Fläschchen kräftig und jagte mir das Zeug über den Kopf.

Während es einwirkte, genehmigte ich mir einen Gin Tonic. Als ich mich wieder ein bisschen beruhigt hatte, dachte ich darüber nach, ob meine Kurzschlussreaktion richtig gewesen war. Jetzt tat mir der Typ leid. Ich hätte seinen Spruch einfach ignorieren und lieber die Redaktion der Lügner stürmen sollen. Aber dafür war es jetzt zu spät. Ich atmete tief durch. Frauen färben sich die Haare, um einen Neuanfang auch optisch zu markieren, sie machen damit eine Aussage. Und auch ich wollte von vorn beginnen, ohne Klischees und Schubladen. Ein Statement setzen, das sagt: Ihr kennt mich nicht, also spart euch eure Verurteilungen!

111 FRAGEN AN EINE PRINZESSIN

Ist es leicht, als Prinzessin neue Freunde zu finden?

Eigentlich dachte ich immer, ich hätte keine Probleme, neue Freunde zu finden. Aber leider musste ich feststellen, dass mich viele Leute nur wegen meines Namens kennenlernen wollen und gar nicht an mir als Person interessiert sind. Daher ist es leider nicht so einfach, als Prinzessin echte Freunde zu finden. Zum Glück verfüge ich über eine recht gute Menschenkenntnis und erkenne ziemlich schnell, ob mich jemand ausnutzen will oder wirkliches Interesse an mir hat. Im zweiten Fall steht einer Freundschaft fürs Leben nichts im Weg.

Die Einwirkzeit war um. Jetzt hieß es nur noch Haare ausspülen, trocknen, kämmen und die neue Xenia war perfekt. Zwar sah ich älter aus, aber ich fühlte mich wohl damit. Wer sollte mich jetzt noch Luder oder Hilton nennen?

*

Ein paar Wochen vergingen und das Wort »It-Girl« wurde immer weniger im Zusammenhang mit mir gebraucht, bis es irgendwann vollkommen aufhörte. Für mich war es definitiv der einfachste Weg, die Haare dunkel zu färben und somit dem Klischee und den Vergleichen aus dem Weg zu gehen. Damals hatte ich noch keine Erfahrung im Umgang mit den Medien, war verletzt und total erschüttert über diese Reaktionen. Heute stehe ich zu mir und meinen blonden Haaren. Und wenn ich mal wieder mit jemandem verglichen werde, dem ich ähnlich sehe und der den Titel »Luder« verdient: bitte! Da stehe ich drüber.

X und hopp?

Prinzessin Xenia lernt, Nein zu sagen, und entwickelt das absolute Gehör für anzügliche Untertöne

There's no business like showbusiness.« Ja, da ist was Wahres dran. Wäre ich Meteorologin geworden oder Tierärztin, dann wäre mir einiges erspart geblieben, was ich in der Welt der Medien erlebt habe. Aber was sollen die Gedanken über *wäre*, *hätte*, *würde* und *könnte* schon bringen? Ich liebe meinen Job mit all seinen Höhen und Tiefen … und habe meine Lektion gelernt.

Mit 17 ging ich zu *Popstars*, völlig unvorbereitet auf das, was mich danach erwarten sollte. Selbstverständlich war mir klar, dass mich nicht alle Menschen mögen würden, aber nie hätte ich gedacht, dass die Beliebtheit bei den Leuten da draußen meine kleinste Sorge sein sollte. Die waren zwar manchmal hart, aber trotzdem fair. Es waren die Menschen, von denen ich gedacht hatte, dass sie immer hinter mir stehen würden, die mich am meisten enttäuschten.

Wir schreiben das Jahr 2005, *Popstars* war gelaufen und viele Manager, Redakteure und Produzenten versuchten, mich zu beeinflussen. Alle hatten sie eine Sache gemeinsam: Sie versprachen mir eine Karriere. So hatte ich beim *Popstars*-Casting in Düssel-

111 FRAGEN AN EINE PRINZESSIN

Glauben Sie an die große Liebe?

Ja, und ich glaube, dass zwei Menschen füreinander bestimmt und seelenverwandt sein können. Mir hat mal ein »Medium« gesagt, dass mein Seelenverwandter in diesem Leben nicht wiedergeboren wurde. Aber bei so einer wichtigen Sache wie der Liebe lasse ich mir nicht reinreden: Ich bin mir sicher, dass ich einen tollen Mann für mich auf dieser Welt finden werde.

dorf einen Redakteur eines bekannten deutschen Privatsenders kennengelernt, der mir mit seiner Hilfe Erfolg voraussagte.

Nennen wir mein Handeln naiv, denn ich glaubte ihm alles, was er sagte. Wir arbeiteten fast zwei Jahre lang immer mal wieder zusammen, nahmen ein paar Fernsehbeiträge auf und gingen auch privat gemeinsam zu den Partys der Branche. An seine typischen Anweisungen bei öffentlichen Auftritten oder Dreharbeiten war ich schon gewöhnt. Ich konnte ja verstehen, dass er auch nur seinen Job machte, wenn er versuchte, den Beitrag über mich so zu steuern, dass er eine möglichst hohe Einschaltquote bringen würde. Aber es ging doch schließlich bei der ganzen Sache auch um mich, es würde gezeigt werden, wie ich lebe, und dadurch würden die Leute da draußen auch einen Eindruck von meinem Charakter bekommen. Klar, dass da jeder seine eigenen Grenzen hat, was er mitmacht und was nicht.

Einmal sagte mir der Redakteur zum Beispiel: »Xenia, komm noch einmal rein und sag dieses Mal nicht ›Hey Leute, ich bin Xenia‹, sondern ›Mein Name ist Xenia Gabriela Florence Sophie Iris Prinzessin von Sachsen‹.«

Okay, dachte ich mir, der Mann wird schon Ahnung haben, wie ich am besten rüberkomme. Ich vertraute ihm und seinen Mitarbeitern und handelte so, wie sie es für richtig hielten. Es lief auch alles super, bis ich plötzlich keine Lust mehr hatte, immer zu allem Ja zu sagen.

Wir machten Aufnahmen im österreichischen Hintertux, gemeinsam mit Davorka Tovilo bekam ich einen Skikurs. Schön und gut, aber beim Après-Ski passierte dann etwas höchst Eigenartiges. Wir waren in einer Skihütte und unser Skilehrer trank einen Schnaps mit Sahne, mit der er sich dann auch gleich bekleckerte. Daraufhin sagte der Redakteur zu mir: »Xenia, leck mal dem Skilehrer die Sahne vom Arm.« In diesem Moment war es für mich, als stünde die Welt für ein paar Sekunden still. Dann sagte ich entschlossen: »Nein!« Und plötzlich wurde aus dem netten, vertrauenswürdigen Menschen ein nicht gerade erfreuter Mann, der mich anfuhr: »Was? Nein? Nun mach schon!« Aber ich weigerte mich und verließ das Lokal. Er kam mir hinterher und es begann eine der für mich aufschlussreichsten Unterhaltungen.

Er sagte: »Du machst, was ich sage, ich weiß, was der Zuschauer sehen will!« Ich sagte ihm, dass ich keinen Sinn darin sähe, den Sahneklecks auf dem Arm meines Skilehrers abzulecken. Was sollten die Leute denken? Dass ich ein Flittchen sei, das es mit seinem Skilehrer vor laufenden Kameras treiben würde? So war ich aber nun einmal nicht.

Er verstand offenbar nichts von dem, was ich sagte, im Gegenteil, als Nächstes sprach er einen Satz, der für mich alles veränderte: »Wenn du nicht machst, was ich sage, wird das Konsequenzen haben.« Konsequenzen, ja? Jetzt war ich sauer und sagte ihm, dass unsere Zusammenarbeit damit beendet sei. Und seine Reaktion? Er sagte: »Machst du es nicht, wirst du nirgendwo mehr arbeiten können, ich habe Kontakte und werde dir bei allem Steine in den Weg legen.«

In mir machten sich Wut und Enttäuschung breit. Ich sagte nur: »Wir werden ja sehen«, und ging ins Hotel. Die verbleibenden drei Drehtage war ich professionell, ich sagte und tat nur Dinge, hinter denen ich auch stehen konnte.

Doch als der Beitrag dann im Fernsehen kam, war ich schockiert. An einem Tag hatten wir gedreht, wie wir Skischülerinnen

111 FRAGEN AN EINE PRINZESSIN

Wollen Sie Kinder?

Ich will auf jeden Fall eigene Kinder, mindestens eins, und ich möchte auch adoptieren, weil es so viele Kinder gibt, die niemanden haben. Ich würde aber nur so viele Kinder adoptieren, wie ich auch wirklich selbst großziehen kann. Ich halte nichts davon, sechs Kinder zu haben, die ständig von einer Nanny betreut werden müssen, weil die Mutter nicht alles unter einen Hut bekommt.

»Wellness« am Hotelpool machten. Dass meine Mitstreiterin Davorka Tovilo dabei in einem goldenen Bikini mit Tangahose herumgesprungen war, interessierte mich nicht die Bohne – jeder wie er es mag. Dass wir zu viert mit den Skilehrern im Pool geschwommen waren, na ja, da war auch nichts Verwerfliches dran.

Doch der Beitrag, der dann im Fernsehen ausgestrahlt wurde, wurde von einem Sprecher aus dem Off so kommentiert, dass es am Ende so wirkte, als hätten wir eine wilde Orgie gefeiert. Da wurde mit anzüglichen Aufnahmewinkeln gearbeitet, die Fragen, die mir gestellt worden waren, hatten wohl nur den Zweck gehabt, eine Antwort zu provozieren, die mich – richtig zusammengeschnitten und kommentiert – als Luder darstellten. Die Frau, die in diesem Beitrag zu sehen war, hatte nicht mehr viel mit mir zu tun. Das war nicht ich, sondern ein Produkt der Medien.

So kann es laufen! Sie bauen dich auf, versprechen dir Ruhm und lassen dich genau bis zu dem Punkt nach oben kommen, an dem sich die Gelegenheit ergibt, dich mit einem Skandal oder mit einer gezielten Lüge zum Absturz zu bringen. In meinem Fall brauchte es nicht viel, damit ich hart auf dem Boden der Tatsachen aufprallte. Es reichte schon, einen hinterlistigen Text auf die richtigen Bilder zu sprechen. Doch das blieb nicht das einzige Mal, dass ich einen Schock bekam, als ein Fernsehbeitrag über mich ausgestrahlt wurde.

Diesmal hatten mir die Leute vom Sender gesagt, ich solle nach Abu Dhabi reisen und dort Hotels testen. Gut, dachte ich mir, ich würde also nicht da hinfliegen, um Blödsinn zu machen, nein, ich würde etwas Sinnvolles tun. Der Beitrag wäre also auf einem ernstzunehmenden Level. Wie gesagt: So dachte ich. Das Team und ich drehten eine Woche in den schönsten Hotels der Vereinigten Arabischen Emirate und ich fand, wir hatten viel Spaß dabei. Es war alles gut gelaufen und es würde ein schöner Beitrag dabei herauskommen.

Pustekuchen. Der Hoteltest lief in mehreren Teilen im Fernsehen und im vierten Teil wurde eine Szene gezeigt, in der mir ein Golflehrer eine Stunde gab. Die Anmoderation dafür lautete in etwa so: »Prinzessin Xenia spielt Golf mit ihrem Lehrer, na dann fröhliches Einlochen.« Die Moderatorin sagte das mit einem hinterhältigen und auf Sex bezogenen Unterton. In dem Moment dachte ich wirklich, ich würde vom Glauben abfallen. Was sollte das? Wieso musste dieser Spruch sein? Weil *Sex sells*? Also bitte!

Sofort griff ich nach dem Hörer und wählte die Nummer einer Freundin beim Sender. Ich wollte nur eins wissen: Wer hatte diese Anmoderation verfasst? Zu meiner Überraschung sagte sie mir, dass die Moderatoren diese Texte selbst schreiben würden. Jetzt war ich sauer. Was bildete sich diese Möchtegern-Moderatorin eigentlich ein!

Es brauchte eine gewisse Zeit, bis ich mich beruhigt hatte. Doch das sollte nur die berühmte Ruhe vor dem Sturm sein. Denn schon beim nächsten Beitrag kam wieder solch ein zweideutiger Kommentar von derselben Moderatorin. Jetzt reichte es! Ich machte mich auf den Weg nach München, um die Redaktion der Lügner zu stürmen.

Ich kam in das Gebäude und fragte nach dem Weg. Zu meiner Überraschung kannten mich offenbar sehr viele Leute dort. Einer

111 FRAGEN AN EINE PRINZESSIN

Werden Sie auf der Straße erkannt?

Ja, das kommt vor. Vor Kurzem hat mich eine Chinesin ganz aufgeregt auf dem Bahnhof angesprochen und wollte mich küssen und nicht mehr loslassen. Und viele Leute glauben auch, mich zu kennen, wissen aber nicht woher. Lustigerweise werde ich manchmal für Anni von »Germany's Next Topmodel« gehalten. Für mich ist das alles okay, ich mache auch gern Fotos, wenn ich darum gebeten werde. Für den Fall, dass ich wirklich mal unerkannt unterwegs sein will, habe ich mir eine Perücke zugelegt.

sagte mir: »Hey, du bist Xenia, ich habe mal einen Beitrag über dich geschnitten.« Er war sehr nett, doch ich konnte nicht mit ihm plaudern, denn ich hatte eine unerfreuliche Mission: die Moderatorin zur Rede zu stellen. Im Büro angekommen, in dem die Dame saß, konnte ich nicht mehr an mich halten und fing sofort an, sie anzuschreien: »Was sollen diese dämlichen Kommentare? Kennst du mich? Nein! Also lass das in Zukunft!«

Damit war alles gesagt und ich verließ den Sender.

*

In den folgenden Beiträgen sagte die Moderatorin nichts Anzügliches mehr über mich. Und ich wurde nach diesem Erlebnis sehr viel vorsichtiger bei meiner Arbeit.

Alles mau im TV

Prinzessin Xenia tratscht mit dem Spiegel-Orakel über Peinliches aus der Welt des deutschen Fernsehens

*»Spieglein, Spieglein an der Wand,
was ist die schlechteste Fernsehsendung
im ganzen Land?«*

—

*»Frau Prinzessin, welch ein Graus,
es ist ›Talk Talk Talk‹ mit Sonya Kraus.«*

Talk Talk Talk

Talkshow-Szenen und nackte Haut als Late-Night-Belustigung: *Talk Talk Talk* ist die eine Sendung im Fernsehen, bei der ich mit Sicherheit sofort umschalte. Ohne Ausnahme.

Sonya Kraus sitzt in einem Studio und moderiert eine Show, die nur aus nervigen und vor allem sinnlosen Talkshow-Fetzen besteht. Dabei werden Unglückliche zur Schau gestellt, die einmal in ihrem Leben eine falsche Entscheidung getroffen haben, nämlich, ihre Probleme in einer Talkshow zu wälzen. Das ist die reine Bloßstellung der armen Seelen, die sich eh schon blamiert haben.

111 FRAGEN AN EINE PRINZESSIN

Bekommen Sie als Prinzessin immer den besten Tisch im Restaurant?

Wenn ich unter meinem Namen einen Tisch reservieren würde, dann bestimmt. Aber auf solche Dinge lege ich keinen Wert, weil ich nicht bevorzugt werden will. Es ist mir ganz egal, an welchem Tisch ich sitze, und ehrlich gesagt, gehe ich fast nie ins Restaurant. Bei McDonald's bekomme ich immer den besten Tisch!

Mit Fremdschämen und den meist traurigen oder aber absolut unglaubwürdigen Geschichten anderer Leute Geld zu machen, finde ich peinlich und abstoßend.

Sonya, ich bewundere deine Model- und Ballett-Karriere und deine Arbeit bei *Do it yourself – S.O.S.* Sogar dein Hörbuch habe ich mir angehört. Es enthält sehr gute Tipps für den eigenen Körper und verrät deine persönliche Glücksstrategie. Aber was du mir mal verraten könntest: Wie kannst du nach all dem Spott bei *Talk Talk Talk* noch abends ruhig einschlafen?

Ein Gutes hat aber diese Sendung dann doch: Sonya Kraus ist eine großartige Vorlage für *Switch Reloaded*! Wie Martina Hill sie dort parodiert, das ist wunderbar und natürlich viel komischer als das Original.

*

»Spieglein, Spieglein an der Wand,
was war mein schlimmster TV-Moment,
hast du's erkannt?«

—

»Frau Prinzessin, aber ja,
es war bestimmt der Pipi-Eklat.«

Die Burg – Prominent im Kettenhemd

Es war einmal im Januar des Jahres 2005, da trafen sich eine Gesangslehrerin (Artemis Gounaki), ein Ex-Boygroup-Sänger (Karim Maataoui), ein Busenwunder (Tina Angel), ein Talkshow-Moderator (Ricky Harris), ein Ex-*Big Brother*-Teilnehmer (Alex Jolig), ein Schlagersänger (Christian Anders), zwei Schauspielerinnen (Andrea Suwa und Tanja Schumann), ein Pseudoprinz (Frédéric Prinz von Anhalt) und eine kleine Prinzessin (icke) im österreichischen Rappottenstein, um in einer Burg wie vor Hunderten von Jahren zusammenzuleben. Das ganze Spektakel wurde geplant und verbrochen vom TV-Sender ProSieben.

Das Konzept: Zehn mehr oder weniger bekannte Persönlichkeiten aus allen Winkeln des Fernsehurwalds leben 16 Tage in einer Burg wie im Mittelalter zusammen, null inklusive. Wasser kommt nicht aus dem Hahn, sondern aus dem Brunnen, Wärme kommt nicht aus der Heizung, sondern von dem eigens gehackten Holz, das im Kamin verbrannt wird. Nicht mal ein Feuerzeug gibt es, Feuerstein und Stroh müssen Abhilfe leisten. Als kleines Schmankerl findet jeden Abend ein Spiel mit dem Moderator um Hochprozentiges statt. Na dann: prost!

Die Burgbewohner sind in zwei Gruppen eingeteilt, den Adel und den Pöbel. Einmal die Woche gibt es ein Spiel, nach dem Teilnehmer entweder in den Adel aufsteigen oder in den Pöbel absteigen.

Der Adel: Fünf Burgbewohner leben als Adlige im Luxus und werden vom Pöbel bedient. Sie besitzen wunderschöne Kleider, Freizeit und Macht. Das ist die sonnige Seite der Burg.

Der Pöbel: Den anderen fünf ist Luxus ein Fremdwort. Auf dem Tagesplan des Pöbels steht: um fünf Uhr morgens aufstehen, dem

111 FRAGEN AN EINE PRINZESSIN

Was schätzen Sie an Freunden?

Ich denke, die meisten Menschen können ihre wahren Freunde an einer Hand abzählen, und das ist überhaupt nicht traurig. Denn das sind die ganz besonderen Menschen, die immer für einen da sind und die alles stehen und liegen lassen, wenn man Hilfe braucht. Dabei spielt es keine Rolle, wie oft man sich sieht oder gemeinsam etwas unternimmt. Es kommt darauf an, dass man sich hundertprozentig aufeinander verlassen kann, wenn es darauf ankommt. Dann gibt es noch den erweiterten Freundeskreis mit Menschen, an denen man ganz verschiedene Dinge zu schätzen weiß wie Humor, Spontaneität oder Intelligenz.

Adel das Frühstück servieren, putzen, Vorräte sammeln und alle Wünsche des Adels erfüllen. Das ist die Schattenseite der Burg.

Nachdem schon *Die Alm* tierisch nervig war, wurde mit *Die Burg* noch eins draufgesetzt, sie war die wohl trashigste Sendung, die das deutsche Fernsehen je hervorgebracht hat. Warum ich so darüber rede, obwohl ich selbst Teilnehmer der Sendung war? Das ist eine lustige Geschichte, die mit einem Missverständnis beginnt.

Als meine damalige Managerin mich im Fitnessstudio anrief und mich fragte: »Hast du Lust, bei der *Burg* mitzumachen?«, sagte ich sofort und ohne zu überlegen Ja. Aber auch nur, weil ich wegen der lauten Musik im Fitnessstudio statt des Wortes »Burg« das Wort »Vogue« verstanden hatte. Ein Shooting mit der *Vogue* war schon immer ein großer Traum von mir gewesen.

Ja, blödes Missverständnis, ich weiß. Meine Managerin freute sich und sagte, sie würde die Verträge dann schon mal fertig machen und unterschreiben. Ich freute mich auch, da ich mich schon auf dem Cover dieser wundervollen Zeitschrift sah. Am schlimmsten war aber, dass ich sofort megaaufgeregt zu meinen Freunden lief und erzählte, dass ich bald auf dem Titelblatt der *Vogue* zu sehen wäre. Peinlicher Fehler.

Nachdem ich mich später von meinem Traum, bald das Cover der *Vogue* zu zieren, verabschieden musste, versuchte ich, die positive Seite meiner Teilnahme an der Sendung *Die Burg* zu sehen. Ich wollte es mir selbst beweisen, ohne all den Luxus leben zu können, der für uns so selbstverständlich ist. Und ein Abenteuer war es allemal. Also, ab nach Rappottenstein!

Die Sendung startete, das erste Spiel entschied, wer zum Pöbel und wer zum Adel gehören sollte. Ich verlor natürlich und war prompt die Prinzessin im Pöbel. Dann bekamen wir unsere Kleidung: Die neu erklärten Aristokraten nahmen Kleider aus Seide, bequeme Schuhe und Schmuck in Empfang. Wir, das Fußvolk, mussten uns mit Lumpen zufriedengeben, unbequemen, kratzigen Lumpen. Und Schuhen aus Holz.

Gleich zu Beginn der Sendung versetzte sich Tina Angel, das beliebte Busenwunder (laut Wikipedia BH-Größe 75 J), durch eine Mischung aus Hochprozentigem und Eiseskälte vor dem Plumpsklo ins Koma. Sie schied aus und ihre Nachfolgerin kam prompt, in einem tollen Kleid mit eleganten Handschuhen und mindestens einem Kilogramm Schminke im Gesicht. Meine Damen und Herren: Kader Loth, Ex-Penthouse-Pet-of-the-Year! Sie kam und verkündete mit ihrer nasalen Stimme: »Ich könnt mich Königin Kader nennen!« Nein danke, Frau Loth reicht uns.

Schon in den ersten Tagen stellte sich heraus, dass die Umgangsformen auf der Burg, passend zu unserem Leben, ziemlich unterentwickelt waren. Es hagelte nur so Schmähungen. Christian Anders sagte zur damals noch fülligen Artemis Gounaki: »Sag mal, Pummelchen, füll nach, oder war das schon alles?« Und Frédéric Prinz von Anhalt fuhr eines der Burgfräulein an: »Du bist 'ne Nutte!« Aber es gab nicht nur verbalen Terror, nein, den Worten folgten auch Taten und eine davon hatte mit Kader Loth zu tun.

Sie nutzte es aus, zum Adel zu gehören. Sie verbrachte 24 Stunden am Tag damit, uns herumzukommandieren … nein, Verzeihung, fünf Stunden, die restlichen 19 Stunden war Frau Loth offiziell im

111 FRAGEN AN EINE PRINZESSIN

Wenn Sie sich eine Epoche aussuchen dürften, in der Sie als Prinzessin leben könnten, welche wäre das?

Ich würde in keiner anderen Zeit leben wollen und bin froh, eine moderne Prinzessin zu sein. Aber wenn es die Möglichkeit gäbe, dann würde ich mich gern mal in andere Jahrhunderte beamen lassen, um hautnah zu erleben, was es früher bedeutet hat, eine Prinzessin zu sein. Besonders interessieren würde mich natürlich die Zeit meines Vorfahren August des Starken und damit Dresdens Blütezeit als Barockmetropole. Den französischen Hof zur Zeit von Marie Antoinette würde ich mir danach anschauen und aufpassen, nicht zu lange zu bleiben, um bei der Zeitreise nicht den Kopf zu verlieren!

Bett, für ihren Schönheitsschlaf. Also sagen wir, sie war arg damit beschäftigt, Befehle herumzuposaunen. Einmal betrat sie die Küche, in der wir, der Pöbel, saßen und Kartoffeln schälten, und näselte: »Ich will ein Vollbad, aber schnell!« Sie wusste ganz genau, dass es Stunden dauerte, den riesigen Holztrog mit Wasser zu füllen.

Ich muss an dieser Stelle einmal genauer beschreiben, was die »Wannen-Qual«, wie wir sie nannten, genau bedeutete: Erst einmal Wasser aus dem Brunnen holen, draußen bei Eiseskälte mit Holz und Steinen Feuer machen, das Wasser im Trog über dem Feuer heiß werden lassen, es mit einem Eimer dort rausschöpfen, mit diesem schweren Wassereimer ins Bad laufen. Und das ganze Spiel musste dann circa dreißig Mal wiederholt werden.

Mir reichte es. Denn zu dieser Frechheit kam auch noch: Sie wollte, dass ich es allein machte. Als sie ging, platzte mir der Kragen. »Der sollte mal jemand ins Bad pinkeln!«, sagte ich ohne darüber nachzudenken zu Frédéric und Karim.

Doch ich hatte keine Wahl und musste dafür sorgen, dass Kader bekam, was sie wollte, schließlich hatte ich mich auf dieses Spiel eingelassen. Also machte ich mich auf den Weg nach draußen, um Königin Blabla ihr verdammtes Bad einzulassen. Ich erhitzte, füllte und schwitzte und nach circa drei Stunden hatte ich erst die Hälfte der Wanne mit Wasser gefüllt.

Gerade wollte ich Ihre Königliche Hoheit zum Bade bitten, da kamen Frédéric und Karim zu mir und sagten: »Xenia, steh mal bitte Schmiere.« Das endet bei mir generell böse, aber ich tat es trotzdem.

Wenig später ging Kader dann in die Badestube, um ihr bestelltes Bad zu nehmen. Ich saß währenddessen in der Küche. Plötzlich kam eine Stimme aus dem Lautsprecher: »Xenia! Geh sofort zu Kader und verhindere, dass sie da reingeht!«

Was, ich? Wie gemein! Ich schüttelte den Kopf in Richtung Küchenkamera. Da kam sie wieder, diese Stimme: »Los! Geh schon! Es war deine Idee!«

Oh Mann ... okay, ich ging hin. Im Badezimmer angekommen, sagte ich: »Kader? Geh da nicht rein!« Sie fragte warum und ob die Jungs Mist gebaut hätten. Ich musste mir ein »Ja schon, aber du hast es verdient« verkneifen, es hätte sonst noch mehr Ärger gegeben.

Reingesetzt hat sie sich am Ende nicht. Aber ein kleiner Waschgang unter den Armen war schon drin. Urin soll ja eine heilende Wirkung haben.

Ein paar Tage nach der Pinkelaktion wurde uns ein fürstliches Gelage versprochen, mit tollem Essen, gemachten Haaren und Videogrüßen unserer Lieben von zu Hause. Wir hatten uns also alle aufgetakelt und gingen in den Speisesaal. Und da ein großer Fernseher mitten im Raum stand (nicht gerade mittelalterlich), spekulierten wir darüber, wer uns denn wohl Grüße schicken würde.

Der Fernseher ging an, doch anstatt netter Worte kam das Video, in dem zu sehen war, wie die Jungs Kader ins Bad strullten. Alle waren geschockt, in diesem Rahmen mit dem Vorfall konfrontiert zu werden.

Kader sah sich das Ekel-Spektakel ruhig an, dachte kurz nach, stand auf, ging um den Tisch, nahm wortlos die Preiselbeersoße und schmierte Frédéric davon eine Handvoll ins Gesicht. Daraufhin stand Frédéric auf und rastete vollkommen aus. Christian

111 FRAGEN AN EINE PRINZESSIN

Muss eine Prinzessin beschützt werden?

Es gab schon Situationen, in denen ich Bodyguards engagieren musste. Aber das war nur zeitweise oder zu bestimmten Anlässen. Ich habe in der Vergangenheit auch schon mal Drohbriefe erhalten, das war unangenehm, doch als Person, die in der Öffentlichkeit steht, muss man mit solchen Dingen rechnen und klarkommen. Generell bin ich kein ängstlicher Mensch und ich kann mich verteidigen, wenn es darauf ankommt. Ich kann ein wenig kickboxen und habe einen Selbstverteidigungskurs gemacht. Einen Ritter, der mich beschützt, brauche ich also nicht.

Anders ging dazwischen, doch die Streithähne waren nicht aufzuhalten. Sie bewarfen sich mit allem, was sie auf dem Tisch finden konnten.

Ich sah mir die Show amüsiert von meinem Platz aus an, bis Frédéric mit dem Arm den kompletten Tisch abräumte und dann sogar das Tafelsilber durch die Gegend flog. Ein Messer landete genau zwischen meinen Beinen und ein Metallbecher traf mich ziemlich hart am Arm. Spätestens damit war für mich der Spaß vorbei. Ich wäre am liebsten noch mehr ausgetickt als die beiden, doch mit Essen zu werfen war mir dann doch zu lächerlich. Die Situation war völlig eskaliert.

Am Ende der Sendung wurde ich Zweite und Kader Dritte. Da wir alle einfach nur froh waren, dass das Elend endlich vorbei war, gingen wir in Frieden auseinander.

*

»Spieglein, Spieglein an der Wand,
wer hat mich denn da umgerannt
im wunderschönen Ami-Land?«

—

»Frau Prinzessin, es war nicht Streeps Meryl:
Wer Sie da traf, war Colin Farrell!«

My Miami Beach Knockout

Eines Tages rief meine Managerin mich an und hinterließ mir folgende Nachricht: »Xenia, du fliegst nach Amerika und wirst für ProSieben Trendscout: Was sind die aktuellen Trends in Miami Beach?«

Toll, das würde ich mir nicht entgehen lassen. Das erste Mal ins Land der unbegrenzten Möglichkeiten reisen, den heißen Männern beim Trainieren am Strand zusehen und vielleicht würde ich dort ja sogar Ryan Phillippe oder Freddie Prinze Junior über den Weg laufen.

Mit dem Flieger ging es von Düsseldorf nach London Heathrow. Erst einmal hieß es sechs Stunden warten und dann endlich ging mein Flug nach Miami. Dort angekommen, machte ich mich gleich auf die Suche nach den neuesten Trends. Es war ungefähr neun Uhr morgens und ich lief mit der Kamera im Rücken am Strand entlang, sprang auf die Mauer an der Promenade und freute mich über die Sonne. Da merkte ich plötzlich, dass mein Schuh nicht richtig zugebunden war. Ich sagte dem TV-Team, sie sollten bitte kurz Pause machen, hüpfte von der Mauer und bückte mich, um meine Schnürsenkel zu binden.

Plötzlich ein heftiger Schmerz an meinem Rücken und schon flog ich vornüber, voll mit der Nase auf den Asphaltweg. Knockout!

Nur langsam kam ich wieder zu mir und versuchte, mich umzudrehen. Da erblickte ich eine Hand, die sich mir entgegenstreckte, und ergriff sie. Jemand sagte: »I'm so sorry, lady. Are you okay?« Jetzt konnte ich endlich das Gesicht erkennen, das ich über mir sah. Oh my God, es war Mr Colin Farrell himself. Zwar

111 FRAGEN AN EINE PRINZESSIN

Haben Prinzessinnen Laster oder negative Eigenschaften?

Natürlich, die hat doch jeder und Prinzessinnen sind auch nur Menschen. Ich versuche jedoch, an mir zu arbeiten. Ich bin beispielsweise nicht mehr so schnell eingeschnappt und beleidigt wie früher. Unpünktlichkeit ist ebenfalls eine unschöne Eigenschaft, die ich in den Griff kriegen will. Leider kann ich nicht so gut schätzen, teile mir meine Zeit zu knapp ein und dann komme ich zu spät und ärgere mich. In Beziehungen war ich hin und wieder zu eifersüchtig, das möchte ich ebenfalls ablegen. Wer genug Selbstbewusstsein hat und seinen Wert kennt, muss keine Angst haben, dass sein Partner einen verlässt.

nicht Ryan oder Freddie, aber ehrlich gesagt, war mir das in dem Moment vollkommen egal.

Und schwupp lief auch schon die Kamera wieder. War ja klar, dass die sich so einen Moment nicht entgehen lassen würden.

Ich sagte nur leise: »No problem, Sir. I'm okay«, obwohl ich am liebsten »Marry me!« gerufen hätte. Er lächelte, strich mir über den Rücken, sagte nett »Bye« und noch einmal »Sorry« und joggte dann davon.

Tja, Chance verpasst, Frau von Sachsen.

Er hatte mich im wahrsten Sinne des Wortes umgehauen. Und von da an waren mir die Trends absolut wurscht. Ich konnte nur noch an ihn denken.

Man sagt ja, dass man sich im Leben immer zweimal begegnet. Einmal hatte ich also noch. Be prepared, Colin!

*

»Spieglein, Spieglein an der Wand,
wer ist die schlechteste Schauspielerin
im ganzen Land?«

—

»Frau Prinzessin, Sie erraten's nie.
Die Antwort ist: Das sind wohl Sie!«

Freunde – Das Leben geht weiter

Mein Debüt als »Schauspielerin« stand von Anfang an unter einem schlechten Stern. Die TV-Serie, in der ich mitspielen sollte, war nämlich schon von Grund auf eine gewaltige Lüge.

Das Konzept: Eine Clique filmt sich den ganzen Tag selbst und die »wahren« Geschichten aus dem Leben dieser jungen Leute landen dann wie durch Zauberhand im Nachmittagsprogramm. Man nennt so etwas »Doku-Soap«: Es sieht aus wie eine Reality-

Show, in Wirklichkeit sind die Menschen, die dort mitspielen, aber allesamt Schauspieler, oder sagen wir mal Laiendarsteller.

Freunde – Das Leben geht weiter war die Fortsetzung zur Serie *Freunde – Das Leben beginnt*, die wiederum die Fortsetzung von *Die Abschlussklasse* war. Und schon kommen wieder die Anführungszeichen zum Einsatz. Denn die »Jugendlichen« in dieser Nachfolge-Serie waren in Wahrheit Studenten, die sich so ihr Studium finanzierten. Ein sehr amüsanter Haufen. Mit den meisten von ihnen verstand ich mich super, ein paar Zicken und Idioten sind immer und überall dabei, aber im Großen und Ganzen waren sie toll.

Und mittendrin: ich in der Rolle meines Lebens – das ist nicht nur so ein Spruch, ich spielte wirklich mich selbst. Leider nur so grottenschlecht, dass ich, nachdem die Dreharbeiten abgeschlossen waren, beschloss, mich nie wieder als Schauspielerin zu versuchen. Eine meiner wichtigsten Szenen war folgende: Ich kam mit meinen 18 Jahren, blonden langen Haaren und einem Tussi-Outfit in die Stammbar der Clique und sagte: »Hi, ich bin Xenia, kann ich bitte einen Drink haben?« Ganz großes Kino!

In der zweiten Folge musste ich dann einen Jungen küssen. Die komplette Crew samt Schauspielern, Kameramenschen und Redaktionsmitarbeitern standen vor mir, während ich leise »Magst

111 FRAGEN AN EINE PRINZESSIN

Was waren Ihre Lieblingsfächer in der Schule?

Physik und Chemie! Ich bin fasziniert von den Dingen, aus denen unsere Welt besteht. Auch das Wetter interessiert mich ungemein: Sonne, Regen, Wolken. Wie hängt alles zusammen? Mathe fand ich anfangs ganz toll, aber irgendwann habe ich mich gefragt, wozu ich das überhaupt brauche – wie man eben als Teenager so ist. Beim Sport habe ich immer den Kopf frei bekommen, daher finde ich Schulsport als Ausgleich zu den anderen Fächern sehr wichtig für Kinder. Ich habe mich gern mit den Jungs gemessen und wollte besser sein als sie.

du mich wirklich?« hauchte. Der Typ antwortete dann, ganz Macho: »Klar, immer doch.«

Und dann dieser Kuss: Mein Schauspielerkollege roch nach einer Mischung aus Zwiebeln und Bier. Lecker ... Zum Glück hatten wir nur so getan, als ob wir uns küssten.

Ich fasse zusammen: Meine Darbietung war mehr als nur schrecklich, sie war unterirdisch, grottig, absoluter Niveau-Alarm – aber eine wertvolle Erfahrung, aus der ich lernte, dass ich in meinem Leben wahrscheinlich doch keinen Oscar gewinnen würde.

15 Dinge

DIE MAN NICHT BEI FACEBOOK POSTEN SOLLTE

1. Intime Dinge, die nur zwei bestimmte Menschen etwas angehen

2. Adressen

3. Telefonnummern

4. Bilder von anderen, ohne deren Zustimmung

5. Geheimnisse

6. Inhalte von Streitereien

7. Provokationen

8. Seinen gesamten Tagesablauf

9. Schimpfwörter

10. Sexuelle Vorlieben

11. Dinge, die andere verletzen könnten

12. Dass man im Lotto gewonnen hat

13. Verleumdungen

14. Die Ergebnisse der Mathehausaufgaben

15. Angriffe auf andere Personen

Kapitel 5

Prinzessin von Sachsen

Mein Leben mit dem Adel

Ein Name und sein Drumherum

Prinzessin Xenia pflückt ihren Namen auseinander und erklärt, warum sie nicht sächseln kann

Neulich fuhr ich an einer Bahnstation in Berlin vorbei, Sophie-Charlotte-Platz. Ich las den Namen Sophie und musste mir selbst doch ernsthaft all meine Namen gedanklich noch mal aufzählen, um sicherzugehen, dass ich wirklich Sophie heiße und nicht Sophia.

Es ist manchmal wirklich seltsam: Weil ich meinen kompletten Namen ja nur selten sage, entfällt mir hin und wieder schon mal, wie ich eigentlich heiße. Es sind aber auch einfach so viele Namen! Gehen wir sie einmal durch:

1. Xenia – der Name leitet sich vom griechischen Wort ξενία, zu Deutsch die »Gastfreundliche«, ab. Mit Xenia ist der Name Xena verwandt – heute vor allem bekannt durch die schlagkräftige Serienfigur –, der die »Fremde« bedeutet. Noch heute heißen fremde Menschen auf Griechisch Xeni. Wie lustig, denn Xeni war mein erster Spitzname und ist bei zwei bis drei meiner Freunde immer noch aktuell. Das bedeutet also,

111 FRAGEN AN EINE PRINZESSIN

Haben Sie eine besondere Beziehung zu Sachsen?

Das ist gar nicht anders möglich, denn ich habe das schöne Land ja in meinem Namen und werde deshalb ständig darauf angesprochen. Es kommen immer wieder Fragen wie: Kommst du aus Sachsen? Sprichst du sächsisch? Wohnst du im Dresdner Schloss? Ich muss all diese Fragen jedoch verneinen, denn ich bin in Nordrhein-Westfalen aufgewachsen und kenne Sachsen nur von Besuchen. Dennoch finde ich Sachsen toll und könnte mir vorstellen, dorthin zu ziehen.

dass mich die meisten Freunde in meinem Leben »Fremde« genannt haben, obwohl ich ihnen alles andere als fremd war. Meine Mami wollte mich bis kurz nach meiner Geburt noch Sarah nennen. Da hätte ich auch nichts dagegen gehabt, doch es sollte anders kommen, denn wie ich ja schon erzählt habe, entdeckte sie dann den Namen Xenia und verliebte sich in den Buchstaben X. Xenia ist ein guter Name, finde ich.

Aber nun weiter im Text:

2. Gabriela – diesen Namen hab ich durch meine »zweite Mutter« und Wahltante Gaby erhalten.
3. Florence heiße ich, weil ich im Florence-Nightingale-Krankenhaus in Kaiserswerth geboren wurde und diesem Krankenhaus mein Leben verdanke, schließlich gab es bei meiner Geburt einige Komplikationen. Und Florence Nightingale hatte nicht nur einen sehr schönen Namen, sie war dazu auch noch eine wirklich beeindruckende Frau.
4. Sophie kommt von Sophie von Luxemburg, für diesen Namen bin ich besonders dankbar, da sie meine liebste historische Vorfahrin ist.
5. Iris ist der Name meiner Mutter und somit der Name, auf den ich am meisten stolz bin. Wenn ich später einmal bei der Namensfindung für meine Kinder genauso vorgehe, wie es meine Mutter getan hat, werde ich den Namen meiner Mutter, meiner Oma und meiner Schwester auf jeden Fall mit einbringen. Aber das ist Zukunftsmusik. Es wäre töricht, jetzt schon einen Namen auszusuchen, denn ich habe ja noch Zeit und das Kind soll Namen bekommen, die zu ihm passen. Weiter also in der Reihe meiner Namen.
6. Nach Iris kommt mein Nachname Prinzessin von Sachsen Herzogin zu Sachsen. Ganz ehrlich? Ich fand sie schon immer kompliziert, diese Sache mit dem *Von-und-Zu*. Und da ich mir vorstellen kann, dass es dem einen oder anderen damit genauso geht, will ich jetzt mal etwas Licht ins Dunkel bringen.

Wenn eine Person »von und zu« in ihrem Namen trägt, ist das noch lange kein Beweis für eine adlige Herkunft. Das *Von* bezieht sich in erster Linie auf den Ort, aus dem die Familie kommt. Das *Zu* hat mit dem Besitz dieser Familie zu tun – es könnte zum Beispiel daher kommen, dass die Familie am genannten Ort früher einmal Grundbesitz, eine Burg oder ein Schloss hatte. Sobald eine Familie also beispielsweise eine Burg an einem bestimmten Ort besaß, wurde dieser Ortsname mit einem »Zu« an den bestehenden Namen angehängt. Alles klaro? Ganz schön kompliziert, ich weiß.

Es gibt viele Menschen mit einem *Von* oder *Van* im Namen. Alles Adlige? Keineswegs. Wenn man sich da sicher sein will, muss man genau in die jeweilige Familiengeschichte blicken. Also ab in die Bibliothek, Abteilung Ahnenforschung, wenn Sie den Verdacht haben, dass Ihr Nachbar gar nicht so adlig ist, wie er sich aufführt. Nein, Spaß beiseite, es ist doch schön, dass es diese alten Namen gibt. Ich würde mir nur auf ein *Von* oder *Zu* nicht zu viel einbilden.

Mit meinem Nachnamen ist die Reihe endlich komplett. In meinem Personalausweis steht: Xenia Gabriela Florence Sophie Iris Prinzessin von Sachsen Herzogin zu Sachsen. Das ist erst mal nicht witzig, aber meistens eine Belustigung oder ein Schockmoment für meine Mitmenschen. Die eindeutig lustigsten Reaktionen kommen von Türstehern in Discos oder von der Polizei. Beispiele gefällig?

111 FRAGEN AN EINE PRINZESSIN

Sich tätowieren und piercen lassen: Darf man das als Prinzessin?

Das kann ich nicht für alle Prinzessinnen beantworten, ich kann mir vorstellen, dass es nicht überall gern gesehen wird. Ich darf es jedenfalls und bin nicht die erste und einzige tätowierte beziehungsweise gepiercte Prinzessin auf der Welt. Stephanie von Monaco ist zum Beispiel bekannt für ihre Tätowierungen. Ich selbst habe ein Bauchnabelpiercing, ein Tattoo auf dem Rücken und eins am Handgelenk und bereue keines davon. Allerdings tat das Tätowieren ganz schön weh!

Xenia am Eingang einer Disco

Türsteher: »Ausweis, bitte …«
Xenia: »Hier, bitte schön …«
Türsteher (zu seinen Kollegen): »Ey, krass, guck ma! Prinzessin … hö hö.«
Xenia: »Ja, ich weiß … Ähm, ich bin über 18, darf ich jetzt rein?«
Türsteher: »Klar, Frau Prinzessin. Is ja witzig …«

Und das ist nur die Light-Version, manchmal kommt auch ein dummer Spruch. Wenn die Türsteher allerdings wissen, dass ich komme, lassen sie mich sofort rein, auch ohne Ausweis …

Xenia in der Polizeikontrolle

Polizist: »Führerschein und Zulassung, bitte.«
Xenia: »Kein Problem, Officer, hier.«
Polizist (geht mit den Dokumenten zu seinem Auto, kommt nach einer Weile mit zwei Kollegen wieder ans Fenster und sagt): »Wow, sind Sie wirklich eine Prinzessin oder haben Sie den Namen gekauft?«
Xenia: »Nee, ich bin damit geboren worden.«
Polizist (nickt respektvoll und gibt die Papiere zurück): »Na, dann wünsche ich Ihnen eine schöne Fahrt, Frau Prinzessin.«

*

Wenn man es genau nimmt, lag er mit »Frau Prinzessin« gar nicht so falsch. Ich habe lange den Fehler gemacht und das Wort »Prinzessin« weggelassen, wenn ich mich offiziell irgendwo eintragen musste – obwohl der Name doch so in meinem Ausweis steht. Aber ich fand es einfach normaler, mich als Xenia von Sachsen anzumelden. Außerdem dachte ich, dass mir das die ewigen Nachfragen erspart.

Doch dann musste ich feststellen, dass so niemand meine Dokumente finden kann, weil mein Nachname in meinem Personalausweis mit P anfängt und nicht mit S. Viele denken, ich heiße Prinzessin Xenia mit Vornamen, weil ich in den Medien oft so genannt werde, aber nein, das Wort Prinzessin ist ein Teil meines Nachnamens, Prinzessin von Sachsen.

Und da wir gerade beim Wort »Sachsen« sind, fällt mir noch eine Sache ein, die oft für Verwirrung sorgt, nachdem die Menschen meinen Nachnamen erfahren haben. Denn es kommt meistens als Nächstes die Frage: »Warum hast du denn keinen sächsischen Akzent?« Die Antwort: Auch wenn mein Name von Sachsen lautet, bin ich nicht in Sachsen aufgewachsen. Ich versuche mich schon seit Jahren im Sächseln, aber gut werde ich wahrscheinlich nie darin sein – es ist ziemlich anspruchsvoll!

Der Ort, an dem man die meiste Zeit seiner Kindheit verbringt, beeinflusst einen schon sehr. Ich wäre bestimmt eine andere, wäre ich in Sachsen geboren worden oder in Bayern oder Thüringen. Meine Mami hat es aber nach Nordrhein-Westfalen gezogen und somit war es beschlossene Sache, dass ich dort aufwachsen würde. Und ich habe mich da immer sehr wohl gefühlt und bin dankbar für meine Kindheit in diesem wunderschönen Bundesland, weil ich dort Freundschaften fürs Leben geschlossen habe.

111 FRAGEN AN EINE PRINZESSIN

Sind Sie eher eine Partymaus oder eine Couchpotato?

Eine Couchpotato bin ich keinesfalls. Ich habe immer Hummeln im Hintern und kann mich nicht zurücklegen und stundenlang fernsehen. Ich brauche Beschäftigung! Ich bin daher tendenziell eine Partymaus als eine Couchpotato, aber eigentlich trifft keiner der Begriffe auf mich zu. Ich gehe vielleicht alle zwei Monate einmal feiern, das ist nicht wirklich häufig. Trotzdem kann ich besser feiern als auf der faulen Haut rumliegen. Ich weiß, wie man die Korken knallen lässt, und mache auch mal einen Spagat auf der Tanzfläche.

Jetzt haben wir also meinen Namen einmal genau unter die Lupe genommen und ich hoffe, es bleiben keine Fragen mehr offen, wenn ich sage: »Gestatten, Xenia Gabriela Florence Sophie Iris Prinzessin von Sachsen Herzogin zu Sachsen.«

Der Pseudoadel

Prinzessin Xenia wundert sich über ambitionierte Adoptierte und Angeheiratete

Mindestens einmal pro Monat gerate ich in ein Gespräch, das mit den Worten »Ah ja, die Prinzessin von Anhalt …« beginnt. Damit kann man mich wirklich wütend machen. Viele Menschen tun so, als ob sie sich im deutschen Adel auskennen – im Endeffekt haben sie jedoch keine Ahnung, weder von seinen Mitgliedern noch von seiner Historie. Dennoch scheint der Wunsch, zum deutschen Adel zu gehören, für viele so groß zu sein, dass sie jeden Preis dafür zahlen würden, den Namenszusatz »Prinz« oder »Prinzessin« tragen zu dürfen. Ich bilde mir nichts darauf ein, eine Prinzessin zu sein, und will auf keinen Thron, vielleicht liegt es daran, dass ich nicht verstehen kann, wieso sich so viele Leute mit einem Adelstitel schmücken wollen.

Aber es gibt sie wie Sand am Meer, die Pseudoadligen des 21. Jahrhunderts. Das Phänomen ist mittlerweile so verbreitet, dass die meisten Leute schon automatisch davon ausgehen, dass alle Adelstitel gekauft sind und somit auch ich nicht mit dem Namen

111 FRAGEN AN EINE PRINZESSIN

Haben Sie prominente Freunde?

Ich kenne viele Prominente, aber meine richtigen Freunde sind nicht berühmt. Ich denke, das ist auch gut so, dann bleibt man auf dem Teppich und es gibt weder Klatsch und Tratsch noch werden unwahre Geschichten in die Welt gesetzt. Den Rapper Kay One kenne ich zum Beispiel schon seit vielen Jahren, aber als er mit der Hip-Hop-Crew BMW über mich gerappt hat, gab es natürlich gleich viele Gerüchte, obwohl niemals etwas zwischen uns war. Deshalb bin ich sehr froh, dass die Menschen, die mir am nächsten stehen, nicht prominent sind.

»Prinzessin von Sachsen« geboren wurde. Immer wieder werde ich bei Interviews oder bei Begegnungen mit Passanten auf der Straße gefragt, wo ich denn meinen »Titel« gekauft habe und wie viel er gekostet habe.

Wie bitte? Das ist doch eine Frechheit! So eine Frage verletzt meine Gefühle, darüber machen sich die meisten Menschen wohl überhaupt keine Gedanken. Wie alle anderen, konnte auch ich mir nicht aussuchen, welcher Name auf meinem Personalausweis steht und in welche Familie ich hineingeboren wurde. Aber ich liebe meine Familie und meinen Namen, also nennt mich bitte nie wieder »von Anhalt«.

Die Adoptierten

Da wir gerade beim Thema sind: Frédéric Prinz von Anhalt war nicht immer ein Prinz. Er wurde – so sagt es jedenfalls die Wikipedia – in den 40er-Jahren als Hans-Robert Lichtenberg geboren und hatte ein kleines Vermögen als Besitzer einiger Sauna-Clubs gemacht, als Marie Auguste Prinzessin von Anhalt ihn adoptierte. Sie war komplett abgebrannt und brauchte am Ende ihrer Tage finanzielle Unterstützung. Die bekam sie dann von Frédéric in Form einer Rente von gerade mal 1000 Euro, wie die Spatzen von den Dächern pfiffen. Von dem Tag der Adoption an nannte sich Herr Lichtenberg dann Frédéric Prinz von Anhalt.

Mit diesem Namen öffnete sich für den vormaligen Saunaclub-Besitzer so manche Tür. Eine davon führte ihn zu Zsa Zsa Gabor, die ihm ein großes Anwesen in Beverly Hills bescherte. Auf seine Besitztümer angesprochen, betont Frédéric jedoch gern, dass alles *sein* Eigentum sei. Nun, wir wissen es nicht und wollen nicht spekulieren. An Frédéric zeigt sich, dass Menschen mit einem gekauften Titel einen falschen Eindruck vom deutschen Adel vermitteln. Nein, das Leben ist nicht den ganzen Tag Müßiggang und dicke Zigarren rauchen!

Aber ich finde, das ist noch nicht einmal das Schlimmste an der ganzen Sache. Dadurch, dass er sich adoptieren ließ, verleugnet er seinen eigenen Namen, seine Familie und deren Geschichte. Man könnte sogar sagen, er löscht sie damit ein Stück weit aus. Frédéric von Anhalt ist nur ein Player mit dem gekauften Namen eines Blaublüters. Doch letztendlich wird er immer Hans-Robert Lichtenberg bleiben – egal hinter welcher Maske er das zu verstecken versucht.

Anstatt also einfach in Amerika mit Zsa Zsa glücklich zu werden, kam er auf eine neue Idee, wie er dem Ruf des gesamten deutschen Adels schaden könnte: selbst adoptieren! Na klar – ist der Ruf erst ruiniert, lebt es sich ganz ungeniert.

Die Adoptierten der zweiten Generation

Ich präsentiere Kandidat Nummer eins der zweiten Generation: Marcus Eberhardt aka Marcus Prinz von Anhalt, geboren am 20. Dezember 1969. Oder wie sein neuer vollständiger Name lautet: Prinz Marcus Eberhard Edward von Anhalt, Herzog zu Sachsen und Westfalen, Graf von Askanien. Na, das klingt doch nach was!

Aber wie war es wirklich? Marcus ist von Beruf Metzger und stammt aus Pforzheim. Nun ist Metzger ein ehrbarer Beruf und

111 FRAGEN AN EINE PRINZESSIN

Muss eine Prinzessin ein Vorbild sein?

Ich fühle mich nicht unter Druck gesetzt, stets vorbildlich zu handeln. Da geht es den Prinzen und Prinzessinnen in den europäischen Monarchien sicher anders, sie haben repräsentative und offizielle Aufgaben zu erfüllen. Aber ich bin mit mir im Reinen und versuche auch ohne gesellschaftlichen Druck, ein verantwortungsvoller und guter Mensch zu sein. Als Person des öffentlichen Interesses sollte man sich in jedem Fall bewusst sein, dass man automatisch eine gewisse Vorbildfunktion erfüllt, einfach weil viele, viele Menschen einen beobachten und beurteilen.

manch ein Metzger wird sogar durch eigene Arbeit zum Fernsehstar. Klar, ich spreche von Stefan Raab, der seinen gelernten Beruf nie verleugnet hat und der ein unglaubliches Multitalent ist: Komponist, Produzent, Fernsehtausendsassa und immer eine verrückte neue Idee im Kopf. Respekt, Stefan Raab ist zweifelsfrei mein Lieblingsmetzger.

Vermutlich ist Stefan Raab nicht arm, und auch Marcus Eberhardt wurde durch eigenen Tatendrang zum Millionär. Auf seiner Website heißt es: »Ab seinem 35. Lebensjahr verlegte er sich auf die Verwaltung seines Vermögens und der weltweiten Immobilien und genießt das Leben als Jetsetter rund um die Welt.«[4] Der Glückliche! Er betrieb verschiedene Firmen und wurde unter anderem durch seine Tabledance-Club-Kette – wie sagt man so schön – finanziell unabhängig. Er sagt selbst dazu: »Schon meine Vorfahren hatten sich mit der Vermittlung von schönen Frauen an andere Herrscherfamilien einen Namen gemacht.«[5]

Der Witz ist dabei, er meint »Vorfahren«, die gar nicht seine leiblichen Vorfahren sind, obwohl er leibliche Vorfahren hat. Aber über die spricht er dabei nicht, die Eberhardts aus Pforzheim haben nie »schöne Frauen an andere Herrscherfamilien« vermittelt. Das waren natürlich die Anhaltiner – seine neuen »Vorfahren«!

Auf seiner Website schreibt »Prinz Germany«: »Da die Anhaltinerinnen in ganz Europa als außerordentlich schöne Frauen bekannt waren, wurde so manche Jungfrau an einen zukünftigen König oder Kaiser vermittelt. Die Bekannteste unter ihnen war sicherlich Prinzessin Sophie Auguste Friederike von Anhalt-Zerbst-Dornburg, die mit einem der mächtigsten Männer der damaligen Zeit verheiratet wurde – Zar Peter III von Russland. Unter dem Namen Katharina die Große wurde sie als eine der mächtigsten und sexhungrigsten Frauen aller Zeiten bekannt. Ganze Lustschlösser und versteckte Räume zum Ausleben all ihrer Fantasien soll sie errichtet haben.«[6]

Aber wie schon Frédéric reichte es auch ihm offensichtlich nicht, einfach glücklich mit sich selbst, seinem Geld und seinen käuflichen Mädchen zu sein. Wahrscheinlich fiel es ihm eines Nachts im Traum ein: Warum nicht Prinz werden, wenn's doch so einfach ist? Und schwupps, stand er bei Frédéric auf der Matte und ließ sich von ihm adeln. Oder wie nennt man das noch mal, wenn einer dem anderen ganz viel Geld gibt, damit er sich Prinz nennen darf? Von Stund an tingelte Marcus im Pelz durchs deutsche Boulevard-TV und stellte sein Möchtegernleben zur Schau. Großes Kino.

Denken die etwa, wenn ein nichtadliger adoptierter Adliger einen Nichtadligen adoptiert, entsteht wieder Adel? So nach dem Motto: Minus und Minus ergibt Plus?

Dann wären da noch die Kandidaten Nummer zwei und drei: Oliver Prinz von Anhalt und Michael Prinz von Anhalt. Es sind ähnliche Geschichten wie bei Marcus, denn der »Prinz von Anhalt« hat verschiedene junge Männer adoptiert. Nicht nur Marcus, sondern auch Oliver Bendig, jetzt Oliver Prinz von Anhalt, und Michael Killer, jetzt Michael Prinz von Anhalt.

Weil ich immer wieder gefragt werde, wieso denn so viele Leute plötzlich den Titel eines Prinzen tragen können, nur weil sie adoptiert sind, muss ich es noch mal klarstellen: Es ist gar kein Titel!

111 FRAGEN AN EINE PRINZESSIN

Haben Sie Fans?

Mir schreiben sehr viele Menschen. Durch die ganzen sozialen Netzwerke ist es ja sehr einfach geworden, mit Menschen in Kontakt zu kommen. Die Leute, die mir schreiben, würde ich nicht als Fans beschreiben, sie sind einfach interessiert und möchten mal Hallo sagen. Das finde ich sehr schön, auch wenn ich nicht auf jede einzelne Mitteilung antworten kann. Einen großen Fan habe ich aber auf jeden Fall, sie schreibt mir schon seit Jahren und ich habe mich bereits mit ihr getroffen. Sie ist wirklich süß!

Es gibt in Deutschland schon lange keine Adelstitel mehr, genau genommen seit 1919! Diese Menschen heißen zwar jetzt zum Beispiel »Prinz von Anhalt«, aber sie sind keine Prinzen. »Prinz von Anhalt« ist ein ganz normaler – und wenn man so will: ein ganz gewöhnlicher – Nachname. So wie Meier, Müller, Schulze (alles ehrbare Berufe!) auch normale Nachnamen sind.

Nur manch einer will eben lieber »Prinz von Anhalt« mit Nachnamen heißen, weil es auf das Umfeld einen so tollen Eindruck macht, als sei es mehr als ein Nachname, nämlich ein Titel. Nö, ist es nicht! Aber genau das ist der Grund, warum ich ganz oft versuche, meinen eigenen Nachnamen »Prinzessin von Sachsen« zu verschweigen, wenn ich neue Leute kennenlerne. Ich bin Xenia, einfach Xenia.

Die Angeheirateten

Sie schleichen sich in die Herzen unschuldiger Adliger mit dem Ziel, Prinz(essin) zu werden. Darf ich vorstellen, mein Lieblingsbeispiel für die Kategorie drei der falschen Adligen: Maja Synke Meinert aka Maja Prinzessin von Hohenzollern, geboren am 8. Oktober 1971.

Sie schnappte sich das Herz eines Prinzen und die beiden heirateten im Jahr 1999. Doch das Glück war nicht von langer Dauer, schon 2007 wurde diese Ehe geschieden. Und nannte sich Maja jetzt wieder Meinert und kehrte zurück zu ihren familiären Wurzeln und dem dazugehörigen Namen? Nein. Nach der Scheidung ging sie mit ihrem adligen Namen im TV hausieren, als wäre nichts gewesen, und posierte weiterhin beim »Disney Prinzessin Ball« mit rosa Kleid und Goldkrönchen vor der Kamera.

Auf ihrer Website kann man den Link »Historie« anklicken.[7] Wessen Historie meint sie nur damit? Wohl kaum ihre eigene! Wenn man dem Link folgt, landet man auf der Homepage des Schlosses Hohenzollern. Dort findet man dann unter anderem die Familien- und Landesgeschichte des bekannten Fürstengeschlechts. Was soll man davon halten, wenn sich eine Person mit der traditionsreichen Geschichte einer Familie profiliert, deren Mitglied sie gerade mal acht Jahre lang war? (Und das auch nur, weil sich die Scheidung ganz schön lang hinzog ...)

Jetzt werden einige sagen: Aber sie tut doch so viel Gutes mit ihrem Namen. Das mag ja sein, ihr soziales Engagement in allen Ehren, aber Synke Meinert benutzt ihren aristokratischen Namenszusatz nicht nur für Charity. Nein, sie braucht auch einen »guten Namen«, um ihre geschäftlichen Aktivitäten voranzutreiben, denn Maja wirbt auf ihrer Internetseite auch für ihre Kindermöbel- und Kinderschuhkollektion – natürlich alles süß im Prinzessinnen-Look, mit Wappen und Krönchen verziert ... und sauteuer. Es handelt sich dabei nämlich um Luxusartikel »[...] von einer Prinzessin für kleine Prinzen und Prinzessinnen designed«.[8] Über ihre Produktlinie sagt Maja: »Es ist mir wichtig Werte und Tradition mit Stil und höchstem Tragekomfort in meinen Designs zu vereinen [...].«[9] Werte und Tradition? Ich könnte mir vorstellen, dass sich so manches ihrer »Familienmitglieder« im Grab umdrehen würde, wenn es wüsste, dass sein Name nun mit unerschwinglichen Luxuspuschen für verwöhnte Schreihälse in Verbindung gebracht wird.

111 FRAGEN AN EINE PRINZESSIN

Welche gesellschaftlichen Verpflichtungen haben Sie als Prinzessin?

Als Prinzessin in einem Land, in dem der Adel schon vor langer Zeit offiziell abgeschafft wurde, hat man keine besonderen Verpflichtungen, es gibt weder obligatorische Bälle noch irgendwelche Empfänge, auf denen ich unbedingt erscheinen müsste. Wenn man natürlich in der medialen Öffentlichkeit steht, hat man eine bestimmte Vorbildfunktion und daran muss man sich erst mal gewöhnen. Das ist mir nicht immer leichtgefallen, aber ich denke, dass ich mit den Medien und der öffentlichen Aufmerksamkeit inzwischen ganz gut umgehen kann.

Entweder dieser Wahnsinn hört auf oder ich heirate einen Mann mit dem Nachnamen Müller. Die Geschäftsideen und Profilneurosen dahergekommener Pseudo-Adliger gehen mir wirklich auf die Nerven. Ja, auch ich heiße »Prinzessin« und ja, mein Nachname ist »von Sachsen«, aber ich möchte weder wegen meines Namenszusatzes auf einen Sockel gestellt werden, noch möchte ich mit den falschen Prinzen und Prinzessinnen dieser Welt verglichen werden. Ich liebe Menschen, die zu sich selbst stehen und sich nicht mit fremden Federn schmücken.

Meine Urgroßmutter, mein Ururgroßvater, mein Urururururururgroßvater und ich

Prinzessin Xenia verfolgt den Stammbaum der Wettiner und räumt dabei mit populären Legenden auf

Jeder Mensch beschäftigt sich irgendwann in seinem Leben mit der Frage nach seinen Wurzeln. Das war natürlich auch bei mir so, nur mit dem Unterschied, dass ich nicht wie die meisten erst als Erwachsene »back to the roots« gegangen bin, sondern schon im Schulunterricht immer wieder mit dem Leben meiner Vorfahren konfrontiert wurde. Nicht, dass ich über meine berühmten Ahnen noch nichts gewusst hätte, meine Mutter hatte mich ja bereits früh über unsere Familiengeschichte aufgeklärt und, klar, sich Geschichten über meine Vorfahren zu erzählen gehörte in meiner Familie natürlich schon immer dazu.

Trotzdem gab und gibt es immer wieder diese Momente, in denen mir direkt vor Augen geführt wird, welchen ungeheuer

111 FRAGEN AN EINE PRINZESSIN

Wie kann man Ihnen eine Freude bereiten?

Meine Familie und meine engsten Freunde wissen ganz genau, wie sie mich erfreuen können – und das tun sie auch immer wieder. Ich freue mich sehr über kleine Dinge und Aufmerksamkeiten, zum Beispiel wenn mir meine Mitbewohnerin ein Überraschungsei mitbringt, oder eine Blume im Topf. Hier geht es mir nicht um materiell wertvolle Geschenke, sondern um die Geste – jemand hat an mich gedacht … Und meinen Freunden eine Freude zu bereiten macht mir übrigens besondere Freude.

großen Einfluss meine Vorfahren auf die deutsche und europäische Geschichte hatten. Und diese Momente sind jedes Mal wieder überwältigend. Zum Beispiel, als ich als Kind im Geschichtsunterricht saß und dem Lehrer gebannt zuhörte, als er von meinem Verwandten August dem Starken erzählte. Einerseits war es für mich ja normal, von den großen Errungenschaften meiner Vorfahren zu hören, andererseits hatte und habe ich als kleine Xenia aber auch unglaublich großen Respekt vor der Leistung meiner Familie.

Oft werde ich in Interviews gefragt, ob mein großer Name nicht auch eine große Last für mich sei. Ich würde ihn nicht als Last bezeichnen. Man darf nicht vergessen: Die Zeiten haben sich geändert. Der Adel ist offiziell abgeschafft und zwar schon seit langer Zeit und daher haben sich natürlich auch die Rechte und Pflichten meiner Familie verändert. Wir leben in einer Demokratie und das ist auch gut so. Daher wäre es töricht, wenn ich mich mit meinen Vorvätern vergleichen würde.

Trotzdem bin ich natürlich sehr stolz darauf, Teil dieser Familie zu sein, deren Geschichte mich und mein Leben geprägt hat. Daher möchte ich nun gern ein wenig über sie erzählen.

Wir von Sachsens gehören zu den Wettinern, einem der ältesten deutschen Fürstengeschlechter, seine Geschichte lässt sich bis ins 10. Jahrhundert zurückverfolgen und sein Name kommt von der Burg Wettin in Halle im heutigen Sachsen-Anhalt.

Die Wettiner brachten viele einflussreiche Persönlichkeiten und Herrscher hervor, es waren Markgrafen, Kurfürsten, Herzöge und Könige dabei – ein ziemlich beeindruckendes Line-up, muss man sagen, wenn man sich einmal den Stammbaum des Hauses Wettin zu Gemüte führt. Mir ist schon klar, warum viele denken, dass man als Nachkomme von so viel Prominenz und Geschichte doch vor Ehrfurcht erstarren müsste. Aber wie Sie wissen, habe ich es nicht so mit Starrem und Steifem, ich bin ein lockerer Mensch. Zurück zum Stammbaum: Ich fahre seine Äste mit dem

Zeigefinger nach, von meinen Großeltern bis zum Ursprung. Aber stopp, da gabelt sich der Ast in eine zweite Linie: Das ist eine Besonderheit meiner Familiengeschichte und ich denke, sie ist ein guter Ausgangspunkt für einen kleinen Ausflug.

Ich stamme aus der albertinischen Linie der Wettiner. Was das bedeutet? Dazu muss ich etwas ausholen: Mein Ahne Markgraf Friedrich der Streitbare von Meißen wurde im Jahre 1423 Kurfürst von Sachsen-Wittenberg. Es gibt noch heute ein Überbleibsel aus dieser Zeit, das die meisten von Ihnen bestimmt schon einmal gesehen haben. Sie kennen doch das Logo der Meißner Porzellanmanufaktur, die zwei überkreuzten Schwerter? Das sind Kurschwerter, die Herrschaftzeichen des Kurfürsten, meines Vorfahren.

Friedrich der Streitbare hatte zwei Enkel mit Namen Ernst und Albrecht. Zuerst teilten sie sich die Regierungsverantwortung, jedoch hatte Ernst, der Ältere von beiden, damals noch die Kurwürde. Das war nicht ganz unwichtig, denn wer die Kurwürde hatte, besaß die Macht, den deutschen König beziehungsweise Kaiser zu wählen. 1485 wurden dann die Wettiner Lande zwischen den Brüdern aufgeteilt: Ein Teil ging an die ernestinische, der andere an die albertinische Linie.

Und wie das ja in den besten Familien vorkommen soll, gab es auch zwischen den Ernestinern und den Albertinern Konkurrenz.

111 FRAGEN AN EINE PRINZESSIN

Worüber können Sie lachen und was finden Sie gar nicht lustig?

Ich lache viel und sehr gern. Ich mag Situationskomik und kann dann mit Freunden Tränen lachen. Humor ist mir sehr wichtig und ich muss auch oft über mich selbst lachen. Außerdem schaue mir gern diese Pannenshows an, ich bin kein schadenfroher Mensch, aber besonders diese Tiershows, in denen lustigen Tieren kleine Missgeschicke passieren, find ich wirklich witzig. Allerdings darf es nicht unter die Gürtellinie gehen, dann hört bei mir der Spaß auf.

Im Schmalkaldischen Krieg schlug sich der Albertiner Moritz von Sachsen auf die Seite Kaiser Karls V. und auf der anderen Seite standen die Fürsten des Schmalkaldischen Bundes, die vom Ernestiner Johann Friedrich geführt wurden. In diesem Krieg verloren die Ernestiner das Kurland Sachsen und damit fiel den Albertinern 1547 die Kurwürde zu. Es begannen einflussreiche Zeiten für die Albertiner.

Sie waren bis 1806 Kurfürsten von Sachsen, danach Könige von Sachsen bis 1918 und sie stellten zwischen 1697 und 1763 sogar zwei Könige von Polen. Und da wir gerade von Königen sprechen: Der bekannteste meiner Vorfahren ist wohl Friedrich August I., der wegen seiner großen Kraft auch August der Starke genannt wird. (Angeblich konnte er ein Hufeisen mit der Hand verbiegen.) Nach ihm und seinem Sohn ist das Augusteische Zeitalter benannt, eine Epoche der kulturellen und wirtschaftlichen Blüte Sachsens. August der Starke ließ so bekannte Kulturdenkmäler wie den Dresdner Zwinger und die Dresdner Frauenkirche bauen. Und auch das Grüne Gewölbe, die Meißner Porzellansammlung und die Gemäldegalerie Alte Meister als weltberühmte Kunstsammlungen gehen auf die Herrschaftszeit Augusts des Starken zurück. Er machte Dresden zu einem kulturellen Zentrum und versammelte dort führende europäische Künstler.

Doch seine Bekanntheit hat nicht nur etwas mit seiner Kulturpolitik zu tun. August der Starke war einfach eine schillernde Persönlichkeit und ja, er hatte auch Seiten, die ihn heute zu einem beliebten Ziel von Paparazzi machen würden: Man sagte ihm zum Beispiel eine große Schwäche für Frauen und ausschweifende Feste nach. Er hatte viele, viele Mätressen, mit denen er einen Stall voller Kinder zeugte, oder sollte ich lieber »Stallungen« sagen? Denn das Gerücht hält sich hartnäckig, es seien 354 an der Zahl gewesen. (Da kann ich nur sagen: Sensationsalarm! Heute geht man davon aus, dass da höchstwahrscheinlich jemand gewaltig übertrieben hat.) Während seiner Herrschaft fanden pompöse Hoffeste statt, die in ihrem Prunk mit dem höfischen Leben in Frankreich vergleichbar waren.

Nein, er war bestimmt kein keuscher und sparsamer König, aber da unterschied er sich nicht sehr von anderen Herrscherpersönlichkeiten seiner Zeit. Es wäre auch falsch zu glauben, dass August der Starke seine Feste aus reiner Genusssucht veranstaltete. Für ihn war der Prunk am Hofe ein Instrument, das er gezielt einsetzte, um zu zeigen, wie mächtig er war – also eher Politik als nur ein extremer Lebensstil. Und wer weiß, vielleicht war August der Starke einfach nicht genug auf ein Leben als moralisches Vorbild vorbereitet worden, schließlich war er nur der Zweitgeborene und hatte noch als junger Mann fest damit rechnen müssen, dass sein älterer Bruder den Job übernehmen würde. Als dieser dann starb, rückte Friedrich August nach. Es kommt doch immer anders, als man denkt.

Es gibt bestimmt einiges, was man an ihm und seinem Führungsstil kritisieren kann, aber eins ist auch sicher: Er hat das Gesicht des heutigen Sachsens geprägt wie kein anderer und war einfach ein Original – für mich der Rockstar unter den Königen in meiner Familie. Yeah!

111 FRAGEN AN EINE PRINZESSIN

Wie halten Sie sich fit?

Ich versuche, meinen Tag so oft wie möglich mit Yoga zu beginnen. Dadurch fühle ich mich gut auf den Tag vorbereitet. Oft habe ich aber auch schon sehr zeitige Termine und muss darauf verzichten. Dann bemühe ich mich, zumindest am Wochenende Yoga zu machen, zu meditieren und zur Ruhe zu kommen. Wichtig ist, dass man das richtige Maß zwischen Anspannung und Entspannung für sich findet. Wenn ich müde und schlapp bin, gehe ich sehr gern joggen, danach fühle ich mich energiegeladen und einfach gut.

Ein anderes Original unter den Sachsenkönigen, das vielleicht nicht so glamourös wie August der Starke, aber dafür sehr eigen war, ist Friedrich August III. gewesen. Er galt als der volksnaheste der sächsischen Herrscher und war sehr beliebt, weil er zu jedem, den er traf, egal welcher Klasse er angehörte, gleich einen guten Draht hatte. Es gibt Bücher voller Anekdoten, die von Begegnungen mit dem König erzählen. Doch der bekannteste Satz, der ihm in den Mund gelegt wurde, hat mit dem Ende seiner Herrschaft zu tun. »Machd doch eiern Drägg alleene!«, soll er bei seiner Abdankung gesagt haben. Ja, das hätte sicher zu ihm gepasst. Aber auch das ist wohl eher eine Legende. Wahrscheinlich war es nämlich ein sozialdemokratischer Abgeordneter, der diesen Satz erfand, weil er sich dachte, dass der König bestimmt so etwas in dieser Art sagen würde. Die Leute fanden diesen Kommentar damals sehr treffend und dann hat sich der Satz wohl einfach verselbstständigt. Zum Glück hatte der König einen guten Sinn für Humor und wusste, dass das liebevoll gemeint war.

1918 dankte Friedrich August III. als letzter Sachsenkönig ab. Seine Beliebtheit im Volk wurde noch einmal ganz deutlich, als ihm bei seiner Beerdigung Zigtausende Sachsen die letzte Ehre erwiesen. Er war der letzte Wettiner auf dem sächsischen Königsthron.

Die vielen erfolgreichen Männer in meiner Familie kennt man alle aus den Geschichtsbüchern. Aber was ist mit all den Frauen? Über sie wird nur wenig verraten. Wie haben sie sich gefühlt in der Männerwelt der von Sachsens um sie herum? Manchmal würde ich gern in der Zeit zurückreisen, um wenigstens eine von ihnen ausfragen zu können.

Sophie Großherzogin von Luxemburg, meine Urgroßmutter, ist eine dieser Vorfahrinnen. Zu ihr empfinde ich eine besondere Verbindung. Ich besitze ein kleines Bild von ihr und jedes Mal, wenn ich es betrachte, zieht es mich in seinen Bann. Sie war eine atemberaubend schöne Frau. Mein Urgroßvater Ernst Heinrich

Prinz von Sachsen und sie heirateten, da war sie gerade 19 Jahre alt. Es gibt eine kleine Anekdote zu ihr, die unsere Leben auf geheimnisvolle Art und Weise verbindet. Auf ihrer Hochzeitsreise begegnete sie in Taormina in Sizilien einer Wahrsagerin, die ihr die Handlinien las und ihr prophezeite, dass sie drei Söhne bekommen würde. Unheimlich, aber genau so kam es dann auch. Ich bin ebenfalls einmal am Mittelmeer einer wildfremden Frau begegnet, die mir die Zukunft voraussagte. Was sie mir weissagte, war nur positiv, mehr will ich jetzt noch nicht verraten. Aber ob es auch genau so in Erfüllung gehen wird wie damals bei Sophie? Wie hat sich wohl meine Urgroßmutter damals gefühlt, als ihr diese fremde Frau aus ihrem zukünftigen Leben erzählte? Ob sie ihr sofort geglaubt hat?

*

Die Geschichten meiner Vorfahren sind gewaltig: Sie handeln von Erfolgen und Niederlagen, großen Schlachten, höfischen Festen, von Liebe, Gewalt und Tod. Bei so viel kinoreifem Stoff kann ich mir manchmal kaum vorstellen, dass all das den Menschen in meiner Familie tatsächlich passiert ist. Doch diese Geschichten inspirieren mich sehr, vor allem wenn ich in meinem

111 FRAGEN AN EINE PRINZESSIN

Was bedeutet Ihnen die Familie?

Meine Familie ist für mich unheimlich wichtig. Das sind schließlich die Menschen, die dich prägen, die dich am besten kennen und ein ganzes Leben begleiten, diese Bindung ist sehr tief. Ich bin ein sehr sozialer und geselliger Mensch und mein Umfeld, meine Freunde und natürlich meine Familie bedeuten mir sehr viel. Meine Familie steht dabei noch ein Stück über den Freundschaften, die schon extrem wichtig für mich sind. Meine Familie bedeutet mir sozusagen alles – ich bin ein extremer Familienmensch und möchte selbst einmal eine große Familie haben.

hektischen Leben mal wieder kurz davor stehe zu vergessen, wer ich bin.

Ich bin dankbar, dass es so viele Menschen gibt, die ihr Leben der Erforschung des Lebens und Wirkens meiner Vorfahren widmen und ihr Wissen der Welt zur Verfügung stellen. Davor habe ich großen Respekt, denn ohne sie wären all diese Geschichten vergessen. Es ist wichtig, seine Wurzeln zu kennen, und im Falle meiner Familie ist es nun mal nicht nur meine persönliche Geschichte, sondern es geht dabei um Menschen, die die Kultur eines ganzen Landes geprägt haben. Und darauf bin ich sehr stolz.

Meine Märchenschlösser

Prinzessin Xenia erzählt von den Wohnsitzen ihrer Vorväter und klärt auf, was Aschenputtel damit zu tun hat

Ich kenne sie alle aus alten Geschichten und von Fotos aus dem Familienalbum: die Schlösser meiner Vorfahren. Sie sind groß, pompös und stecken voller Historie, Geheimnisse und Erinnerungen.

Als ich noch eine kleine Prinzessin war, war mein Traumberuf Schlossmaklerin. Ich stellte mir vor, dass ich mich dann so oft wie möglich in vielen verschiedenen Schlössern aufhalten könnte und bei meiner Arbeit von dieser besonderen Luft der Vergangenheit umgeben wäre, die es nur im Umfeld von Schlössern gibt.

Mein Lieblingsschloss ist Schloss Weesenstein. Es thront majestätisch über dem Müglitztal, ist über 700 Jahre alt und diente im Mittelalter noch als Wehranlage. Über die Jahrhunderte hinweg hatte es viele verschiedene Besitzer. Die Geschichte meiner Familie und die des Schlosses kreuzten sich dann im Jahre 1830, als der Wettiner König Anton von Sachsen das Schloss für 360.000 Taler erwarb und es zu einem königlichen Hause machte. Sein Neffe, Johann von Sachsen, war ein besonders großer Fan des Schlosses:

111 FRAGEN AN EINE PRINZESSIN

Haben Sie Kontakte zu anderen Königshäusern und welches finden Sie am sympathischsten?

Ich habe keinen direkten Kontakt zu anderen Königshäusern. Damit befasse ich mich ehrlich gesagt auch nicht so intensiv, da mich mein eigenes Leben voll und ganz in Anspruch nimmt. Sehr sympathisch finde ich jedoch das niederländische Königshaus. Die Angehörigen wirken sehr entspannt und natürlich, und man hat den Eindruck, dass sie eine richtige Familie sind.

Er gab sich manchmal sogar als »Graf von Weesenstein« aus, so stolz war er, dass er dort leben durfte. Er zog sich gern auf das Schloss zurück, um Muße für seine Übersetzungsarbeit zu finden: Unter dem Pseudonym Philalethes (Freund der Wahrheit) übersetzte er dort die *Göttliche Komödie* des Dante Alighieri. Ein beeindruckender Mann!

1917 wurde das Schloss von seinem Enkel Prinz Johann Georg Weesenstein verkauft und damit endet die gemeinsame Geschichte des Schlosses und meiner Familie. Heute ist Schloss Weesenstein ein Museum und kann von allen interessierten Menschen besichtigt werden.

Als ich zwanzig Jahre alt war, besuchte ich zum ersten Mal das Schloss und verliebte mich sofort: Der Charme der alten Tapeten, das Gefühl der Nähe zu meiner Familiengeschichte, der wunderschöne Schlosspark, in dem viele meiner Vorfahren ihre Spuren hinterließen, und nicht zuletzt die netten Menschen, die sich so liebevoll um alles kümmerten – es war eine einmalige, überwältigende Erfahrung. Ich durfte auf dem uralten Klavier spielen, mich in den Gemächern meiner Ahnen aufhalten und bekam so eine Vorstellung von einem Leben, das ich in einer anderen Zeit vielleicht hätte leben dürfen.

Hätte ich zu dieser herrschaftlichen Zeit als junge Prinzessin gelebt, wäre Schloss Weesenstein auf jeden Fall meine erste Wahl gewesen. Ich hätte den ganzen Tag im Schlosspark verbracht, mit den Tieren gespielt und den Anblick der Rhododendronbüsche, der Lindenalleen und der Wasserspiele der Müglitz genossen.

Heute sehe ich mein Lieblingsschloss als einen Zufluchtsort an, den ich besuche, wenn ich mich an einem kritischen Punkt in meinem Leben befinde. Dann wandle ich durch den Garten, nehme diese besondere Atmosphäre der Vergangenheit auf und genieße jede Sekunde in vollen Zügen. Der Ort hat mir schon oft dabei geholfen, meine Gedanken zu sortieren und ganz zu mir selbst zu kommen.

Schloss Weesenstein ist mein absolutes Traumschloss. Finde ich einmal meinen Traumprinzen, werde ich ihn auf jeden Fall dorthin entführen.

Doch Weesenstein ist nicht das einzige Schloss, in dem meine Familie ihre Spuren hinterlassen hat. Der berühmteste Sitz meiner Vorfahren ist wohl Schloss Moritzburg bei Dresden. Mein Vorfahre August der Starke gab ihm sein heutiges Gesicht und wenn man sich innerhalb der Mauern dieses Schlosses bewegt, bekommt man eine Ahnung davon, wie das höfische Leben zu seiner Zeit wohl gewesen sein muss: ziemlich prachtvoll! Porzellan von unschätzbarem Wert, Porträts meiner Vorfahren und an den Wänden vergoldete Ledertapeten, die die großen Geschichten der griechischen Mythologie erzählen – einfach überwältigend! Es ist wahrhaftig ein Märchenschloss mit seinen sieben Sälen und über zweihundert Räumen. Besonders beeindruckend finde ich das »Moritzburger Federzimmer« mit dem verzierten Paradebett, in dem so viele Federn verarbeitet wurden, dass man meint, es müsste fliegen können. Das würde bestimmt auch in meiner WG was hermachen ... Spaß beiseite, es wurde erst vor wenigen Jahren wieder zur Besichtigung freigegeben, weil es ganze 19 Jahre gedauert hat, das Bett zu restaurieren!

Aber auch von außen ist das Schloss ein wahrer Augenschmaus. Es hat vier runde Türme und ist von Wasser umgeben – einfach herrlich, es wirkt fast wie von einer anderen Welt. Ich brauche es mir nur auf einem Bild anzusehen und mir treten Tränen in

111 FRAGEN AN EINE PRINZESSIN

Wie sieht Ihr Traumprinz aus? Stehen Sie auf einen besonderen Typ Mann?

Ich glaube nicht, dass ich da festgelegt bin und einen bestimmten Typen bevorzuge. Na gut, vom Aussehen her ist Keanu Reeves mein Traummann. Grundsätzlich finde ich jedoch charakterliche Vorzüge wichtiger. Für mich zählt, dass er mich zum Lachen bringt, für mich da ist und mich versteht.

die Augen, so anmutig ist es. Vielleicht ist es aber nicht nur der barocke Stil, sondern auch noch eine ganz bestimmte Kindheitserinnerung, die diese Begeisterung in mir auslöst. Sie kennen doch bestimmt den Film *Drei Haselnüsse für Aschenbrödel*, den absoluten Klassiker für einen gemütlichen Nachmittag in der Weihnachtszeit? Ja, genau den! Er wurde 1972 vor der Kulisse von Schloss Moritzburg gedreht. Das heißt, viele Menschen in Deutschland haben durch den Film sofort Schloss Moritzburg vor Augen, wenn sie an ein Märchenschloss denken. Und genauso geht es mir auch.

Für mich und meine Familie ist ein Besuch im Schloss Moritzburg immer ein schöner Ausflug, der einen ganz besonderen Reiz hat: Es ist diese Mischung aus Gegenwart und Vergangenheit, man befindet sich im Hier und Heute und hat doch das Gefühl, man würde die Luft längst vergangener Tage atmen. Ein so wunderschönes Kulturdenkmal besuchen zu können, das auch noch die Handschrift der eigenen Familie trägt, empfinde ich als eine große Ehre. Und genau genommen finde ich es jedes Mal wieder unfassbar, wenn ich vor dem Schloss stehe und daran denke, dass meine Vorfahren tatsächlich einmal darin gelebt haben.

Accessoires mit Geschichte

Prinzessin Xenia durchstöbert ihre Wohnung und sucht vergeblich nach Zepter und Krone

Wo ist deine Krone? Wieso trägst du kein Prinzessinnenkleid? Liebe Leute: Die Zeiten, in denen Prinzessinnen nur in voller Montur in der Öffentlichkeit auftraten, sind ein für alle Mal vorbei. Trotzdem habe ich solche Fragen in meinem Leben schon sehr oft gehört. Es gibt über Prinzessinnen einige Vorurteile, die sich hartnäckig halten, und das mit der Krone gehört wohl dazu. Nein, nicht alle Prinzessinnen haben ein Krönchen, das wäre im Alltag ja auch sehr unpraktisch, die Dinger neigen nämlich dazu, vom Kopf zu rutschen.

Ich besitze auch für festliche Anlässe keine Kronen, Diademe oder Ähnliches. Sorry, wenn ich Sie da enttäuschen muss, aber ich kann Ihnen versichern, in meinem Safe würden Sie nicht fündig werden. Natürlich gibt es jede Menge Familienschmuck aus der Zeit des regierenden Sachsenkönigs, doch der ist auf viele Schlösser verteilt worden, die heute Museen sind. Dort liegt er fest verschlossen zur Ansicht für die Besucher und das ist auch gut so. Denn auf diese Weise haben alle etwas davon. Klar, schaue ich ihn mir gern

111 FRAGEN AN EINE PRINZESSIN

Interessieren Sie sich für Politik? Welche Themen bewegen Sie?

Natürlich interessiere ich mich dafür, was in unserem Land und auf der Welt passiert, ich bin aber kein Mensch, der sich den ganzen Tag mit Politik beschäftigt. Ich sehe mir die Nachrichten an und informiere mich. Hätte ich hier einen Wunsch frei, würde ich darum bitten, mehr positive Nachrichten zu senden. Auch über Erfolgerlebnisse und Glücksfälle sollte berichtet werden, dann wären die Sendungen etwas ausgewogener …

an, aber rumlaufen möchte ich damit nicht – diese Klunker sind teilweise ganz schön schwer und nicht gerade modisch.

Die Prinzessin von heute kommt auch ohne die traditionellen königlichen Accessoires ganz gut aus, das kann ich jedenfalls von mir behaupten. Jedoch gibt es auch bei mir zu Hause das ein oder andere Indiz, das meine Herkunft verrät. Da hätten wir zum Beispiel etwas Kleines, das mit hilft, meine Briefe zu veredeln. Briefe? Im Zeitalter von E-Mails? Ja, Briefe zu schreiben passt vielleicht nicht mehr richtig in unsere Zeit, aber hey, ich bin eine Prinzessin, die im 21. Jahrhundert lebt: In meinem Leben gibt es lauter Dinge, die irgendwie nicht zeitgemäß sind. In den alten Tagen verzierten meine Vorfahren ihre Briefe mit einem Siegel aus Wachs. Und auch heute ist noch ein Siegelring aus diesen Tagen in unserem Familienbesitz. Zum Versiegeln wird der jedoch nicht benutzt! Er ist uns als Schmuckstück eine wertvolle Erinnerung an unsere Vorfahren.

Wenn Sie mich fragen, finde ich diese Prozedur mit dem Siegelwachs sowieso ein wenig umständlich, aber die Idee, etwas Persönliches auf dem Briefumschlag zu hinterlassen, gefällt mir. Ich benutze dafür nur nicht Siegelwachs und Siegelring, sondern einen Sticker mit dem Wappen der Sachsenfamilie.

Ich mag solche netten kleinen Spielereien, die mich an meine Familie erinnern, meine »Prinzessinnenaccessoires« des 21. Jahrhunderts. Aber im Grunde genommen, sind all das nur Oberflächlichkeiten. Meine Herkunft trage ich im Herzen, ich brauche keine teuren Dinge, die ich im Safe wegschließe, um meiner Vorfahren zu gedenken.

Die alten Zeiten sind nicht vergessen und werden es auch niemals sein, sie leben weiter durch die Gemälde meiner Vorfahren und die Kostbarkeiten in den Museen, durch die Geschichten, die von August dem Starken und all meinen anderen Verwandten erzählen, und auch durch die verbliebenen Familienerbstücke, die ich in Ehren halte und irgendwann voller Stolz an meine Kinder und Enkelkinder weitergeben werde.

Auf dem Adelsball

Prinzessin Xenia gibt eine Lehrstunde in Etikette und parliert mit Stinki und Stocki

Das Prinzessinnendasein hält hin und wieder Erlebnisse bereit, in deren Genuss man als »Bürgerliche« nicht kommt. Dazu gehören gewisse Veranstaltungen von exklusivem Charakter, wie zum Beispiel der alljährliche Adelsball in Karlsbad. Denn: Wer nicht adlig ist, erhält normalerweise keinen Zutritt, ist sozusagen von Geburt an ausgeschlossen. Ich muss zugeben, normalerweise sind solche Veranstaltungen nicht gerade auf der Top-ten-Liste meiner Lieblingsfreizeitbeschäftigungen, weil ich nichts davon halte, Menschen kategorisch von etwas auszuschließen, nur weil sie »bürgerlich« sind. Adel ist doch kein Verdienst, keine Leistung, nichts, auf das man sich etwas einbilden könnte, und eben auch nichts, weswegen man sich von anderen abschotten sollte.

Wie gesagt, normalerweise sind solche Bälle nichts für mich. Aber das musste ich ja erst einmal herausfinden. Als ich vor einigen Jahren zum Frühlingsball nach Karlsbad eingeladen wurde, dachte ich mir: Warum nicht? Das konnte doch lustig werden. Noch nie zuvor war ich auf eine so vornehme und hochkarätige Veranstaltung eingeladen worden. Ich war offen für einen Aus-

111 FRAGEN AN EINE PRINZESSIN

Welche adlige Persönlichkeit bewundern Sie am meisten?

Ich suche mir meine Vorbilder nicht danach aus, ob sie adlig sind. Aber wenn ich mich auf einen Adligen festlegen müsste, dann wäre es Prinz William. Besonders imponiert hat mir, als Prinz William im Winter 2009 eine Nacht wie ein Obdachloser auf der Straße geschlafen hat, um auf das Schicksal obdachloser Menschen aufmerksam zu machen. Solche Aktionen finde ich wirklich bewundernswert.

flug in die Vergangenheit und willig, mir das bunte Treiben dort einmal aus der Nähe anzuschauen. Es heißt ja: Adel verpflichtet. Also nahm ich die Einladung an. Und ja, ich gebe zu, vielleicht gab es dabei auch noch einen Hintergedanken: Wenn ich meinen »Prinzen« schon nicht in Deutschland auf der Straße traf, vielleicht ja dann auf einem Adelsball. Man muss ja immer die Augen offen halten.

So ein Ball sollte gut vorbereitet werden. Garderobe, Tanzunterricht und Etikette – wenn man nicht in ein Fettnäpfchen nach dem anderen treten möchte, muss man sich rechtzeitig mit den Gepflogenheiten auf einem Adelsball vertraut machen.

Meine Mami hatte sich die Vermittlung gesellschaftlicher Umgangsformen ganz oben auf die Erziehungsagenda geschrieben. Und dazu gehörte alles, was eine Prinzessin auch im 21. Jahrhundert noch können sollte: Umgangsformen, Tanzstunden und meine Mami hat natürlich auch versucht, uns kleinen Prinzessinnen ein Gefühl für Stil und angemessenes Verhalten in jeglichen Situationen mit auf den Weg zu geben. Im Großen und Ganzen konnte auf dem Adelsball in Karlsbad also nichts mehr schiefgehen. Ich war voller Vorfreude: Endlich stand mal ein royales Großereignis an, bei dem sich all die Stunden der Übung aus meiner Kindheit auszahlen würden.

Und da ich mein Wissen immer gern mit anderen teile, präsentiere ich nun:

»Xenias Schnellkurs für Ball-Neulinge«
Lektion 1: Tischmanieren

Für Eltern ist es ganz bestimmt nicht leicht, ihren Kindern das richtige Benehmen zu Tisch mit auf den Weg zu geben. Denn Tischmanieren sind natürlich wichtig für die Umgangsformen der Kinder, aber mir kann keine Mutter und auch kein Vater erzählen, dass sie nicht schon mal genervt davon waren, den Nachwuchs zum tausendsten Mal zu ermahnen, dass er beim Essen nicht den Kopf auf die Hand stützen soll.

Für die Kinder ist es aber mindestens genauso nervig – ich spreche da aus eigener Erfahrung. Natürlich sollten während des gesamten Essens immer schön beide Hände zu sehen sein, aber dabei darf nicht der ganze Unterarm bis zum Ellenbogen auf dem Tisch liegen, sondern nur circa die Hälfte seiner Länge. Auch die korrekte Benutzung des Bestecks ist anspruchsvoller, als man denkt, aber immerhin relativ schnell erlernbar. (Jeder, der mal *Pretty Woman* gesehen hat, weiß, wovon ich spreche!)

Wie bei vielen Regelwerken gibt es aber auch im Bereich der Tischmanieren die Moves, an denen man die wahren Meister erkennt. Darf ich ein Beispiel geben? Dass meine Schwester und ich nicht kleckern und schlingen oder mit vollem Mund reden sollten, leuchtete mir als Kind noch einigermaßen ein. Aber dass man, wenn man in die peinliche Lage kam, plötzlich auf einen Kirschkern in Omas Kirschkuchen zu beißen, diesen nicht einfach mit der Hand beiseite legen, sondern vorsichtig mit dem Mund auf einem Löffel oder einer Gabel platzieren und ihn dann unauffällig am Tellerrand ablegen sollte, fand ich dann schon ziemlich umständlich.

111 FRAGEN AN EINE PRINZESSIN

In welcher TV-Show würden Sie gern mal auftreten?

Es gibt viele Shows, die ich toll finde, und bei denen ich gern mal zu Gast sein würde. Mein absoluter Favorit ist natürlich »The Oprah Winfrey Show«, dorthin wird jeder eingeladen, der was zu sagen hat. Wenn ich zu »Oprah« eingeladen würde, wäre ich eine Woche im Glückstaumel. Man erreicht mit so einer Show sehr viel Publikum und wenn man viele Menschen erreichen kann, kann man viel bewegen. Ansonsten mag ich Stefan Raabs Show sehr gern, ich finde ihn wirklich witzig. Ein Traum von mir ist auch, eine eigene Show zu haben. Ich könnte mir sehr gut vorstellen, als Moderatorin zu arbeiten, und habe auf dem Gebiet auch schon ein paar Erfahrungen gesammelt.

Lektion 2: Die Haltung

Das Stichwort »Haltung« kann man in seiner Wichtigkeit gar nicht hoch genug ansetzen. Einerseits ist Haltung eine Art innerer Einstellung, auf Französisch spricht man davon, in jeder Situation die »Contenance« zu wahren, also ruhig und besonnen zu bleiben. Das ist, wie Sie sich vorstellen können, nicht immer ganz so mein Ding. Klar, man sollte nie überreagieren, aber es gibt auch Situationen, in denen ich es einfach nur menschlich finde, wenn Leute ihre Gefühle ganz offen zeigen. Wenn Sie mich fragen, sollte man das mit der »Contenance« also nicht vollkommen unkritisch durchziehen. Diese Art der Haltung ist bestimmt auch nicht so einfach zu lernen, sondern eher eine Frage der Lebenserfahrung.

Die andere Haltung, um die es mir hier geht, erfordert praktische Übung – und die ist sehr viel spektakulärer anzuschauen als das Trainieren geistiger Ruhe. Das gerade Gehen und Sitzen ist uns nicht angeboren, das können wir jedes Jahr wieder bei *Germany's Next Topmodel* beobachten, wenn Runwaycoach Jorge die Kandidatinnen mit schwindelerregend hohen Absätzen über den Laufsteg jagt. Meine Schwester und ich hatten zwar keinen Jorge, dafür aber meine Mutter, die mit uns übte, mit einem Buch auf dem Kopf durchs Kinderzimmer zu laufen. Zuerst rutschten uns die Dinger immer wieder herunter, aber irgendwann waren wir so weit, dass wir dabei sogar mit Engelsmiene ein Gedicht aufsagen konnten. Der Trick dieser Übung ist: Wenn man danach ohne Buch läuft, schwebt man förmlich. So entwickelten wir Kinder einen graziösen Gang.

Lektion 3: Die höfliche Begrüßung

Passende Begrüßungen können je nach Situation und Gesellschaft sehr unterschiedlich ausfallen. Das sieht man an den Begrüßungsritualen von Jugendlichen: Bei den Mädels ist Küsschen links, Küsschen rechts angesagt und die Jungs begrüßen sich mit lässigem Handschlag. Ein Handkuss würde bei 15-Jährigen wahrscheinlich nur für Gelächter sorgen. So hat jede Gruppe ihre eigenen Abschieds- und Willkommensgesten.

In den »feinen« Kreisen nickt man entweder höflich oder man macht einen Lady-Knicks. Beides ist angemessen, Hauptsache, man sagt nicht: »Ey yo, gib mir Fünf, Alter!«

Lektion 4: Der Tanz

Die letzte und für einen Ball absolut unerlässliche Vorbereitung sind die Tanzstunden, denn was wäre ein Ball ohne Wiener Walzer, Galopp, Foxtrott und Konsorten. Das Tanzen war für mich eine der leichtesten und angenehmsten Übungen. Erstens habe ich schon immer gern getanzt und zweitens war diese Art des Tanzes etwas Neues für mich. Doch als der Reiz des Neuen langsam verflog und ich in die Pubertät kam, fand ich Videoclip-Dancing natürlich cooler als Quadrille oder Polka. Aber gelernt ist gelernt und so musste ich die Tanzschritte für mein Adelsball-Debüt nur ein wenig auffrischen.

*

111 FRAGEN AN EINE PRINZESSIN

Welche sind Ihre Lieblingsfilme?

Ich liebe die alten Disney-Klassiker, die sehe ich mir immer wieder an: »Arielle«, oder auch »Schneewittchen« – die DVD hat mir meine Mutter letztes Jahr geschenkt. Generell mag ich Filme, die mich zum Lachen bringen, keine Gewaltfilme. Ein Lieblingsfilm von mir ist »Breakfast at Tiffany's« oder auch »50 erste Dates« mit Adam Sandler, ich bin ein großer Fan von ihm. Und natürlich schaue ich auch gern solche »Mädchensachen« wie »Sex and the City« an – und als Kontrastprogramm dann einen Film über Quantenphysik, das ist vielleicht seltsam, und ich will auch nicht sagen, dass ich alles verstehe, aber ich finde das Thema ungeheuer spannend.

Ich war also gut gerüstet und freute mich auf den Ball. Im Internet machte ich mich schlau und erfuhr, dass der Frühlingsball in Karlsbad ein Großereignis für den europäischen Adel sei. Jeder, der dazugehören wolle, käme dorthin. So so ... und ich sollte live dabei sein, mitten in einem Remix traditioneller Bräuche, abseits vom langweiligen Alltag. Und weitaus prunkvoller: Wir logierten im pompösen Grandhotel Pupp. Am Eingang empfing der Veranstalter mit seiner Gattin die Gäste. Es folgte eine förmliche Begrüßung seinerseits – ein Handkuss, bei dem die Lippen nicht die Haut berühren, denn traditionell wird er nur bei verheirateten Frauen voll ausgeführt –, ich erwiderte die Begrüßung meinerseits mit einem Blick und dezentem Lächeln und betrat den Saal.

Im majestätischen Ballsaal fühlte man sich, als sei die Vergangenheit zum Leben erweckt worden. Ich bewunderte den Prunk und die aufwändige Dekoration und ließ meinen Blick umherschweifen: Auf jedem Tisch waren (nicht gerade dezente) Schilder mit den Namen der Gäste zu finden: Graf von Soundso neben Herzog zu Was-weiß-ich. Wo war ich denn hier nur hingeraten? Hier waren die ganz großen Namen des europäischen Hochadels vertreten und die, die gern dazugehören wollten.

Gut, die aktiven Royals, so wie das niederländische oder dänische Königshaus, waren hier nicht dabei. Wohl aber der ein oder andere Beobachter oder Gesandte.

Vorsichtig sah ich mich um. Das Kleid hob ich mit den Händen an, um nicht wegen eines Fehltritts auf meiner Schleppe auszurutschen. Haltung bewahren, war die Devise. Man musterte mich. Ich war hier wohl nicht willkommen, es war, als beobachteten die anderen Gäste mich mit Argwohn. Jeder meiner Schritte und jede einzelne Geste mussten jetzt wohlüberlegt sein. Hier begrüßte man sich unter Freunden mit zwei angedeuteten Küsschen links und rechts auf die Wange. Den »neuen« Freunden nickte man mit einer kaum erkennbaren leichten Kopfbewegung zu.

Eins war klar: Ich senkte den Altersdurchschnitt bei dieser Veranstaltung um einige Zähler. Viele ältere Semester taten aber offensichtlich viel dafür, den Alterungsprozess, so gut es ging, aufzuhalten. Schließlich musste man ja tun, was man konnte, um so lange wie möglich frisch und knackig auszusehen.

Was ich vor meinem Adelsball-Debüt nämlich nicht wusste: Solch ein Ball war auch eine Art Partnerbörse. Klar, dass man sich da auftusste, um bei einer dieser raren Gelegenheiten im besten Licht dazustehen. Auf dem Ball konnte man sich wunderbar beschnuppern und sichergehen, dass sich Gleich und Gleich gesellt und der Adel weiterhin »unter sich« bleibt. Paarbildung über »Standesgrenzen« hinweg ist für viele immer noch ein Tabu. Da bedient man sich zur Not lieber an der eigenen Familie.

Wir bewegten uns in Richtung Tisch mit der Nummer sieben. Auf der rechten Seite stand mein Name, handgeschrieben und auf einer extra für diesen Abend gedruckten Karte. Tatatata ... Ihre Königliche Hoheit: Xenia Prinzessin von Sachsen, Herzogin zu Sachsen. Wow, »Königliche Hoheit« hatte mich noch nie jemand genannt. Erfreulicherweise stellten sich die Herrschaften an meinem Tisch als etwas lebendiger heraus als der Rest im Saal. Es war ein gemischter Tisch: Damen und Herren. Wir stellten einander kurz vor und hielten Smalltalk. Einer meiner Tischnachbarn saß

111 FRAGEN AN EINE PRINZESSIN

Haben Prinzessinnen Problemzonen, Pickel oder »bad hair days«?

Klar, aber ich mache mir nicht mehr viel daraus. Bei Fettpolstern muss man sich mehr bewegen, Pickel verschwinden wieder und für »bad hair days« gibt es Mützen. Ich werde daher nicht panisch, wenn ich mal mit meinem Spiegelbild unzufrieden bin. Es kommt darauf an, dass man sich im Inneren wohlfühlt, dann kann man selbst über den größten Pickel lachen. Als pubertierender Teenager habe ich das natürlich noch nicht so gelassen gesehen, da habe ich den Druck gespürt, gut aussehen zu müssen. Das ist das Schöne am Erwachsenwerden, man gewinnt Selbstsicherheit.

so steif da, dass mir die Vermutung kam, er hätte einen Stock in seinem Allerwertesten, vom Mann auf der anderen Seite wehte eine ziemlich dicke Wolke Aftershave zu mir herüber. Doch wenn ich mich so umsah und verglich, hatte ich für diesen Abend noch eine ziemlich angenehme Tischgesellschaft erwischt.

Und da fiel mein Blick auf eine typische Ball-Kuriosität: die Tanzkarte. Circa zehn mal zehn Zentimeter groß. Und meistens entscheidet dieses Stück Papier mit über den Ausgang des Abends, vielleicht sogar des ganzen Lebens. Diese Tanzkarte lag bei jeder Frau im Saal auf dem Tisch. Auf ihr standen die Tänze, zu denen wir die große Tanzfläche am Ende des Saals betreten würden, und die tanzwilligen Herren konnten sich auf ihr eintragen und somit ein Tänzchen mit der jeweiligen Dame für sich reservieren.

Die verschiedenen Kategorien der Tänze variieren von Ball zu Ball, darauf zu finden sind zum Beispiel: Walzer, Française, Polka, Cotillon oder Quadrille. Jeder Einzelne von ihnen erfordert Übung, Haltung und Rhythmusgefühl. Geübt hatte ich ja, aber das war natürlich alles weit entfernt davon, wie ich mich normalerweise gern zu Musik bewegte.

Während ich mich noch immer über diesen Brauch mit der Tanzkarte wunderte, wurde das Essen serviert. Und das war die erste richtige Herausforderung an diesem Abend, denn wir bekamen Wachteln. Ich würde niemals Wachteln essen, weil ich es nicht richtig finde, dass gleich mehrere Tiere getötet werden müssen, nur um meinen Hunger zu stillen. Warum nicht eine Gans, an der sich viele satt essen können? Also verzichtete ich und entschuldigte mich mit dem Hinweis auf eine Magenverstimmung.

Nach dem Essen trugen sich meine amüsanten Tischnachbarn, Herzog zu »Stinki« und Graf zu »Stocki«, auf der Tanzkarte ein. Na super, um die schmerzenden Füße und die strapazierte Nase würde ich heute Abend nicht herumkommen.

Walzertöne klangen durch den Raum und schon erhoben sich die Ersten von ihren Stühlen. Die Aufforderung zum Tanz ist ein seit Jahrhunderten verfestigtes Ritual: Der Mann schaut die Dame an und fragt mit einem Lächeln oder Nicken, ob die Dame bereit zum Tanzen sei. Die Dame erwidert mit einem zum Handkuss gereichten Arm. Auf der Tanzfläche kommen sich Mann und Frau dann meist näher. Ein kleiner Ausrutscher der Hand auf den Po ist dabei keine Seltenheit. Überhaupt ist das Tanzen eine Spitzengelegenheit, sich im Rahmen eines gesellschaftlich akzeptierten Rituals zu beschnuppern und die eigenen Chancen beim Gegenüber auszuloten, da unterscheidet sich so ein Adelsball im Prinzip kaum von einer Dorfdisco.

Ich stand zum Glück nicht unter dem Druck, auf dieser Veranstaltung buchstäblich an den Mann gebracht werden zu müssen. Ich konnte selbst entscheiden, wann ich wohin ging und mit wem ich ein Gespräch führte. Das machte mich unabhängig, aber für Heiratswillige auch in gewissem Maße unattraktiv. Schließlich war ich nicht als eine der Damen hier, die offiziell »auf dem Markt« waren. Aber der fast komplett ausgefüllten Tanzkarte zufolge war ich an diesem Abend trotzdem richtig gefragt.

Ich genoss einfach den Abend und die Erfahrung, an einem so ungewöhnlichen Event teilnehmen zu können, und heckte für ungewollte Tanzaufforderungen eine Abwehrstrategie aus. Denn die Liste der Tanzpartner war lang und ich hatte nicht vor, jede einzelne Aufforderung zu berücksichtigen. (Hey, wo bleibt denn

111 FRAGEN AN EINE PRINZESSIN

Wie würden Sie sich in drei Worten beschreiben?

Das ist eine schwierige Frage. Kann man denn einen Menschen ausreichend in drei Worten beschreiben? Also spontan würde ich sagen: lieb, hilfsbereit und vielleicht ein wenig verrückt. Aber legen Sie mich nicht darauf fest, morgen fühle ich mich vielleicht kreativ, ehrgeizig und witzig!

da sonst die Emanzipation? Ich möchte bei der Wahl meiner Tanzpartner auch ein Wörtchen mitreden.) Also entschuldigte ich mich dann und wann mit meinen schmerzenden Füßen. Wer hätte denen nicht bei all der Tanzerei in High Heels eine Pause zugestehen wollen?

*

Dieser Ausflug in eine andere Welt war für mich ein spannendes Erlebnis, aber ich habe so meine Zweifel, ob ein Adelsball der richtige Ort ist, um sich zu verlieben – bei diesem langen Katalog an Förmlichkeiten, die man beachten muss. Dann doch lieber persönlich und unaufgeregt, in entspannter Atmosphäre. Manchmal reicht schon eine kleine Berührung der Hand, um das Herz einer Prinzessin zu gewinnen, ohne Tanz, Geld oder einen adligen Background. Das Leben und die Liebe können so unkompliziert sein, wozu also das ganze Spektakel?

15 Dinge

DIE GAR NICHT PRINZESSINNENHAFT AN MIR SIND

1. Mein Aussehen früh am Morgen

2. Dass ich einen weißen Roller statt eines weißen Pferdes habe

3. Mein Spaß am Computerspielen

4. Meine Liebe zum Martial-Arts-Sport

5. Meine Partys

6. Mein Bauchnabelpiercing

7. Mein Style

8. Meine Art zu tanzen

9. Mein schwarzer Nagellack

10. Meine Halloweenkostüme

11. Meine Liebe für Schlagzeuge

12. Meine legere Sitzhaltung zu Hause

13. Mein Talent zum Rappen

14. Meine Liebe zu Hip-Hop-Battles

15. Mein maßloser Kaffeekonsum

Kapitel 6

Prinzessin von Herzen

Meine Suche nach dem Traumprinzen

Prinzen

Prinzessin Xenia sucht die Zutaten für Mr Right und fasst sich an die Prinzessinnennase

In den Disney-Filmen ist immer schon am Anfang klar, dass die Prinzessin am Ende glücklich in den Armen ihres Traumprinzen liegen wird. Nehmen wir als Beispiel meinen persönlichen Traumprinzen, Eric aus dem Disney-Film *Arielle*. Ja, ich gestehe, Arielles Mann ist total mein Typ. Unsere Beziehung wird leider für immer ein Traum bleiben, da er ja nur auf Zelluloid existiert. Meine zweite Prinzenwahl wäre der attraktive Jüngling auf der *Prinzenrolle*-Packung. Ich fasse zusammen: Einen kann ich ansehen und den anderen essen. Hm …

Ist denn ein Traumprinz nie mehr als Fiktion? Na ja, er müsste ja nicht mal eine Krone tragen und mir auch nichts von der wahren Liebe und dem ersten Kuss vorsingen. Nein, er sollte nur anständig und höflich sein und das gewisse Etwas haben. Wie in den berühmten Märchen muss aber von der ersten Sekunde an klar sein, dass es Liebe ist. Die einzigartige, bedingungslose und vollkommene Liebe. Ach, wäre das schön …

Nimmt man die Märchenprinzen mal genauer unter die Lupe, lässt sich ein Schema erkennen: Es scheint immer so, als habe sich

111 FRAGEN AN EINE PRINZESSIN

Was wollten Sie als Kind einmal werden?

Ich wollte tatsächlich Möbelpolsterin werden. Ich wollte gern Sofas mit Stoff beziehen und sie mit Knöpfen gestalten, ohne Witz! Das würde ich auch jetzt noch gern machen. Außerdem habe ich die Möbel gern verschoben, sodass in der Familie gesagt wurde: »Das Kind wird mal Innenarchitektin.« Der Wunsch, auf der Bühne zu stehen, kam erst später durch Hobbys wie das Tanzen.

der Prinz für seine Prinzessin aufgespart. Sie treffen sich, schwärmen und singen. Sie steigt auf sein Pferd und schon sind sie auf dem Weg zu ihrer Hochzeit. Wir alle kennen diese Geschichten aus zahlreichen Filmen und Büchern. Aber wie ist die Realität im 21. Jahrhundert? Also, ich habe noch nie einen Prinzen auf einem weißen Pferd gesehen ... Sie etwa?

Wie findet man also heutzutage seinen Traumprinzen? Eigentlich kann man ihm überall begegnen, sogar im Supermarkt. Meine Freundin Prinzessin Sheillah aus dem Königreich Buganda (ich werde später noch mehr von ihr erzählen) lernte ihren Traummann Paul ganz unkonventionell in einer britischen Mall kennen. Vor einem Pilz-Stand in der Gemüseabteilung. Zufall? Schicksal? Eigentlich völlig egal. Das Geheimnis ist, glaube ich, die Suche nach dem Traumprinzen aufzugeben und einfach darauf zu vertrauen, dass er kommen wird.

Könnte ich mir meinen Mr Right backen, sähe die Liste der Zutaten in etwa so aus:

1 kg Humor
2 Liter Respekt
1 Prise Leidenschaft
5 Löffel Verständnis
Eine doppelte Menge Verstand

Aber da ich bisher auch noch von keinem Mann gehört habe, der gebacken wurde, kann ich mir meinen Pfefferkuchenprinzen wohl aus dem Kopf schlagen.

Was sollte mein Traumprinz des 21. Jahrhunderts mit der Version aus dem Märchenbuch gemeinsam haben? Da stelle ich mir gern einen weiteren geradezu mustergültigen Prinzen vor: den schönen Prinz Edward aus dem Film *Verwünscht* (gespielt von James Marsden). Er ist groß und stark, nicht zu muskulös, eher gesund. Seine Kleidung ist aus den feinsten Stoffen, mit Gold verziert und alles in allem wirkt er auf den ersten Blick sehr beeindruckend. Sein selbstbewusstes Auftreten macht sein Erscheinungsbild perfekt und man nimmt ihm den Aristokraten vollkommen ab. Er weiß, was er wann sagen muss, um das Mädchen seiner Wahl für sich zu gewinnen; wegen seiner höflichen und wohlerzogenen Art fliegen ihm die Herzen nur so zu. Trotz seiner adligen Herkunft scheut Prince Charming keinen Kampf, er verteidigt sich, seine Braut und sein Land mit voller Seele. Ein Vorbild.

So viel zur Analyse, doch wollen wir Frauen des 21. Jahrhunderts wirklich so einen Mann an unserer Seite haben?

Nehmen wir an, der Märchenbuch-Prinz kommt einmal zu mir nach Hause. Er singt mir etwas vor, posiert ein bisschen und sagt mir, wie wunderschön ich sei. Das wäre sicherlich nett, aber nach einer Weile würde es mich und bestimmt auch fast jede andere Frau unglaublich nerven. Denn wir sind gar nicht so glücklich mit perfekten, aalglatten Menschen, wir erfreuen uns eher an kleinen Macken und an Herausforderungen, an denen wir wachsen können.

Also Kommando zurück: Vielleicht sollte ich mich lieber bei den normalen Männern des 21. Jahrhunderts umsehen. Und wie sieht das Profil des durchschnittlichen Mannes von heute aus?

Laut einer Sendung, die ich mal auf 3sat gesehen habe, ist der Durchschnittsmann hier in Deutschland 1,78 Meter groß und wiegt 82 Kilogramm. Aber das ist nur Statistik, man kann die Männer natürlich nicht alle über einen Kamm scheren. *Den* Mann

111 FRAGEN AN EINE PRINZESSIN

Wissen Ihre Nachbarn, dass Sie eine Prinzessin sind?

Ich habe keine Ahnung! Direkt gegenüber ist eine Jungs-WG, aber ich glaube nicht, dass sie Bescheid wissen. Die Nachbarn über uns haben mal nachgefragt, warum Kamerateams bei uns waren. Der Postbote und der Pizzamann wissen, dass ich eine Prinzessin bin, und kommen auch gern vorbei. Ansonsten wohne ich ganz normal und bin wie jeder andere Mieter im Haus.

des 21. Jahrhunderts gibt es überhaupt nicht. Es gibt ihn vielmehr blond, brünett, rothaarig, schwarzhaarig, nett, gemein, intelligent, dumm, groß, klein, süß, launisch, höflich, frech und und und ... Da sollte doch einer zu finden sein, der wenigstens noch ein bisschen was von einem Prinzen aus dem Märchenbuch hat.

Aber bevor ich hier ein Prinzenprofil mit absolut unrealistischen Anforderungen erstelle, sollte ich mir vielleicht erst einmal selbst an meine Prinzessinnennase fassen. Wie prinzessinnenhaft bin denn eigentlich ich?

Prinzessinnen werden in Büchern und Filmen meistens als gut gelaunt dargestellt, sie hüpfen umher und singen für ihr Leben gern. Sie sind immer gut erzogen und tragen schöne, imposante Kleider. Was bei ihnen nicht wegzudenken ist, ist die Farbe Rosa, sie zieht sich über die Jahre hinweg durch alle Abbildungen von Prinzessinnen und natürlich auch durch die Karikaturen. Aber es gibt auch die weniger freundlichen Versionen von Prinzessinnen, zickige Königstöchter sind schließlich keine Seltenheit in Märchen.

Und was ist mit mir? Gut gelaunt bin ich auch meistens, hüpfen, na ja, das würde ich höchstens beim Sport und zickig kann ich unter Umständen auch sein. Eine weitreichende Erziehung in Sachen Etikette hatte ich auch und Rosa ist eine meiner Lieblingsfarben. Das hört sich ja, oberflächlich gesehen, schon sehr nach Prinzessin an, doch diese Aussagen treffen wahrscheinlich auf sechzig Prozent aller jungen Frauen dieser Zeit zu.

Was macht dann überhaupt ein prinzessinnenhaftes Verhalten aus? Meiner Meinung nach sind es weniger die Kleidung oder die Tischmanieren, viel eher ist es eine von Grund auf positive und hilfsbereite Art, die eine Prinzessin auszeichnet. Denn wenn man genau hinschaut, sieht man, dass auch fast jede fiktive Prinzessin ein Herz für Tiere hat und trotz ihres Status gern mal einer alten Dame die Einkäufe nach Hause trägt.

In meinem Leben gibt es aber auch eine ganze Menge Dinge, die nicht gerade dem Klischee einer Prinzessin entsprechen. Ich habe zum Beispiel mein weißes Pferd gegen einen weißen Roller getauscht, mit ganzen 50 km/h mache ich Berlin unsicher. Ich bin auch nicht gerade so ordentlich, wie es eine Prinzessin sein sollte, und verdammt oft sitze ich mit ungekämmtem, zerzaustem Haar auf der Couch und sehe fern. Oh, darf eine Prinzessin eigentlich fluchen? Nicht gerade prinzessinnenhaft, ich weiß. Aber wie heißt es doch so schön? Nobody's perfect. Und deswegen muss es auch mein Traumprinz nicht sein. Er sollte sich wohlfühlen in seiner Haut und mit der Liebe, das ist die Hauptsache.

111 FRAGEN AN EINE PRINZESSIN

Wie finden Sie Prinz William und was wünschen Sie ihm zur Hochzeit?

Prinz William ist adrett, höflich und klug, man könnte sagen: ein toller Typ! Ich freue mich für ihn, dass er seine Traumfrau gefunden hat. Ich wünsche dem Paar alles erdenklich Gute, viel Glück, eine große Familie und dass sich ihre Träume erfüllen werden.

Frösche

Prinzessin Xenia küsst einen Frosch und leistet sich einen modischen Fauxpas: die rosarote Brille

Es ist schön, von einem Prinzen mit Happy-End-Garantie zu träumen. Denn in der Realität gibt es leider einige Männer, die sich alle Mühe geben, überhaupt nicht prinzenhaft zu sein. Auch ich habe in meinem Leben bereits einige von ihnen kennengelernt. Sie hatten es nicht auf mich und meinen Charakter abgesehen, sondern waren eher darauf aus, als »Prinz« bezeichnet zu werden.

Jeder Freund, den ich bisher in mein Leben und meinen Freundeskreis gelassen habe, wurde irgendwann mit dem Spaß »Hey, Prinz!« konfrontiert. Das ist ja noch harmlos und als Witz vollkommen okay, aber einmal musste ich leider feststellen, dass ein Junge tatsächlich einzig daran interessiert war, sich »Prinz« nennen zu dürfen.

Ich war gerade 18 Jahre alt geworden und hatte einen süßen Typen kennengelernt. Er behandelte mich wie seine Königin, ich war so verliebt, dass ich in der ersten Zeit gar nicht bemerkte, wie er mich ständig vor Freunden und Bekannten zur Schau stellte.

Er versuchte sogar zu bestimmen, welche Klamotten ich trage. Natürlich war es nicht so, dass er sagte: »Los, zieh das an!« Sondern eher: »Hey, nicht böse sein, aber in dem T-Shirt siehst du wie ein Mauerblümchen aus, zieh doch etwas an, das deine Figur betont.«

Wenn man verliebt ist, übersieht man viele Dinge leicht, die einem zu denken geben sollten, das ist die berühmt-berüchtigte rosarote Brille. Ich nahm es ihm also nicht übel und wir trafen uns weiterhin. Eines Tages fragte ich ihn dann, ob er auch mit mir zusammen sein würde, wenn ich Xenia Müller hieße – die Frage war eigentlich mehr als Witz gedacht. Seine Antwort traf mich wie ein Schlag ins Gesicht. Er sagte: »Hm, wohl eher nicht.«

Das hatte gesessen. Die rosa Brille rutschte mir von der Nase. Ich beendete die Beziehung und hatte ein Stück meiner Naivität verloren. Und die rosarote Brille verbannte ich für immer aus meinem Accessoirefundus.

111 FRAGEN AN EINE PRINZESSIN

Haben Sie spezielle Beautygeheimnisse?

Keine Geheimnisse, eher ein paar kleine Tricks: Um zu entspannen, trage ich mir oft eine Gesichtsmaske auf. Dann nehme ich mir eine Stunde Auszeit, setze mich gemütlich aufs Sofa und lass den Alltagsstress von mir abfallen. Generell versuche ich, mich so wenig wie möglich aufzuregen, auch das hält schön! Ansonsten beherzige ich natürlich die klassischen Ratschläge wie »viel Bewegung« und »viel trinken«. Ein Tipp für schöne Haut, den mir meine Mutter mitgegeben hat: cremen, cremen, cremen.

Charmer oder Checker?

*Prinzessin Xenia erklärt,
wie man Frösche und Prinzen
auseinanderhält*

Man glaubt es kaum, aber Frösche und Prinzen lassen sich in freier Wildbahn nicht immer zweifelsfrei voneinander unterscheiden. Daher habe ich hier die wichtigsten Erkennungsmerkmale zusammengestellt.

Auf der Jagd nach Weibchen

Der Frosch lässt seine lange Zunge aus dem Maul schnellen und schnappt sofort zu. Er lässt keine Zeit vergehen, denn sein Ziel ist, in kürzester Zeit so viel Beute wie möglich zu machen. Er verausgabt sich heftig – und hüpft doch ohne einen einzigen Fang nach Hause.

Ein Prinz sitzt hoch zu Ross, visiert seine Beute genau an und schießt erst im richtigen Moment. Kein unnötiges Blutvergießen, kein unnötiger Stress: Eleganz in Perfektion.

Beim Kennenlernen

Der Frosch springt der Dame schon beim ersten Kontakt förmlich auf den Schoß. Er stürzt sich auf sie wie auf einen Wühltisch bei Zara im Schlussverkauf. Dabei ist er nicht wählerisch, sondern nimmt, was er kriegen kann.

Der Prinz beobachtet die Dame erst einmal aus der Ferne. Im Gegensatz zum aufdringlichen Frosch hat er Manieren und würde sie niemals überrumpeln. Er gibt nicht sofort alles preis, sodass es spannend bleibt, ihn kennenzulernen.

Beim ersten Date

Der Frosch ist so von seinem Ego geblendet, dass er seine bloße Anwesenheit für unglaublich unterhaltsam hält. Die Langeweile im Antlitz der Dame bemerkt er gar nicht. Der Prinz hat sich über das erste Date Gedanken gemacht und entführt sie aus dem Alltag. Er hört ihr zu und gibt ihr das Gefühl von Geborgenheit.

Beim gemeinsamen Essen

Der gierige Frosch kann sich nicht zügeln und stopft alles in sich rein. Ohne das Essen zu würdigen und ohne auf Tischmanieren zu achten. Klar hat auch der Prinz Hunger, doch er zelebriert das gemeinsame Essen wie ein Fest und findet immer Gelegenheit, um seiner Liebsten einen »hungrigen« Blick zuzuwerfen.

Beim Spaziergang

Der Frosch hält nichts vom Händchenhalten, er legt den Arm um ihre Schultern und setzt ein aggressives »Guck sie nicht an«-Gesicht auf. Denn sie gehört ihm, ihm ganz allein. (Denkt aber auch nur er!) Der Prinz hält sie im Arm oder nimmt ganz unauffällig ihre Hand, wenn sie nah beieinander stehen. Er beschützt

111 FRAGEN AN EINE PRINZESSIN

Wie pflegt man Prinzessinnenhaar?

Ich wünschte, ich würde es besser wissen, denn ich habe meinem Prinzessinnenhaar schon sehr viel abverlangt. Dabei ist meine Mutter Friseurin von Beruf und schüttelt über mich nur den Kopf. Wenn ich immer auf sie gehört und Ölpackungen gemacht hätte, statt mir alle erdenklichen Farben auf den Kopf zu schmieren, dann könnte ich jetzt bestimmt einen Prinzen an meinem Haar zu mir heraufklettern lassen. Ich bin sehr experimentierfreudig und greife oft zu Föhn, Glätteisen, Schere und chemischen Mittelchen.

sie, erhebt aber keinen Besitzanspruch. Er weiß, dass sie nur ihn möchte, und genießt die gemeinsame Zeit zu zweit.

Beim ersten Kontakt mit der Familie

Der Frosch gibt sich cool, zittert aber vor Angst bei dem Gedanken, ihren Eltern zu begegnen. Er begrüßt die Mutter mit Handschlag und fragt den Vater nach einem Bier. Der Prinz ist stets höflich und zuvorkommend und hat kein Problem mit dem Zusammentreffen. Er muss sich nicht verstellen, sondern ist einfach nur er selbst: eben durch und durch Gentleman.

Im Job

Der Frosch lässt andere für sich arbeiten. Er scheut sich, die nötige Zeit und Leidenschaft in seinen Job zu investieren und liegt lieber auf der faulen grünen Haut. Der Prinz ist selbstständig, er will nicht im Schloss seines Vaters leben und aus einem goldenen Kelch trinken. Es erfüllt ihn mit Stolz, wenn er selbst etwas erschaffen hat.

In der Liebe

Der Frosch versteht nichts von der Liebe. Er denkt das zwar von sich, doch im Endeffekt ist sie für ihn nicht mehr als ein Wort. Der Prinz hat ein offenes Herz und lässt Menschen hinein. Er kann Liebe annehmen, aber auch geben – und das immer in einem ausgewogenen Verhältnis.

In der Freizeit

Der Frosch macht gern Dinge, die ihn wie einen echten Kerl aussehen lassen, wie zum Beispiel Angeln, Schießen oder Fußballspielen. Er liebt den Kampf, denn durch ihn kann er sich profilieren. Der Prinz geht sinnvollen Beschäftigungen nach. Er liebt schöne Dinge und erfindet sich immer wieder neu: Kreativität interessiert ihn mehr als der Kampf. Doch wenn er kämpft, dann leidenschaftlich.

In der Beziehung

Der Frosch schenkt ihr schon bald kaum noch Aufmerksamkeit. Er vergisst Verabredungen, Geburtstage und Jahrestage, denn es macht ihm Angst, sich ernsthaft zu binden. Der Prinz ist aufmerksam und zuverlässig. Er schmiedet gern Pläne mit ihr und freut sich auf eine gemeinsame Zukunft.

*

Hin und wieder kann sich ein scheinbar perfekter Prinz zu einem fiesen Frosch entwickeln. Doch manchmal endet es auch wie im Märchen und der garstige Frosch verwandelt sich in einen strahlenden Prinzen.

111 FRAGEN AN EINE PRINZESSIN

Was sind Ihre Hobbys?

Musik ist meine größte Leidenschaft. Ich liebe es, zu komponieren und bin fasziniert davon, wie man Gefühle in Töne verwandeln kann. Ich spiele Klavier, Gitarre und Schlagzeug. Zur Musik gehört für mich auch das Tanzen: Ich lerne einerseits gern Choreografien und habe andererseits auch viel Freude am freien Interpretieren. Außerdem singe ich gern. Ein weiteres Hobby ist das Malen, wobei ich zugeben muss, dass ich weitaus talentiertere Menschen kenne. Aber es macht mir einfach Spaß, vor allem, wenn ich verrückte Motive wähle. Und nicht zuletzt tippe ich liebend gern auf der Schreibmaschine.

Kaysen

Prinzessin Xenia hat Schmetterlinge im Bauch

Nachdem ich die Bekanntschaft einiger Männer gemacht habe, die es nur auf meinen »Titel« abgesehen hatten, wollte ich eine Zeit lang erst einmal überhaupt keinen Mann mehr in meiner Nähe, geschweige denn in meinem Bett haben. Doch dann fand ich einen, der gar nicht in mein Bett wollte, sondern wirklich an mir als Mensch interessiert war.

Auf einer Party stand er plötzlich vor mir. Er hatte wunderschöne braune Augen und verströmte einen Duft zum Verrücktwerden: Issey Miyake ... Unwiderstehlich! Wir unterhielten uns ein wenig. Das Komische war, dass wir uns anfangs gar nicht so gut verstanden. In einem längeren Gespräch näherten wir uns langsam einander und erst dann begannen wir zu flirten. Da erfuhr ich, dass er Sänger war, und bekam ein exklusives Ständchen, das er mir direkt ins Ohr sang. Respekt. Zur Verabschiedung gab es zwei Küsschen links und rechts auf die Wange und schließlich tauschten wir Telefonnummern aus. Ich verließ die Party mit einem breiten Grinsen und wie in Trance.

Schon auf dem Nachhauseweg bekam ich eine SMS von ihm: »Es war ein echt schöner Abend. Kissez.«

Wahnsinn, er dachte an mich. Ich schrieb zurück: »Fand ich auch, danke xxx.«

Ein paar Minuten später rief er an. Wir sprachen über tausend verschiedene Dinge: Exfreunde und -freundinnen, über unsere Lieblingsfarben und die kommenden Partys. Das Telefonat endete mit: »Schlaf schön, bis bald.« Ich legte den Hörer beiseite und schlief in dieser Nacht wie auf Wolken.

In den folgenden Monaten trafen wir uns immer häufiger, wir feierten zusammen, machten DVD-Abende und gingen sogar gemeinsam zum Friseur. Bei dieser Gelegenheit ließ ich mir fast die gleiche Frisur wie er machen: Cornrows. (Dieses Frisurenexperiment bescherte mir dann übrigens einen schlimmen Sonnenbrand bei meinem ersten Mallorcabesuch!)

Wir trafen uns immer, wenn wir beide Zeit fanden, in ganz Deutschland, je nachdem, wo er oder ich gerade zu tun hatten. Man hätte meinen können, dass das Schicksal seine Finger im Spiel hatte, denn einmal hatte ich einen Termin in Berlin, wir telefonierten und fanden heraus, dass auch er gerade für ein paar Tage in der Hauptstadt war.

Vielleicht klingt all das für manche wie eine ganz gewöhnliche Beziehung. Aber für mich war es viel mehr als das. Die Zeit mit Kaysen ist bis heute etwas ganz Besonderes für mich. In der Rückschau auf meine Beziehungen kann ich sagen, dass ich bei keinem Mann länger gebraucht habe, um über ihn hinwegzukommen. Noch ein paar Jahre nach unserer Trennung hätte ich für ihn jeden anderen Mann sofort sitzen lassen. Es reichte ein kurzer Anruf von ihm und schon befand ich mich wieder im absoluten Gefühlschaos.

Am Anfang unserer Beziehung war es vor allem seine Zurückhaltung, die mich so beeindruckte. Wir küssten uns nur, nicht mehr. Er versuchte es nicht einmal. Wir wollten warten, sprachen,

111 FRAGEN AN EINE PRINZESSIN

Wie entspannt sich eine Prinzessin?

Ich stelle mir vor, dass sie den ganzen Tag auf der Schaukel sitzt, sich die Haare kämmen lässt und mit ihren Freundinnen Fangen spielt. Leider bin ich nicht so eine Prinzessin, ich kann mich nämlich schwer entspannen und stehe immer unter Strom. Dabei würde ich gern einfach mal den Kopf abschalten, aber es gelingt mir nur selten. Wenn ich es versuche, dann mit Meditation, einem heißen Bad oder einem Spaziergang mit meinem Hund. Josy kann mich auf jeden Fall gut ablenken oder auch aufmuntern.

wenn wir unter uns waren, darüber, gemeinsam alt zu werden und überlegten, wie wohl unsere Kinder aussehen würden. Ich war unsterblich in ihn verliebt. Für mich war er der Prinz, der mich aus meinem Turm befreien sollte. Der Mann, der nur an mir als Mensch interessiert war. Vielleicht war es naiv, an ein weißes Brautkleid, ein Baby und die ewige Liebe zu denken. Doch ich tat es. Ich hatte doch keine andere Wahl, schließlich war ich das allererste Mal nicht nur einfach verliebt, sondern liebte Kaysen mit Haut und Haar.

In meiner Zeit mit ihm kramte ich die rosarote Brille wieder von ganz hinten aus meinem Schrank hervor. Ich glaubte daran, dass das mit uns *die eine* große wahre Liebe war.

Bis zu dem Tag, an dem ich ihn mit einem Mädchen betrunken und nackt in unserem Hotelzimmerbett vorfand.

Es war nicht dieser einmalige Ausrutscher, der mich so traf. Ich war ja noch nicht einmal richtig sauer auf ihn. Irgendwie konnte ich ihn sogar verstehen, schließlich war es nicht immer leicht, auf Sex zu verzichten und zu warten. Wäre an dem Abend auf der Party Keanu Reeves zu mir gekommen, hätte ich Kaysen vielleicht auch in einem schwachen Moment vergessen.

Doch auch ich hatte lange gewartet, hatte mich zurückgehalten und ihm vertraut. Dieses Vertrauen war nun weg und die Wartezeit endgültig vorbei. Ich packte meine Sachen und verließ mit Tränen in den Augen das Zimmer. Seinen Blick werde ich nie vergessen.

In dem Moment verließ ich alles, was wir hatten.

Eine schmerzhafte Erfahrung, aber irgendwie auch eine Befreiung. Es hatte nicht sollen sein, das mit uns, und trotzdem kann ich sagen, dass er der Mann war, dem ich wunderbare Erinnerungen verdanke und der mein Herz zum ersten Mal tief berührte.

Er hat mir gezeigt, wie man richtig feiert, er gab mir Tipps für meine Musik und er ist verantwortlich für meine bekritzelten Stühle, Tische und Notizblöcke. Ja, sein Name ziert noch immer einige Dinge in meinem Zimmer – nicht für jeden auf den ersten Blick erkennbar, aber sichtbar für mich.

Ich glaube, ich bin damals mit meiner Verliebtheit einigen ganz schön auf den Wecker gefallen. (Sorry, Leute.)

Noch heute fangen meine Freundinnen an, mit den Augen zu rollen, wenn ich seinen Namen in ihrer Gegenwart sage. Und bekommt meine Mami den Namen zu hören, seufzt sie nur und sagt: »Ach, Schatz …«

*

Leider gab es für Kaysen und mich kein Happy End. Doch auch in jeder Tragödie lässt sich etwas Positives für das eigene Leben finden, man muss es nur aus dem richtigen Blickwinkel betrachten: Ich bin jetzt 24 Jahre alt, habe noch viel Zeit, um meinen Weg zu gehen und meine Träume zu verwirklichen.

Die Zeit, in der mein Herz für Kaysen schlug, war eine emotional sehr anstrengende Zeit für mich. Natürlich hätte ich an den Tagen, an denen ich ihn vermisste, und an den Tagen, als ich weinte, auch etwas Sinnvolleres tun können. Aber dann hätte ich nicht an emotionaler Reife gewonnen. Wenn man mitten in

111 FRAGEN AN EINE PRINZESSIN

Haben Sie einen besonderen Stil? Haben Sie modische Vorbilder?

Meine Freundin sagen, mein Stil sei »undefinierbar«. Wenn man trotzdem versuchen wollte, ihn einzuordnen, könnte man ihn vielleicht am ehesten den 90ern zuordnen. Ich hatte schon immer Spaß daran, kreativ und experimentierfreudig mit meinen Klamotten umzugehen, ich habe sie verändert, gefärbt und zerschnitten. Ich habe keine bestimmten Vorbilder, aber ich wollte mich modisch immer von der Masse abheben. Ich lese keine Modemagazine, um herauszufinden, was gerade in ist. Vielmehr halte ich auf der Straße die Augen offen, schau mir meine Freundinnen an und lasse mich durch Secondhandläden und auf Flohmärkten inspirieren.

Montag -
Jahre

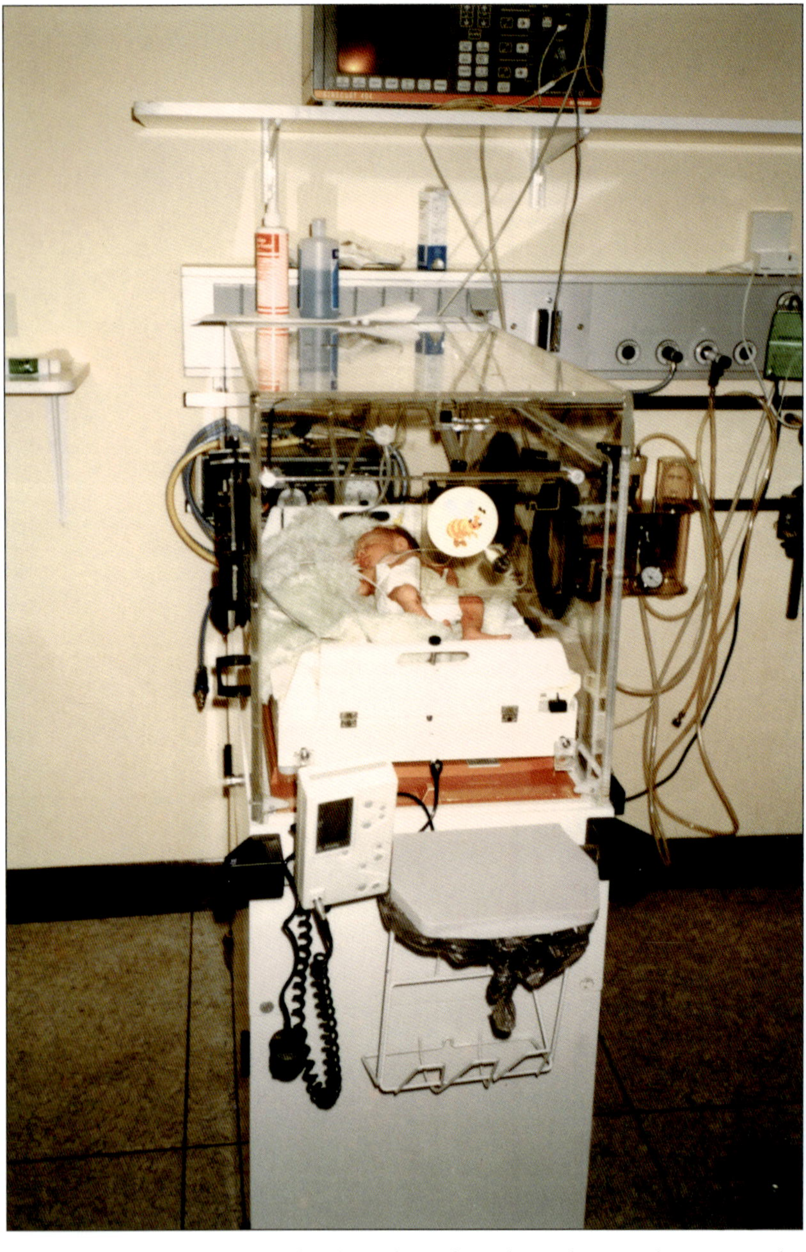

Ich war ein Frühchen und musste nach meiner Geburt sofort in den Brutkasten. Meine Mutter war den Ärzten unendlich dankbar, dass sie mich gesund auf die Welt holten, und wählte daher Florence als meinen dritten Vornamen – nach Florence Nightingale, der Namensgeberin des Krankenhauses.

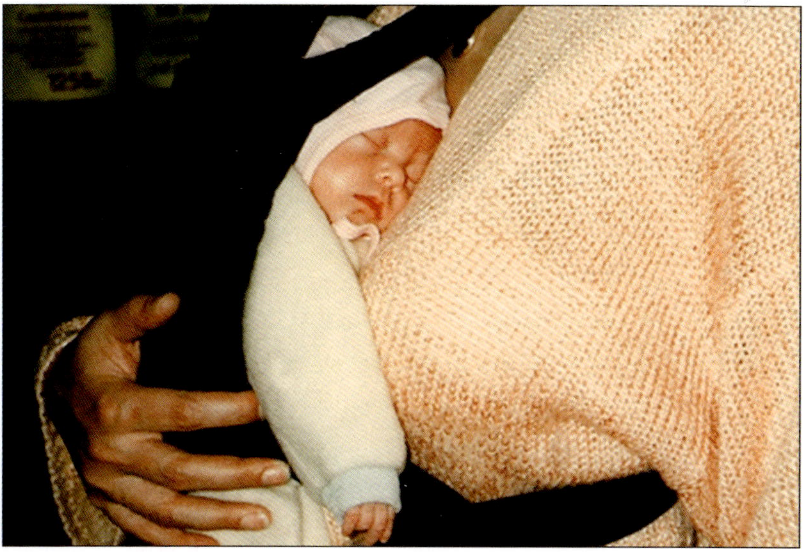

Meine Mutter trug mich erst unter ihrem Herzen und dann, so lange sie konnte, vor ihrem Herzen. Heute leben wir weit voneinander entfernt in verschiedenen Städten, sind aber immer im Herzen der anderen.

Mein Wahlcousin Max (rechts) und ich kurz vor dem Mittagsschlaf – wir waren schon als kleine Kinder einfach unzertrennlich.

Ach, mein Kinderzimmer! Ich habe es so sehr geliebt. Meine Mama hat sich kreativ ausgetobt und mir eine Tag-/Nacht-Kulisse an die Wand gepinselt. Der Sternenhimmel hat mich so fasziniert, dass ich als Kind Meteorologin werden wollte.

Mein Lieblingsbild aus dem Familienalbum. Ich sehe die unendliche Liebe meiner Mutter darauf. Es zeigt unsere tiefe Verbundenheit, den Anfang einer lebenslangen Freundschaft.

An meinen ersten Schultag erinnere ich mich noch, als wäre er erst gestern gewesen. Den Kindergarten hatte ich geliebt und konnte es nun gar nicht erwarten, endlich eingeschult zu werden.

Mein neuer Schulranzen und die große rosafarbene Schultüte voller leckerer Süßigkeiten zauberten mir an dem Tag ein Riesenlächeln ins Gesicht.

Ich fühlte mich bei meiner Einschulung eh schon so groß. Als Mama mich dann auch noch auf eine Bank stellte, dachte ich: Ich kann alles erreichen!

Ich war als Kind immer gern im Garten, dort hatte ich ein eigenes kleines Fleckchen Erde, auf dem ich Blumen und Radieschen anpflanzte.

Ein paar Jahre nach meiner Einschulung: Die Blumen interessierten mich mehr als die Kamera. Ich war wirklich ein verträumtes Kind.

Dieses Foto entstand während eines Urlaubs auf Rügen. Nie zuvor hatte ich ein ganzes Feld voller Blumen gesehen. Ich war total begeistert, aber die vielen Mücken machten meiner Schwester und mir ordentlich zu schaffen.

Den Sinn für die schönen Dinge im Leben habe ich mit Sicherheit von meiner Mutter geerbt: Sie sah einfach immer wunderschön aus. Auch die Liebe zur Natur habe ich von ihr.

Geburtstage wurden im Hause von Sachsen immer mit einem Ständchen und einem ausgiebigen Frühstück eingeläutet. Wie man sieht, war ich noch nicht ganz wach, als dieses Foto geschossen wurde.

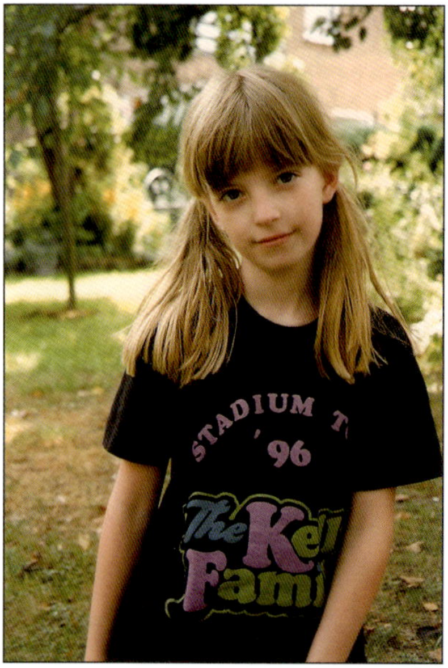

Hier der Beweis für meine Kelly-Family-Begeisterung. Dieses Tour-T-Shirt habe ich noch Jahre später mit Stolz zum Schlafen angezogen.

Das Tanzen habe ich von klein auf geliebt. Sogar nach dem Jazz-Dance-Training tanzte ich noch als kleine Ballerina durch den Garten.

Pferde haben mich mein Leben lang fasziniert. Auf ihren Rücken habe ich mich immer so frei gefühlt. Viele Kinder glauben, Prinzessinnen könnten mit Tieren sprechen. Das kann ich bestätigen: Ich bin mir sicher, dass ich zumindest mit Pferden kommunizieren kann. Wir haben uns immer blind verstanden.

Das bin ich mit 14 Jahren. Es ist eins meiner Lieblingsbilder, denn es bringt sofort alle zum Lachen, die es zum ersten Mal sehen. Damals war mein Gesicht noch eine Make-up-freie Zone.

Man glaubt es kaum, aber zwischen diesem Bild und dem vorangegangenen liegen nur zwei Jahre. Was ein wenig Zeit, ein Lächeln, ein paar Kosmetikprodukte und Wasserstoffperoxid aus einem Mädchen machen können!

Dieses Bild entstand bei einem spontanen Fotoshooting, das ich mit meinem Freund und Fotografen Holger Schupp in Aachen gemacht habe. Die Atmosphäre des Ortes und eine ganz besondere Stimmung machen seinen besonderen Reiz aus.

Das Kleid fand durch einen Zufall zu mir. Es wurde nicht etwa extra für dieses Shooting von Holger Schupp ausgesucht, sondern es war das Hochzeitskleid der Visagistin, das sie zufällig im Auto dabeihatte. Was für ein Glück ... oder Schicksal?

Mein Zwergspitz Josy lässt sich einfach durch nichts aus der Ruhe bringen. Nicht durch einen gut aussehenden Fotografen und schon gar nicht durch ihr verrücktes Frauchen.

Eines meiner Lieblingsbilder. Warum? Das bin einfach ich. Xenia.

einer Trennung steckt – und manchmal auch noch in der Zeit danach –, sieht man oft nur die negativen Aspekte der gemeinsamen Zeit. Aber erst, wenn man sich auch an die positiven und einzigartig schönen Momente erinnert, kann man die Sache mit einem Lächeln abschließen.

Ich bereue die Zeit mit Kaysen auf keinen Fall. Sie war wunderbar und aufregend und deshalb wird er für immer einen Platz in meinem Herzen haben.

Ein perfektes erstes Date

Prinzessin Xenia nutzt Rabattmarken und hilft nicht nur den Männern auf die Sprünge

Die meisten Männer, die ich kennenlerne, aber auch manche meiner eigenen Freunde denken immer, mir einen perfekten Abend zu bereiten wäre mit einer Limousine, Blumen und einem Luxusrestaurant verbunden. Falsch gedacht, Leute. Ich bin ziemlich unkompliziert. Prinzessin hin oder her, ich möchte genau wie jede andere Frau auch mit Respekt behandelt werden. Ich brauche keinen Mann mit Schloss, Dienern oder einem goldenen Löffel im Mund. Ich möchte nur geliebt werden, und zwar um meiner selbst willen.

Das perfekte erste Date habe ich leider noch nie erlebt. Ich glaube aber auch, dass die Wahrscheinlichkeit, eine wirklich perfekte erste Verabredung zu erleben, sehr gering ist. Wie sollte das schon möglich sein? Man kennt den Geschmack des anderen noch nicht, weiß nicht, wo seine Lieblingsorte sind, oder was er am liebsten isst.

111 FRAGEN AN EINE PRINZESSIN

Sind Sie mutig oder eher ein Angsthase?

Ich denke, ich bin ein mutiger Mensch, aber ich versuche, nicht unüberlegt zu handeln und Gefahren im Vorfeld abzuschätzen. Das Mutigste, was ich je getan habe, und was mich wirklich Überwindung gekostet hat, war der »Wallflip«. Das ist ein Tricking-Kunststück, bei dem man eine Wand hoch läuft und einen Rückwärtssalto macht. Ich habe das im Training in einer ausgepolsterten Halle probiert und beim dritten Mal hat es geklappt. Manche würden vielleicht sagen, dass es auch mutig war, allein nach Berlin zu ziehen, aber das ist für mich eigentlich ganz normal. Ich habe keine Angst vorm Alleinsein, schließlich gibt es ja Handys …

Ich hatte aber mal das perfekte dritte Date. Die Perfektion dieses dritten Dates bestand in der richtigen Mischung aus Konventionellem und Sensationellem. Schauplatz: Eine McDonald's-Filiale in Berlin. Wir hatten uns bei mir zu Hause getroffen, uns einen Film angeschaut und auf einmal Hunger bekommen. Wohin aber um ein Uhr morgens? Da lag die Fastfood-Kette nahe. Wir hatten sogar noch Gutscheine, also machten wir uns auf zu einem günstigen, sehr kalorienreichen Essen. Das Menü: vier Royal TS-Burger, zwei Cola und zwei riesige Portionen Pommes.

Wir bissen beide in unsere Burger und sahen uns tief in die Augen. Romantische Stimmung machte sich breit, ich sah aus dem Fenster und erblickte zu meiner Überraschung den Fernsehturm direkt vor meiner Nase. Wow, aus dieser Nähe hatte ich ihn vorher noch nicht gesehen.

»Komisch, wir sitzen bei McD. Und trotzdem hat das hier so etwas Perfektes«, sagte ich meinem Gegenüber. Dann zog ich die Gewinnspiel-Sticker von unseren Getränken ab und hatte einen mit der Aufschrift »Jackpot« in der Hand. Spätestens in diesem Moment war mir klar, dass dieses Date etwas Besonderes war.

Das schwere Essen bereue ich immer, wenn ich mich zu McDonald's verirre, doch diese Verabredung werde ich nie bereuen, sondern für immer in meinem Gehirn speichern. Ich brauche kein großes Auto, kein perfektes Steak oder einen Geigenspieler am Tisch, ich brauche nur einen Menschen, den ich wirklich mag, und einen Ort, an dem es nicht kalt ist, mehr nicht. Wenn ich mir aber aussuchen könnte, wo ich gern mal ein erstes Date erleben würde, fielen mir gleich mehrere Orte ein: in einem Aquarium, auf einem Ponyhof, in Disneyland, am Strand, in einem fahrenden ICE, beim Paintball, auf einer Wiese und und und …

Es gibt so viele schöne Orte, an denen man ein perfektes erstes Date haben könnte. Wenn der Mann mich dann noch abholt und mich auch wohlbehalten wieder nach Hause bringt, hat er schon fast gewonnen.

Man(n) sollte die Dame seiner Wahl vor dem ersten Date erst einmal gründlich studieren. Denn was könnte peinlicher sein, als die Angebetete in ein Steakhouse zu führen und dann schockiert festzustellen, dass sie Veganerin ist. Das wäre alles andere als perfekt und ein zweites Date eher unwahrscheinlich. Ich persönlich liebe Steaks, ein Steakhouse wäre also bei mir keine schlechte Idee, für meine Mitbewohnerin allerdings wäre es der absolute Horror.

Der nächste Tipp für das perfekte erste Date hat mit einer Tugend zu tun, die den meisten Männern heutzutage fremd ist: Zuhören. Frauen reden nicht nur über Schuhe, Männer, Schokolade und Babys … Nein, wir erzählen auch interessante Dinge, wenn Man(n) uns zuhört.

Also, liebe Männer, Ohren gespitzt, jetzt kommen die ultimativen Tipps von einer, die Erfahrung hat.

111 FRAGEN AN EINE PRINZESSIN

Wie feiert eine Prinzessin Geburtstag?

Als Kind hat meine Mutter meine Geburtstage ausgerichtet, so richtig mit geschmücktem Geburtstagstisch, Torte und Kerzen und einer Kinderparty mit Spielen und vielen Gummibärchen. Ich erinnere mich auch noch genau an meinen zehnten Geburtstag, als ich eine Reise nach Disneyland geschenkt bekommen habe, und an die supergroße Überraschungsparty zu meinem zwanzigsten Geburtstag, die meine Mutter und meine Freunde organisiert hatten. Heutzutage feiere ich meinen Geburtstag eher in kleiner Runde, aber sicher wird spätestens der dreißigste. wieder ein rauschendes Fest werden …

Das perfekte erste Date: Xenias Dos & Don’ts für Gentlemen

Dos:

→ Komplimente machen (Immer gern gehört, ob wir Ladys es nun zugeben oder nicht.)
→ Zuhören (Ja, es könnte sein, dass die Dame etwas Interessantes zu erzählen hat. Und man kann ja immer noch etwas dazulernen …)
→ In ihr Lieblingsrestaurant gehen (Vielleicht sollte einfach die Dame das Restaurant wählen.)
→ Shuttleservice: abholen und nach Hause bringen (Keine Frau reist gern allein durch die Nacht.)
→ Gentleman-Style (Wir alle wünschen uns einen höflichen und aufrichtigen Mann.)

Don’ts:

→ Überreagieren (Sie hat das Falsche gesagt? Nicht ärgern, lieber einfach ignorieren.)
→ Zu spät kommen (Man sollte die Dame nie warten lassen!)
→ Exfreundin erwähnen (Sehr großer Fehler, Ex ist Ex, weil es nicht gut gelaufen ist, und hat bei der neuen Frau nichts zu suchen.)
→ Pausenlos mit dem Handy rumhantieren (Das ist unhöflich, die Dame sollte der Mittelpunkt sein.)
→ Anderen Frauen nachschauen (Ein besonders schwerwiegendes Don’t.)

Doch es gibt nicht nur Tipps, die ich Männern für das erste Date ans Herz legen möchte, auch wir Frauen können eine Menge falsch machen. Also, Ladys, Lauscher aufsperren!

**Das perfekte erste Date:
Xenias Dos & Don'ts für Ladys**

Dos:

- → Natürlichkeit ist das A und O (Man sollte immer man selbst sein, Verstellen bringt nichts, schon gar nicht auf Dauer!)
- → Komplimente (Auch Männer hören gern, was für positive Eigenschaften sie haben.)
- → Ehrlichkeit (Nicht mit allem sofort rausrücken, aber wenn man schon was sagt, dann doch bitte die Wahrheit.)
- → Mit Genuss essen (Wenn wir Mädels nur in unserem Salat rumstochern, macht es den Jungs auch keinen Appetit auf mehr.)
- → Herzlich lachen (Immer raus damit, keine falsche Scheu, wenn etwas wirklich witzig ist.)

Don'ts:

- → Thema Exfreund (Auch für uns Ladys gilt, Ex ist Ex, weil es nicht gut gelaufen ist, und hat absolut nichts beim Neuen zu suchen.)
- → Mit dem Kellner flirten (Auch wenn wir es nur als nettes Lächeln oder Höflichkeit sehen, ein Mann empfindet es schnell als Flirten – unpassend!)
- → Liebeserklärungen beim ersten Date (Ja, viele Frauen neigen dazu, das Interesse an einem Mann schnell als Liebe zu deuten,

111 FRAGEN AN EINE PRINZESSIN

Haben Sie einen Führerschein oder einen Chauffeur?

Ich habe einen Führerschein und ich würde mir auch keinen Chauffeur wünschen, denn der würde sich ganz schön langweilen. Ich fahre nämlich nur sehr selten, denn gerade in der Großstadt muss man nicht überall mit dem Auto hinfahren. Ich bin sehr oft mit meinem kleinen weißen Roller unterwegs, das ist umweltfreundlicher, ich habe keine Probleme mit der Parkplatzsuche und bin trotzdem unabhängig.

gefährlich, denn meistens ist es nur ein flüchtiges Gefühl und so ein voreiliges Geständnis verschreckt den Angebeteten.)

- → Telefonieren (Schön, wenn wir so beliebt sind, dass unser Telefon die ganze Zeit klingelt, doch die ungeteilte Aufmerksamkeit sollte dem Gentleman gegenüber gelten.)
- → Immer wieder auf der Toilette verschwinden (Klar wollen wir sichergehen, dass wir gut aussehen, doch das kann auf Dauer wirklich nerven, lieber auf die innere Schönheit vertrauen!)

Mit diesen Tipps sollte das Date zumindest kein Reinfall werden. Aber nicht vergessen: Auf Dauer muss jeder sein eigenes Flirt- und Liebesrezept herausfinden. Ich wünsche alles Gute dabei.

Hochzeitsglocken

Prinzessin Xenia blickt in die Zukunft und sieht den schönsten Tag ihres Lebens

Meilen von weißem Strand, ich stehe neben meinem Traummann, trage ein weißes, lockeres Kleid, ich atme tief ein, der karibische Wind weht mir durch die offenen Haare, ich fühle den Sand zwischen meinen Zehen und halte seine Hand.

Ich blicke mich um und sehe unsere Freunde, unsere Familien und das wunderschöne Türkis des Meeres.

Am Rande der Hochzeitsgesellschaft sitzt ein junges Mädchen, Maddi Jane, eine junge Künstlerin aus Amerika, die, begleitet von einer Akustikgitarre, meine Lieblingssongs singt.

Dann der Moment, ich sage »Ja, ich will!« und bin von nun an glücklich bis an mein Lebensende.

Früher wollte ich eine pompöse Hochzeit mit riesigem Tamtam und an diesem Tag wollte ich alle Menschen, die ich kenne, um mich versammeln. Heute denke ich anders darüber, die Gästeliste wird kurz sein: meine Mami, meine Schwester und ein paar

111 FRAGEN AN EINE PRINZESSIN

Was läge Ihnen am Herzen, wenn wir in Deutschland eine Monarchie hätten und Sie wären die Herrscherin?

Ich denke nicht, dass ich unbedingt die »Königin von Deutschland« sein will. Jedenfalls würde ich nicht die alleinige Herrscherin sein wollen, sondern mir fähige Leute mit ins Boot holen. Ich denke, das wären dann auch eher repräsentative Aufgaben, die in einem solchen Fall auf mich zukämen, im Sinne einer parlamentarischen Monarchie. Gut wäre, dass ich dann großen Einfluss hätte und mich verschiedenen Hilfsprojekten widmen könnte.

meiner engsten Freunde. Ich möchte diesen Tag in Ruhe begehen und jeden einzelnen Augenblick genießen. Das ist es, was ich mir wünsche. (Eine riesige Hochzeitstorte darf aber auf keinen Fall fehlen. Am liebsten Stracciatella oder Schokolade. Mmh ...)

Ich finde es faszinierend, wie sich Wünsche, Träume und die Ansichten eines Menschen im Laufe der Zeit ändern. Hin und wieder blättere ich in meinen alten Tagebüchern und weiß daher genau, was ich als Teenager über das Thema Hochzeit und Familie gedacht habe: Ich wollte schon mit 16 Mutter werden, mit 18 heiraten und mit zwanzig eine glückliche Familie haben.

*

Leider habe ich in meinem Leben bisher nur Frösche getroffen oder sagen wir mal »Prinzen in der Ausbildung«. Der Richtige war noch nicht dabei. Ich denke, mein Schicksal hatte vielleicht einfach anderes mit mir vor und wenn es nur war, erst einmal herauszufinden, welcher Mann und welche Art von Hochzeit wirklich zu mir passen.

Undercover Princess

Prinzessin Xenia macht sich inkognito auf Prinzensuche und erobert das britische Fernsehen

Es gibt für die Prinzessin von heute viele verschiedene Möglichkeiten, ihren Traumprinzen zu suchen, aber das Experiment, das ich im Sommer 2009 gemacht habe, übertrifft alle verrückten Aktionen, die ich je zuvor gestartet hatte, um den Mann fürs Leben zu finden.

»Once upon a time ...«

Es war einmal ein stinknormaler Samstagabend. Ich kam von einer Party nach Hause, völlig frustriert, da sich mal wieder kein Traumprinz blicken lassen hatte, um mich als seine holde Maid für den Rest meines Lebens auf Händen zu tragen. Stattdessen bekam ich an diesem Abend nur blöde Sprüche zu hören, »Hey, Süße« und »Na, Baby« waren da noch die intelligentesten Beiträge. Alles in allem mal wieder ein verschenkter Abend.

Ich ließ mich auf mein Bett fallen und schaltete meinen Laptop ein: E-Mails checken. Da war eine Message von der BBC. Was konnten die wohl von mir wollen? Sie fragten, ob ich Interesse hät-

111 FRAGEN AN EINE PRINZESSIN

Werden Sie oft zu Promi-Partys eingeladen und gehen Sie gern hin?

Ich werde immer mal wieder zu solchen Anlässen eingeladen. Wenn prominente Freunde von mir feiern, dann nehme ich solche Einladungen gern an, dann sind die Partys ungezwungen und machen Spaß. Aber auf diese typischen Promi-Partys, wo es nur ums Sehen und Gesehenwerden geht, gehe ich nur sehr selten. Das ist mir alles zu oberflächlich, gerade auch weil ich Small Talk nicht leiden kann.

te, bei einer Dokutainment-Serie im englischen Fernsehen mit dem vielversprechenden Titel »Undercover Princesses« teilzunehmen. Pardon me? Auch wenn ich nicht auf Anhieb verstand, worum es ging, gefiel mir das Wort »undercover« doch auf Anhieb. Das hat mit einem meiner Kindheitsträume zu tun. Alle Mädchen in meiner Grundschule wollten Prinzessin sein, wenn sie einmal groß waren. Und ich? Ich wollte lieber Geheimagentin sein, im Auftrag einer Untergrundorganisation. Also las ich die Mail weiter. Das Konzept der Sendung: Drei Prinzessinnen aus unterschiedlichen Ländern, mit völlig verschiedenen Religionen und Kulturen, verbringen drei Wochen »undercover«, also mit falschen Namen und gefakten Lebensläufen, in einem kleinen Ort in Essex in England. Eine Suche nach Mr Right, wobei der adlige Background verschwiegen bleibt. Ein gutes Konzept, wie ich fand. Diese Chance durfte ich mir nicht entgehen lassen. Nach einem Anruf bei meiner Mom und ihrem Okay zu meinem Abenteuer sagte ich sofort zu.

Danach fing ich an, in Träumen zu schwelgen, was dieses tolle Projekt für mich bedeuten würde. Ich weiß, dass es für jeden anderen schwierig nachzuvollziehen ist, wie es ist, eine Prinzessin im 21. Jahrhundert zu sein. Da der Adel seit der Weimarer Republik in Deutschland abgeschafft ist, ist es auf den ersten Blick »nur« ein Name, ein Relikt der glorreichen Jahre des Königreichs Sachsen. Doch für mich ist es mehr. Ich wuchs auf mit den Geschichten meiner Vorfahren. Dabei faszinierte mich die Historie meiner Ahnen nicht von Anfang an, vielmehr war es einfach Teil meiner Erziehung, über meine Herkunft Bescheid zu wissen. Dann wurde ich in der Schule immer wieder mal mit der Geschichte meiner Vorfahren konfrontiert und fand es langsam richtig spannend, bis es eines Tages so richtig Klick machte und ich verstand, dass es um viel mehr ging als um einen alten Titel.

Mein Name, meine Herkunft und mein Charakter sind mein Schlüssel, um Gutes zu tun und meine Spur im Hier und Jetzt zu hinterlassen. Ich war immer dankbar für mein Leben und auch dankbar für die Aufmerksamkeit, die mit meinem Namen einhergeht. Doch die Chance, einmal in die Rolle einer anderen Person zu schlüpfen und die andere Seite zu erleben, bekommt man eben nur einmal. Das war mir sofort klar. Beschlossene Sache: Ich würde eine der *Undercover Princesses* beim englischen TV-Sender BBC Three sein.

Auf mich allein gestellt

Tagelang machte ich mir Sorgen, wie ich damit klarkommen sollte, meine Mitmenschen in dieser Zeit anzulügen. Immerhin bedeutete das Projekt, dreieinhalb Wochen am Stück die Unwahrheit sagen zu müssen. Und dann beschäftigte mich natürlich vor allem noch eins: Würde ich ihn wirklich finden, meinen Traummann, im Land der Queen und der Fish & Chips? Probieren geht eben über Studieren, also hieß es: Genug der Gedanken und ab über den Kanal.

Die Dreharbeiten starteten gleich bei meiner Ankunft am Flughafen Heathrow im Juli 2009. Viel Information zum Dreh, zu den anderen Prinzessinnen oder der Stadt, in der wir leben würden, hatte ich nicht. Ich wusste lediglich, wo und wann ich lande. Angekommen, wartete ich brav auf meinen Koffer und ging dann ein wenig nervös Richtung Ausgang. In der Ankunftshalle standen viele Leute mit Schildern, Blumen und erwartungsvollen Gesichtern. Aber mein Name stand nirgendwo auf einem Schild.

111 FRAGEN AN EINE PRINZESSIN

Was sind Ihre schönsten Kindheitserinnerungen?

Ich habe sehr viele schöne Erinnerungen, deswegen ist es nicht ganz einfach für mich, einzelne rauszugreifen. Ganz generell erinnere ich mich sehr gern an die Zeit mit meiner Familie, an das Gefühl von Geborgenheit und die vielen gemeinsamen Unternehmungen. Wenn ich darüber nachdenke, habe ich viele der schönsten Momente in meinem Leben mit meiner Mutter verbracht.

Dann erblickte ich am Ende des Ganges eine blonde Frau mit einer Kamera auf einem Stativ. Hm ... ob sie wohl auf mich wartete? Bestimmt.

Also fuhr ich mir einmal durch die Haare und lief auf sie zu. »Hello«, sagte ich. Doch anstatt zu antworten, schüttelte die Frau nur mit dem Kopf und gab mir zu verstehen, ich müsse weitergehen. Also lief ich weiter und weiter und weiter, bis sie endlich »Stop. Thank you very much« sagte. Ich stellte mich vor und lernte gleich einige Mitarbeiter des Senders kennen. Einer war derjenige, der die Serie erfunden hatte, und schon mit der männlichen Version *Undercover Princes* viel Erfolg in England gehabt hatte. Er stellte sich kurz vor und gab mir einen weißen Umschlag mit einer Adresse darin.

Also ging es jetzt los, aber stopp! Ich sollte allein dahin finden? Mein Orientierungssinn war noch nie besonders gut und ich habe eine Abneigung gegen den öffentlichen Nahverkehr. Aber da musste ich jetzt wohl durch. Schnell fragte ich den nächsten Security-Mann, wie ich am besten zur auf dem kleinen Stück Papier verewigten Adresse kommen würde. Er sagte, am schnellsten ginge es mit der Bahn. Bahnfahrerfahrung hatte ich leider keine, da meine Angst vor großen Menschenmengen und mein fehlendes Vertrauen zu Busfahrern mich immer wieder an einem Ausflug gehindert hatten. Aber der Mann war so lieb, mir genau aufzuschreiben, welche Bahn ich wann zu nehmen hatte, und ich machte mich mit dem Kamerateam im Schlepptau auf den Weg zu meinem Zuhause auf Zeit im wunderschönen Essex.

Das Team begleitete mich zwar auf meinem Weg, doch sie halfen mir nicht. Es gehörte zur Challenge, den Weg allein zu bewältigen, und so schlug ich mich tapfer durch das U-Bahn- und S-Bahn-Wirrwarr von Heathrow nach Ingatestone, einem kleinen romantischen Städtchen bei Chelmsford. Endlich am Haus angekommen, war ich die erste Prinzessin, die es betreten durfte. Es entsprach so ungefähr meiner Vorstellung von einem perfekten Familienzuhause. Groß, gepflegt und mit viel Platz drinnen wie draußen. Ich suchte mir ein Zimmer aus: Das mit den lilafarbenen Vorhängen und Dekokissen war wie für mich gemacht. 3 ... 2 ... 1... meins! Doch lange konnte das Zimmer meine Aufmerksamkeit nicht fesseln, denn ich entdeckte den Garten, der direkt an eine Pferdeweide grenzte. Ich liebe Pferde! Mein erster offizieller Kontakt als Undercover-Prinzessin mit Einheimischen war ein Pony.

Ein paar Stunden später kam Prinzessin Aaliya aus der Dynastie der Babi dazu. Eine unglaublich hübsche, junge Inderin mit dem Titel der Sultana. Ihre Heimat ist Balasinor, eine Stadt in Ostindien. Wir stellten einander vor und verstanden uns sofort blendend. Eine halbe Stunde lang quatschten wir über Gott und die Welt und gingen anschließend ins Bett, denn am nächsten Morgen sollte die Show so richtig starten mit der etwas verspäteten Anreise von Prinzessin Sheillah aus dem Königreich Buganda in Uganda.

Am nächsten Morgen standen Aaliya und ich früh auf und kämpften mit der Zubereitung eines englischen Frühstücks. Aber mit etwas Geduld klappte es schließlich doch. Mein Ei war zwar noch flüssig, aber nun gut, beim ersten Mal Kochen im neuen Heim sollte man nicht zu viel erwarten. Ein wenig später kam Sheillah an, mit drei riesigen Koffern und einem sonnigen Gemüt. Wir beschnupperten einander und besprachen dann gleich unsere erste Angriffsstrategie: Ein Master-Flirt-Plan musste her. Wo lernen sich die meisten Paare kennen? Richtig: bei der Arbeit. Wir

111 FRAGEN AN EINE PRINZESSIN

Wie gefällt Ihnen der Kleidungsstil der Queen?

Die Queen zieht sich sehr gut an – ich mag ihre farbenfrohen Hüte und Kostüme. Sie ist absolut stilsicher, und ich glaube, sie braucht keine Stylingberatung. Mir gefällt auch, dass sie auf ihren Reisen ihre Kleidung immer auf das jeweilige Land, das sie besucht, abstimmt. Das ist eine sehr schöne Geste.

bekamen an diesem Tag die Jobs für unsere Pseudo-Identitäten zugeteilt. Aus Prinzessin Aaliya wurde kurzerhand Aaliya, Verkäuferin in einem Cricket-Shop, aus Prinzessin Sheillah wurde Cinderella, Kellnerin in einem Café, und aus meiner Wenigkeit wurde Gaby, die Friseurin.

Wir fingen also an zu arbeiten und erzählten unseren Kollegen eine erfundene Geschichte über unsere Leben daheim. Ich sagte, mein Name sei Gaby, ich sei eigentlich ausgebildete Musiklehrerin für Kinder, würde mich in England beruflich umorientieren und hätte den Wunsch, dort meine große Liebe zu finden. Die Kollegen fragten mich, worin denn mein Problem bestünde, einen Mann zu finden. Und ich antwortete dann einfach, dass ich in der Vergangenheit wenig Zeit gehabt hätte, um Männer zu daten.

Um das Kamera-Team zu erklären, das mich immer begleitete, wurde die Sendung allen Menschen, mit denen ich zu tun hatte, unter dem Namen »28 Dates Later« verkauft, eine Single-Show mit drei normalen Mädchen, die den Mann fürs Leben suchen. Das sollte den Schock über die Wahrheit am Ende der Serie für alle Beteiligten natürlich unendlich groß machen. Denn es war von Anfang an geplant, dass wir nach den dreieinhalb Wochen das Geheimnis um unsere wahren Identitäten lüften sollten.

Meine Dates

Und so traf ich im Laufe der Sendung einige englische Männer. Wo ich sie fand? Ich sprach sie einfach an, damit hatte ich noch nie Probleme. Hier also meine Ausbeute als »Undercover Princess« auf Männerfang.

Elliot »The Hairdresser«

An meinem ersten Arbeitstag im Friseursalon lernte ich ihn kennen. Elliot Rowley, dunkles Haar, braune Augen und ein individueller Stil. Wir verstanden uns sofort gut, er brachte mir gentlemanlike ein Glas Wasser und ich durfte ihm sogar an meinem ersten Tag die Haare waschen. Man trifft nicht oft Menschen, die man vom ersten Moment an ins Herz schließt, bei ihm war es sofort der Fall.

An meinem Geburtstag, den wir in einer Karaoke-Bar feierten, fragte ich ihn nach einem Date. Er sagte Ja. Zum Glück – ein Nein wäre echt peinlich gewesen! Wir verabredeten uns ein paar Tage später auf einen Campingtrip zu einem Hippie-Festival in der Natur, mit Musik und ohne Duschen, sehr Woodstock-esk! Dort quatschten wir, lachten, tanzten zur Musik und verbrachten einen wirklich schönen Abend. Aber in der Nacht krabbelten wir beide brav in unsere separaten Zelte, die wir zuvor bei stürmischem Wind aufgebaut hatten.

Ich spürte sofort: Daraus konnte etwas werden, eine wahre aufrichtige Freundschaft. Und so ist es auch gekommen.

Bei unserem zweiten Date lud Elliot mich in den Zoo ein: Jackpot. Er hatte sich daran erinnert, wie sehr ich Tiere liebe, das fand ich wirklich aufmerksam von ihm. Dort schenkte er mir dann ein kleines Stoffäffchen: wie süß! Von da an waren wir mehr als nur Freunde, »Monkeyfriends« eben.

111 FRAGEN AN EINE PRINZESSIN

Haben Sie ein Lieblingsfamilienrezept?

Wenn ich nach Hause komme, wünsche ich mir immer mein Lieblingsgericht: Hühnerfrikassee. Ich habe schon viele Frikassees probiert, aber das von meiner Mutter ist einfach das beste – mit Abstand! Sie bereitet es nach einem Familienrezept und neben Fleisch natürlich wird es mit Ananas, Champignons, Sahne, Curry und Kräutern gemacht. Es schmeckt wunderbar herzhaft und fruchtig und erinnert mich an meine Kindheit.

James »The Fireman«

In den ersten Tagen unserer Männersuche gingen Aaliya und ich in einen Pub um die Ecke. Dort sprachen mich ein paar Jungs an, einer von ihnen war James. Ein netter, gut aussehender Mann aus Essex mit dem wundervollen Beruf Feuerwehrmann. Mir gefiel seine offene, spontane Art, also rief ich ihn ein paar Tage später an und verabredete mich mit ihm zum Klettern. Ja, ich bin eine echt hohe Wand hochgeklettert und ich hatte Spaß dabei.

Ich lud ihn danach zu einer Barbecue-Party in unser Prinzessinnenhaus ein. Es blieb dann aber bei diesen beiden Dates, da ich nach Elliot und ihm noch zwei andere Typen kennenlernte und mir das langsam alles zu viel wurde mit all den Männern …

Adam »The Blind Date«

Aaliya, Sheillah und ich beschlossen, dass wir alle ein Blind Date ausprobieren würden. Meins hieß Adam, ein netter junger Mann. Wir trafen uns in einer Bar, im Hintergrund Livemusik von einer coolen Alternative-Band, tranken einen Alkopop, unterhielten uns angeregt, er zeigte mir sein Tattoo (ein Songtext von Led Zeppelin) und am Ende verabschiedeten wir uns freundlich … mehr nicht.

Reiss »The Hottie«

Bei unserer großen Barbecue-Party im Prinzessinnenhaus lernte ich einen heißen Typen kennen. Meine Damen und Herren: Reiss – ein wirklich süßer Junge!

Wir unterhielten uns ein bisschen und verabredeten uns ein paar Tage später zu einem Abendessen. Er kam, war ein Gentleman, sah blendend aus und das Essen war auch noch gut. Wow, ein Super-Date, auf das ein weiteres folgte: Wir gingen Tennis spielen. Ich hatte vorher noch nie gespielt, wollte aber unbedingt gewinnen. Und das tat ich am Ende auch, wenn ich auch glaube, dass er mich gewinnen lassen hat.

Best-of »Undercover Princesses«

Es gab viele verrückte, lustige, romantische und auch traurige Momente während meiner Zeit bei der Sendung *Undercover Princesses*. Ein paar davon möchte ich gern hier erzählen.

Der Camping-Plumpser

Als Elliot und ich unser Camping-Date hatten, gehörte es natürlich dazu, unsere Zelte aufzubauen. Aber wie das bei waschechten Monkeyfriends so üblich ist, steigerte sich das ganz normale Aufbauen in einen erbitterten Wettstreit. Der Gewinner sollte als Preis einen ganzen Eimer Zuckerwatte bekommen. Den hatten wir auf dem Weg zum Festival gekauft und gierten schon beide danach. Purer Zucker, was könnte ein größerer Ansporn sein? 3, 2, 1... Go!

Ich gab alles, hüpfte in meinen Jeans-Hotpants wie ein Känguru im Kreis und versuchte als Erstes, mein Equipment zu ordnen. Elliot machte es ähnlich, trotzdem lag ich vorne und schnupperte schon Siegesluft. Gerade freute ich mich über meinen Vorsprung,

111 FRAGEN AN EINE PRINZESSIN

Wer sind Ihre drei Lieblingspromis?

Jennifer Aniston gehört auf jeden Fall dazu, sie ist eine der natürlichsten, schönsten und auch unkompliziertesten Schauspielerinnen. Wenn man sie in Interviews erlebt, ist sie unheimlich sympathisch, sodass man sie gern als Freundin hätte. Außerdem ist da Hans Zimmer, ein Komponist für Filmmusik. Er ist mein musikalisches Vorbild und hat meine Musik sehr geprägt, auch wenn er nichts von seinem Glück weiß. Als dritten würde ich Keanu Reeves nennen, weil ich ihn einfach total sexy finde!

das tolle Wetter und die nette Gesellschaft, als plötzlich ein Windstoß kam, der mir das komplette Zelt aus den Händen riss. Alles umsonst. Aber aufgeben? Niemals! Ich musste es schaffen.

Meine Stimmung war inzwischen von »Oh yes, let's go camping!« zu »I hate camping!« umgeschlagen. Doch jetzt lag Elliot vorne und das konnte ich nicht auf mir sitzen lassen. Ich nahm den Zeltkampf gerade wieder auf und versuchte, mich neu zu sortieren, da stolperte ich und fiel um wie ein morscher Baum im Wind. Voll auf den Hintern, nicht gerade prinzessinnenhaft und eine 6,0 in der B-Note hätte ich für diese Darbietung wohl auch nicht bekommen. Ich hielt mir den Hintern vor Schmerzen, doch natürlich eilte schon Hilfe herbei … Aber Moment mal, da kam überhaupt keine Hilfe! Elliot war so beschäftigt, dass er meinen Plumpser gar nicht mitbekommen hatte und der Kameramann und sein Team standen nur da und schauten mich fragend und mitleidig an.

Ob sie mir wohl aufgeholfen hätten, wenn ich als Prinzessin und nicht als Gaby, die Friseurin, dort gewesen wäre? Man weiß es nicht.

Prinzessin mit Berührungsängsten

Für viele Menschen ist es einfach, Kontakte zu knüpfen und extrovertiert zu sein. Für mich und Sheillah war es zum Beispiel nur eine kleine Hürde, auf Männer zuzugehen, für meine Prinzessinnen-Freundin Aaliya aber war es ein riesengroßes, fast unüberwindbares Hindernis.

Eines Abends gingen wir beide in eine Bar und versuchten, potenzielle Date-Kandidaten zu finden. Ich hatte kein Problem damit, schon auf dem Weg zum Lippenstiftnachziehen sprachen mich ein paar Jungs an. Sie waren in einer kleinen Gruppe von sechs Freunden da und sie verwickelten mich schnell in ein lustiges Gespräch.

Schließlich stellte ich ihnen Aaliya vor. Sie sprach mit ihnen und lächelte. Alles schien in Ordnung zu sein. Doch auf dem Weg zurück zum Haus fing sie auf einmal an zu weinen. Ich nahm sie in den Arm und fragte, was los sei. Sie sagte mir, sie käme aus einer sehr behüteten Familie und sei mit der ganzen Aufmerksamkeit und der offenen Art der Menschen überfordert. »Es liegt nicht in meiner Natur, auf Männer zuzugehen«, sagte sie mir unter Tränen. Dies sollte einer der meistzitierten Sätze der ganzen Serie werden.

Nachdem ich sie in den Arm genommen hatte und ein wenig trösten konnte, gingen wir nach Hause. Trotz ihrer Schwierigkeiten machte Aaliya in ihrer Zeit bei *Undercover Princesses* eine enorme Wandlung durch. Sie ging zu einem Flirttrainer, probierte sogar Blind Dates aus und wurde immer selbstbewusster und mutiger. Aaliya hatte es geschafft, etwas Nachteiliges in etwas Positives zu verwandeln. Wow, was für eine Frau!

Drei Dates auf einmal

Als sich unsere Zeit in England dem Ende zuneigte, entschieden wir Prinzessinnen, an einem Samstag ein großes Barbecue-Fest in unserem Prinzesinnenhaus zu veranstalten, ich habe es hier bereits erwähnt. Dazu luden wir alle Leute ein, die wir in den letzten Wochen kennengelernt hatten. Meine Einladungen ging an Elliot

111 FRAGEN AN EINE PRINZESSIN

Wie stellen Sie sich ihr Leben in zehn Jahren vor?

In zehn Jahren hoffe ich bereits einige meiner Projekte verwirklicht zu haben. Ich möchte mich für Kinder engagieren und auch für den Tierschutz will ich weiterhin aktiv sein, der liegt mir sehr am Herzen. Ansonsten sehe ich mich in zehn Jahren mit meiner Familie, also mit einem tollen Mann und vielen Kindern, auf einer Insel lebend und Filmmusik komponierend.

und James. Zu diesem Zeitpunkt hatte ich mir weder über die Tatsache Gedanken gemacht, dass ich zwei Dates an einem Tag treffen würde, noch konnte ich damit rechnen, dass es am Ende sogar drei werden sollten.

Das Fest begann und der allererste Gast, der kam, war James, der Feuerwehrmann mit dem netten Lächeln. Ich hatte ihn schon am Vormittag angerufen, da wir Prinzessinnen ziemliche Probleme mit dem Aufbau unseres Grills hatten. Er kam, baute auf und siegte, für den Moment jedenfalls ...

Nach und nach kamen dann auch die anderen Gäste, darunter zwei Mädels, die wir am Wochenende zuvor in einer Bar kennengelernt hatten: Emma und Angela. Die beiden rockten wirklich die Bude und Angela legte mir einen ihrer besten Freunde ans Herz. »Willst du ein Date mit dem Hottesten?«, waren ihre Worte. Meine Antwort: »Aber natürlich!« Als ich es gerade ausgesprochen hatte, war sie auch schon mit ihrem Handy im Nebenzimmer verschwunden und kam mit einem Grinsen wieder raus. Er sei auf dem Weg, hieß es. Gespannt wartete ich.

Als es wenig später an der Tür klingelte, machte ich auf und war wirklich hocherfreut über den sportlichen, süßen Kerl, der da vor mir stand und mir sagte, er heiße Reiss. Wir setzten uns ins Wohnzimmer und fingen an zu reden, doch nach den ersten zwei Sätzen wurde unser Gespräch schon von einem weiteren Türklingeln unterbrochen. Es war mein Date Nummer drei: Elliot. Oh mein Gott, jetzt hatte ich drei Jungs hier, die ich alle irgendwie unterhalten musste. Was hatte ich mir nur dabei gedacht? Aber um ehrlich zu sein, hat es mich schon ein bisschen stolz gemacht, von drei süßen Jungs gleichzeitig umworben zu werden.

So richtig wollte die Party leider nicht in Gang kommen. Es musste etwas passieren, was die Stimmung ein wenig auflockerte. Zum Glück hatte ich mich im Supermarkt gegen die Stimmen der anderen Mädels durchgesetzt und das Spiel *Twister* mitgenommen. Also hieß es nun: »Ladies and Gentlemen, it's *Twister* time!«

Alle fanden sich zusammen und wir spielten das lustige Spiel, das sich als durchaus passend erwies, schließlich kommt man sich dabei schnell näher. Was ich nicht gedacht hatte, war, dass Reiss, James und Elliot am Ende sogar zusammen spielen würden. Das war schon komisch anzusehen, eine wirklich seltsame Situation! Ich war fast erleichtert, als sich meine Dates nach und nach verabschiedeten.

Nach diesem Abend musste ich mir eingestehen, dass – sogar für mich – drei Dates auf einer Party einfach zwei zu viel sind.

Ein Kopf-an-Kopf-Rennen

Nach dieser ereignisreichen Party war ich zwar glücklich, doch auch extrem verwirrt. Jetzt hatte ich schon so viele liebe Menschen kennengelernt, witzige und aufschlussreiche Dates gehabt und hatte doch keine Ahnung, für wen ich mich am Ende der Sendung entscheiden sollte. Der Tag der Entscheidung kam immer näher und ich musste wenigstens schon mal eine Vorauswahl treffen. James musste ich leider schon nach dem Barbecue ausschließen, da er mir irgendwie zu lieb und nett war. Das klingt komisch, ich weiß, aber er reizte mich einfach nicht so sehr wie Elliot und Reiss.

Die Kandidaten für das letzte Rennen standen also fest: Es hieß Elliot Rowley versus Reiss Adams. Bei Elliot war ich mir

111 FRAGEN AN EINE PRINZESSIN

Wovon braucht eine Prinzessin keine Ahnung zu haben?

Ich finde, eine Prinzessin sollte sich, so wie jeder andere Mensch auf dieser Welt auch, eine gewisse Allgemeinbildung aneignen. Denn Prinzessin oder nicht: Die Entwicklungen, Entdeckungen und Erkenntnisse verlaufen heutzutage so rasant, dass man sich auf jeden Fall informieren sollte, um zu verstehen, was auf der Welt vor sich geht, und um mitreden zu können. Und damit meine ich nicht nur den Small Talk auf dem Adelsball …

von Anfang an sicher, dass wir Freunde sind und es auch für immer bleiben würden. Und Reiss? Reiss war ein Traummann, keine Frage, doch würde ich mit ihm glücklich werden? Und: Wie würden die beiden wohl reagieren, wenn ich ihnen die Wahrheit sagte?

Ich war, gelinde gesagt, verwirrt. Der liebe, nette Monkeyfriend gegen die attraktive Sportskanone. Wer sollte mein Traumprinz werden? Es war eine unglaublich schwierige Entscheidung. Reiss war toll, ein Gentleman und gut aussehend, doch ich merkte, dass es mit ihm und mir vielleicht eine kleine Romanze geworden wäre. Das ist doch toll, würden jetzt viele sagen, aber letzten Endes zog ich eine Freundschaft mit Elliot vor. Denn eine Freundschaft ist für immer und schließlich waren Elliot und ich nicht einfach »nur« Freunde, sondern wahre »Monkeyfriends«.

Der Moment der Wahrheit

Meine Entscheidung war also gefallen, jetzt musste ich mir nur noch überlegen, wie ich Elliot und Reiss die Wahrheit sagen sollte. Denn auch das war Teil des Deals: Am Ende der Sendung sollten alle erfahren, wer ich wirklich bin. Ich hatte schon lange über diesen Moment nachgedacht, denn Lügen ist für mich eine Qual. Es fühlt sich einfach nicht gut an, die Unwahrheit zu sagen. Aber da musste ich nun durch.

Die beiden anderen Mädels waren in derselben Situation wie ich, Sheillah musste bald ihrer neuen großen Liebe Paul die Wahrheit sagen und Aaliya ihren neuen Freundinnen. Also probten wir gemeinsam den großen Moment. Natürlich gehörte zu diesem Moment auch die passende Garderobe: Ich trug ein prächtiges blaues Kleid mit Reifrock und hatte mir ein Diadem ins Haar gesteckt. Da saßen wir uns nun in unseren festlichen Gewändern und mit Angstschweiß auf der Stirn gegenüber und übten unsere Erklärungsreden.

Dann waren wir bereit für die Stunde der Wahrheit. Mein erster Gang war zu Reiss. Zwar hatte ich mich nicht für ihn entschieden, doch ich wollte ihm trotzdem gestehen, dass ich ihm nicht die Wahrheit über mich gesagt hatte. Wir verabredeten uns in einem Pub ganz in der Nähe. Ich stieg aus dem Auto und lief über die Straße, überall drehten sich die Menschen nach mir um. Eine Blondine in einem Disney-Prinzessinnenkleid in einer Kleinstadt? Seltsam. Sie wussten ja nicht Bescheid und riefen mir »die besten Wünsche« zu, weil sie dachten, ich hätte gerade geheiratet.

Ähnlich überrascht war dann auch Reiss' Reaktion auf meinen Aufzug. Ich kam herein und konnte förmlich sehen, wie ihm der Atem stockte. Wir begrüßten uns mit zwei Küsschen und ich setzte mich zu ihm. Als ich sagte, dass ich ihm etwas Wichtiges mitteilen müsste, wurde er kreidebleich. Doch als ich dann mit der Wahrheit rausrückte, schien er geradezu erleichtert zu sein und lachte. Aber wieso nur? Er sagte mir den Grund: Als er mich in meinem Kleid gesehen hatte, hatte er gedacht, ich wolle ihm einen Heiratsantrag machen. Das brachte dann wiederum mich herzlich zum Lachen. Und dann sagte er mir etwas, das so ziemlich alle meine Gründe, bei *Undercover Princesses* teilzunehmen, bestätigte. Er sagte, wenn er vorher gewusst hätte, dass ich eine Prinzessin sei, hätte er sich mir gegenüber wahrscheinlich anders verhalten.

111 FRAGEN AN EINE PRINZESSIN

Gehen Sie wählen und haben Sie einen Lieblingspolitiker?

Ich gehe natürlich wählen und bevor die Wahlen sind, informiere mich auch noch mal über alle Parteien und Kandidaten, um dann wirklich eine begründete Entscheidung treffen zu können. Einen bestimmten Lieblingspolitiker habe nicht, oft ist deren Arbeit ja auch schwer einzuschätzen, das heißt, sie müssten mich durch ihre Persönlichkeit beeindrucken und da fällt mir eigentlich nur Helmut Schmidt ein. Aber ich lasse mich sehr gern positiv von den Politikern Deutschlands überraschen.

Allerdings wusste er offenbar auch nicht so richtig, wie er sich mir gegenüber verhalten sollte, nachdem er es erfahren hatte ... Na ja.

Das Gespräch war dann am Ende aber doch noch gut, wir lachten viel und versprachen uns, in Kontakt zu bleiben. Jetzt war der Moment der Wahrheit für meinen »Monkeyfriend« Elliot gekommen. Puh ... Noch einmal also das ganze Spiel! Ab ins Auto und in Richtung Restaurant am Ende der Stadt. Dort saß Elliot schon am Tisch und machte große Augen, als ich den Raum betrat. Ich ging auf ihn zu und es war, als ob mir mein Herz bis zu meinen Füßen hinuntergerutscht wäre. Nach der Begrüßung legte ich direkt los und es folgte ein geradezu legendärer Dialog:

Elliot: »Okay ... Schön, dich zu sehen.«
Ich: »Setz dich.«
Elliot: »Alles klar.«
Ich: »Es gibt etwas, das ich dir sagen möchte.«
Elliot: »Okay.«
Ich: »Mein Vorname ist nicht Gaby.«
Elliot: »Nein? ... Okay.«
Ich: »Mein Name ist Xenia Gabriela Florence Sophie Iris Prinzessin von Sachsen Herzogin zu Sachsen.«
Elliot: »Wie bitte?«
Ich: »Ich bin eine Prinzessin. Ich bin nervös.«
Elliot: »Ich bin auch nervös.«
Ich: »Was denkst du?«
Elliot: »Das ist eine große Sache ...«
Ich: »Ja, das ist es.«
Elliot: »Wow ... Ich bin schockiert ... Du bist immer noch Gaby.«
Ich: »Für dich ...«
Elliot: »Nur für mich!«
Ich: »Nur für dich!«

Nach diesem emotionalen Geständnis gingen wir Arm in Arm hinaus und rannten in die Nacht. Ja, wir rannten, denn ich trug während der ganzen Zeit meine weißen Sportschuhe unter dem Prinzessinnenkleid, was mir beim Fernsehteam den Spitznamen »Runaway Princess« einbrachte.

Abschied nehmen

Nun war die Wahrheit endlich raus und die Mädels und ich begannen, unsere Koffer zu packen. Das Experiment war vorbei und es war Zeit, einander Lebewohl zu sagen. Dreieinhalb tolle Wochen lagen hinter uns. Dreieinhalb Wochen, in denen uns nicht nur unsere Erfahrungen bereichert hatten, sondern in denen wir auch neue Freunde gewonnen hatten. Was uns Prinzessinnen vom ersten Moment an verbunden hatte, war unser royaler Background gewesen. Doch das war bei Weitem nicht alles. Jeden Tag hatten uns unsere Aufgaben und die Suche nach Mr Right mehr und mehr zusammengeschweißt. Aus Fremden waren Freundinnen geworden.

Mein Koffer stand bereit, es konnte losgehen, doch ich hätte die Zeit als Gaby gern verlängert. Es fiel mir wahnsinnig schwer, die Mädchen und das Haus zu verlassen. Doch es musste sein, ich nahm die beiden noch mal in den Arm, verabschiedete mich von dem Team und begab mich ins Auto in Richtung Flughafen. Die

111 FRAGEN AN EINE PRINZESSIN

Sind Sie ein romantischer oder ein praktischer Typ?

Ich war lange Zeit ein eher praktischer Typ und habe vielleicht einige Jungs mit meiner offensiven Art verschreckt. Doch in letzter Zeit entdecke ich zunehmend meine romantische Seite. Allerdings mag ich hier keine Klischees, zum Beispiel finde ich rote Rosen und Schnittblumen generell nicht romantisch, über Gefühle reden aber schon. Und natürlich draußen zu sitzen und die Sterne anzuschauen.

Tatsache, dass mich Elliot bald in Deutschland besuchen würde und ich dann wieder Gaby für ihn sein würde, hielt mich bei Laune.

Doch im Flugzeug saß dann nicht mehr Gaby, sondern Xenia.

Ein Erfolg für alle

Als ich mich für *Undercover Princesses* entschieden hatte, konnte noch niemand abschätzen, ob die Sendung Erfolg haben würde. Während der Aufnahmen hatte ich mich immer wieder gefragt, ob sie den Leuten am Ende wohl gefallen würden oder nicht. Kurz vor dem Serienstart machten Sheillah und ich eine kleine Promo-Tour durch London: Wir besuchten Radiosender, gaben Zeitungsinterviews und hatten ein paar Auftritte im englischen Frühstücksfernsehen. Schnell merkten wir, dass alle sehr interessiert waren am Ausgang des *Undercover Princesses*-Märchens.

»Hat eine von euch die wahre Liebe gefunden?« oder »Wie waren die englischen Männer?« waren Fragen, die wir zur Genüge hörten. Der Countdown lief, nur noch wenige Tage bis zur Erstausstrahlung. Dann war es endlich so weit. Mit Prinzessin Sheillah und einem Teil der Kamera-Crew sahen wir die erste Folge im Fernsehen. Da kam sie, die Anfangsmelodie unserer Serie ... Wow, mir rutschte echt das Herz in die Hose. Ich im englischen Fernsehen, wie viele Zuschauer es wohl sehen würden und was würden sie über mich denken? Es war ein Wahnsinnsgefühl. Alle schrien »Oh mein Gott, ihr seid im Fernsehen!« Da war es, dieses wunderbare Dazugehörigkeitsgefühl, das ich in England erfahren und so lieben gelernt hatte.

Die meiste Zeit saß ich gebannt vor dem Bildschirm und hielt Sheillahs Hand ganz fest, doch bei manchen Szenen war ich so aufgeregt, dass ich mein Gesicht im Couchkissen vergrub.

Die erste Folge war gelaufen und wir waren alle hochzufrieden und überglücklich. Dann das Unfassbare: Bereits eine Stunde nach der Pilot-Folge von *Undercover Princesses* gab es Hunderte von Twitter- und Facebook-Einträgen. Und was für mich noch unglaublicher war: Sie waren fast ausnahmslos positiv. Die Menschen da draußen mochten uns und unsere Serie.

Als dann auch noch die Einschaltquote unsere kühnsten Träume übertraf, war klar, das Projekt war ein voller Erfolg! Für alle Beteiligten: Sheillah hatte ihre große Liebe Paul gefunden, Aaliya hatte Selbstvertrauen gewonnen, die BBC hatte eine neue gute Sendung und ich Freundschaften fürs Leben. Was will man mehr? Danke an alle, es war eine tolle Erfahrung.

Mein Resümee

Die Zeit in der Sendung *Die Burg* hatte mir schon viel für mein Leben mitgegeben. Ich hatte gelernt, fließend Wasser, eine warme, wohlschmeckende Mahlzeit, die man nicht erst selbst erlegen muss, und eine warme Heizung zu schätzen. Ohne die Erfahrungen dort wären all diese Dinge für mich einfach selbstverständlich gewesen.

Die Zeit als »Undercover Princess« gab mir etwas ganz anderes. Sie gab mir das Gefühl von Freiheit, Unbeschwertheit und Dazugehörigkeit. Die Dates waren nicht das Ausschlaggebende.

111 FRAGEN AN EINE PRINZESSIN

Stimmt es, dass Sie Dschungelkönig Peer Kusmagk kennen, und würden Sie auch in den Dschungel gehen?

Ja, ich kenne Peer Kusmagk, wir haben uns in der Karibik kennengelernt und waren eine Zeit lang fast Nachbarn. Er ist ein wirklich guter Freund von mir und ich habe großen Respekt davor, was er im Dschungel durchgemacht hat. Natürlich habe ich mit ihm mitgefiebert und ihm die Daumen gedrückt. Er hat es verdient zu gewinnen, weil er kein Mensch ist, der sich verstellt, sondern grundehrlich ist. Wenn ich selbst in den Dschungel gehen würde, würde ich alles machen, außer Maden essen. Aber ich glaube, meine Mutter würde mich gar nicht in den Dschungel lassen ...

Es waren die Freundschaften, die ich schloss, die Möglichkeit, einfach nur Gaby sein zu können, und der familiäre Umgang mit den anderen Prinzessinnen, die mir das Gefühl gaben, dass sie mich verstanden, weil sie all die Vor- und Nachteile kannten, die es mit sich bringt, wenn man eine Prinzessin ist.

Jeder einzelne Tag war so aufregend, so erfrischend und neu. Es war wie ein großes Abenteuer, zeitweise kam es mir so vor, als würde ich mir selbst von oben dabei zusehen können. Ich ging auf in der Rolle der Gaby und wenn ich ehrlich bin, wollte ich diese auch am Ende der Show nicht ablegen. In ihr fühlte ich mich wie in einem wunderbaren Urlaub. Wenn ich arbeite, bin ich Xenia Prinzessin von Sachsen, mit all meinen Vor- und Nachnamen und den Vor- und Nachteilen meines Lebens. Doch in meiner Freizeit bin ich Gaby, die freundliche, aufgeschlossene junge Frau mit dem inneren Gefühl der absoluten Freiheit.

Könnte ich die Zeit zurückspulen, würde ich es nicht tun, ich bereue keine Sekunde meiner Erfahrung als Undercover-Prinzessin. Denn auch sie hat mich ein Stückchen weitergebracht und mich zu dem Menschen gemacht, der ich heute bin.

Traum-Prinz William

Prinzessin Xenia zollt dem britischen Thronfolger Respekt und stellt sich die Was-wäre-wenn-Frage

Eigentlich ist er viel mehr als nur ein Prinz. Sozusagen ein Über-Prinz – allgegenwärtig in den Medien, Sohn der unvergleichlichen, umschwärmten und viel zu früh gestorbenen Lady Diana Spencer und bald glücklich verheirateter britischer Thronfolger: Prinz William.

Natürlich bin ich in letzter Zeit nach niemandem so oft und so viel gefragt worden wie nach ihm. Deshalb das Wichtigste mal gleich vorweg: Er ist der smarteste und cleverste Prinz, den man sich vorstellen kann, und er wird der beste König sein, den das Land je gesehen hat.

Aber er wird erst König sein, wenn seine Zeit gekommen ist, denn er ist ein junger Mann von großem Verstand: Sich vorzudrängeln und seinem Vater Prince Charles den Weg zum Thron abzuschneiden wäre erstens nicht very british und zweitens einfach nicht seine Art. Da können sich noch so viele Briten wünschen, dass William den Thron direkt nach seiner Großmutter besteigt. Er weiß genau, was für eine Bürde dieses Amt ist. Ja, er kann warten, bis die Zeit reif ist. Meinen Respekt, junger Prinz!

111 FRAGEN AN EINE PRINZESSIN

Was ist für Sie die größte Errungenschaft der Menschheit?

Es gibt viele große Errungenschaften, ohne die unser Leben und die Gesellschaft nicht so wären, wie sie sind. Eine sehr wichtige ist die Elektrizität und das Stromnetz, das uns damit versorgt. Das ist für uns eine Selbstverständlichkeit, aber wie stark wir in unserem Leben auf Elektrizität angewiesen sind, merken wir erst in den seltenen Fällen, wenn mal Stromausfall herrscht.

In meiner Teenie-Zeit interessierte ich mich zunächst mehr für Freddie Prinze Junior als für die Jungs aus dem britischen Königshaus, aber ich würde lügen, wenn ich sagen würde, dass Prinz William nicht auch eine Rolle in meinen Mädchenträumen gespielt hat. Jedes Mädchen hat ihren Schwarm in jungen Jahren und einer von meinen war neben Freddie und Barbies Mann Ken eben auch Prinz William. Das ist doch wohl mehr als verständlich! Schließlich ist er nicht irgendein Prinz, er ist eher ein Phänomen: Allein der Klang seines Namens zaubert allen Mädchen ein sehnsüchtiges Lächeln aufs Gesicht. Bei mir ist das übrigens auch so ... Aber woher hat er diese Strahlkraft? Ich glaube, daran ist eine fast perfekte Mischung aus verschiedenen Eigenschaften schuld. Er ist ein waschechter Prinz, gebildet, gut aussehend, mutig und gut erzogen. Alles, was ihn ausmacht, entspricht einfach dem Idealbild, das man von einem Prinzen hat.

Ich glaube, es ist diese »Stattlichkeit«, die uns Mädchen so an Prinzen fasziniert und die auch Prinz William hat. Hinzu kommt das Unerreichbare, der Glamour, der mit seinem exklusiven Lebensstil verbunden ist. Prinz William versammelt einfach unzählige Faktoren, die Mädchen- wie Frauenherzen höher schlagen lassen. Schön, adrett, adlig und reich ... ja, er ist ein guter Fang.

Und nachdem ich erfahren hatte, dass ich eine Prinzessin bin, habe ich mir oft vorgestellt, dass es schön wäre, einen Prinzen zu heiraten. Vor Jahrhunderten wären wir vielleicht füreinander bestimmt gewesen: Prinz und Prinzessin, ungefähr ein Alter, sagen wir, es wäre nicht unwahrscheinlich gewesen, dass unsere Wege sich eines Tages gekreuzt hätten. Doch bleiben wir realistisch: Im 21. Jahrhundert bin ich die kleine Prinzessin von Sachsen und er His Royal Highness Prince William of Wales. So ist das eben.

Davon abgesehen kam es, wie es kommen musste. Denn genauso wie das auch bei allen anderen Traummännern aus der *Bravo* war, verflog die Verliebtheit irgendwann. Ich wurde älter und mir wurde bewusst, dass es vielleicht gar nicht so perfekt wäre, Prinz

William zu heiraten. Klar, irgendwann mal die Frau an der Seite des britischen Königs zu sein hörte sich gut an, aber die Freiheit, alles zu tun, was ich möchte, wäre dahin.

Xenia, sagte ich mir, sieh den Tatsachen ins Auge, du wärst eine viel zu wilde und rebellische Prinzessin für ihn und das Vereinte Königreich. Eine Prinzessin, die mal bei *Popstars* vorgesungen und eine Vorliebe für adrenalintreibende Sportarten hat, als Ehefrau des britischen Thronfolgers? Wohl kaum. Verstehen Sie mich nicht falsch, natürlich kann ich mich gut benehmen, wenn es darauf ankommt, aber 24 Stunden am Tag? Nein, danke.

Dafür liebe ich es viel zu sehr, auch mal im Jogginganzug durch die Stadt zu schlendern und mit meinen Freunden verrückt zu sein – Polo spielen und salutieren ist eher nicht so mein Ding.

Spätestens seit der Bekanntgabe seiner Verlobung war er für mich passé. Ist ein Mann liiert, verliert er seinen Reiz für mich, denn von Männern, die vergeben sind, lässt man tunlichst die Finger – das weiß doch nun wirklich jedes anständige Mädchen. Aber so kann ich wenigstens neidlos anerkennen, dass Kate Middleton mit Prinz William das große Los gezogen hat. Ihr langes Ausharren hat sich letztendlich doch gelohnt: Drei … zwei … eins … Jackpot. Dieses Märchen wird ein Happy End haben, wenn Kate Middleton am 29. April 2011 in der Westminster Abbey folgende Worte spricht: »Yes, I will!« Schön,

111 FRAGEN AN EINE PRINZESSIN

Auf welche technischen Erfindungen könnten Sie verzichten?

Ich könnte auf einiges verzichten. Ich denke, ich könnte sogar ohne das Internet auskommen, wenn andere auch darauf verzichten würden. Das ist hypothetisch, ich weiß, diese Entwicklung lässt sich nicht zurückdrehen, aber einige Begleiterscheinungen des Internets ärgern mich. Alles ist unpersönlicher, unverbindlicher, man sieht sich seltener. Man hat zwar Kontakt, aber über eine extreme Distanz. Auf mein Handy hingegen könnte ich zugegebenermaßen schlecht verzichten.

wenn Träume in Erfüllung gehen. Ich wünsche den beiden alles nur erdenklich Gute!

Prinz William ist vom Markt und meine Kindheitsträumerei wird damit höchstwahrscheinlich nicht wahr werden. Aber hey, für mich sind die Dinge gut so, wie sie sind. Ich bin eine Nachfahrin des Königs von Sachsen und darauf bin ich sehr stolz. Wenn man es von mir verlangt, beherrsche ich die Etikette aus dem Effeff und schwinge ein flottes Tanzbein auf einem Adelsball. Aber im Grunde meines Herzens bin auch ich nur eine junge Frau mit vielen Flausen im Kopf und dem Bedürfnis nach Spaß im Leben.

Mein adliger Background hat mein Leben geprägt, das ist wahr, doch eins ist sicher: Mein zukünftiger Mann muss nicht adlig sein. Der Mann, den ich eines Tages finden und lieben werde, wird mein Prinz sein, egal wie sein Nachname und seine Familiengeschichte sind.

15 Dinge

DIE MAN(N) ÜBER MICH WISSEN SOLLTE

1. Ich kann nur schwer verzeihen
2. Ich meine viele Dinge nicht so ernst, wie ich sie sage
3. Ich bin 365 Tage im Jahr für meine Freunde da
4. Für meine Familie würde ich töten
5. Ich hasse es, abgeschnittene Blumen zu bekommen
6. Mit Topfpflanzen macht man mir eine Freude
7. Wenn ich liebe, liebe ich mit Haut und Haar
8. Meine Spitznamen sind »Peachy«, »Princess« oder »Nia«
9. Ich brauche sieben Stunden Schlaf
10. Bei Diskussionen höre ich grundsätzlich nicht zu
11. Das beste Geschenk für mich ist ein Wellnessurlaub
12. London ist meine Lieblingsstadt
13. Wenn man mich »Prinzesschen« nennt,
sind die Unterhaltung und die Freundschaft vorbei
14. Ich flirte gern, nur so zum Spaß
15. Mein Geburtstag ist der 20.08.1986

Kapitel 7

Prinzessin von innen

Meine dunkelsten Stunden

Tag X

Nicht alle Kapitel meines Lebens sind rosarot – auch als Prinzessin ist man nicht vor schmerzhaften Erfahrungen sicher. Man kann nur versuchen, die dunklen Kapitel des eigenen Lebens mit der Zeit zu erhellen. Denn wenn einem etwas Schreckliches passiert ist, muss man es akzeptieren, egal, wie schwer es einem fällt. Das Leben geht weiter und man muss es genießen und versuchen zu vergessen – davon bin ich überzeugt.

In dem Moment, in dem ich diese Zeilen schreibe, bin ich erwachsen, kann auf mich selbst aufpassen und Verantwortung für mein eigenes Leben übernehmen. Ich weiß, was richtig und was falsch ist. Als Kind ist man jedoch auf den Schutz von Erwachsenen angewiesen. Wenn man noch klein ist, kann man viele Dinge nicht richtig einschätzen, dazu fehlt einem sowohl das Wissen als auch die Erfahrung.

Für die meisten kleinen Mädchen ist ihr Vater derjenige, der sie schützt und ihnen zeigt, was richtig und was falsch ist. So sollte es sein. Eigentlich selbstverständlich, doch bei meinem Vater war das anders. Er vergaß diese Verantwortung mir gegenüber, nutzte mein Vertrauen aus und nahm mir damit ein Stück meiner Kindheit einfach weg.

Das folgende Kapitel ist ein schwieriges, gehört aber zu meinem Leben dazu und verdient es daher, erzählt zu werden.

Nachdem ich geboren wurde, weigerte sich der, der mein Vater war, strikt dagegen, seine Vaterschaft anzuerkennen. Er war es nicht, der bei meinem ersten Atemzug dabei war, und er war es auch nicht, der mich in der schweren Zeit nach den Komplikationen bei meiner Geburt begleitete. Diesen Platz nahm Tante Gaby ein. Sie stand meiner Mami und mir immer zur Seite und war für mich viel mehr »Vater«, als er es jemals hätte sein können.

Erst nach jahrelangem Hin und Her und einem Vaterschaftstest bekannte sich mein leiblicher Vater zu mir. Heute wünschte ich, er hätte es nie getan. Dann wären meiner Familie und mir sehr viel Schmerz erspart geblieben. Könnte ich in der Zeit zurückreisen, würde ich den Vaterschaftstest verhindern – dann wäre das dunkelste Kapitel meines Lebens nie geschrieben worden.

Manchmal frage ich mich, ob er mir aus gutem Grund so ablehnend gegenüberstand. Vielleicht hatte er damals schon geahnt, dass es nicht gut wäre, ein kleines Mädchen im Haus zu haben. Aber das kann niemand mit Sicherheit sagen – Spekulationen führen nirgendwohin.

Nachdem er mich als sein Kind akzeptiert hatte, verbrachte ich hin und wieder das Wochenende bei ihm auf seinem Bauernhof. Ich freute mich immer auf die Besuche bei meinem Vater, denn dort gab es Kühe, Hunde und Katzen – ein Traum für ein kleines Mädchen. Es war fast wie im Zoo. Die meiste Zeit streichelte ich die Tiere und spielte auf den großen Silos. Ich molk zum ersten Mal eine Kuh und sah bei der Geburt eines kleinen Kälbchens zu.

Es war idyllisch, ein Paradies für Kinder und ich verbrachte eine wunderbare Zeit dort.

Bis zum Tag X, als mein Vater aufhörte, in mir seine kleine Tochter zu sehen. Der Tag, an dem er nicht eine Sekunde darüber nachdachte, dass er mir mit dem, was er mir antat, einen wichtigen Teil meiner Kindheit nehmen würde.

Ich war damals acht Jahre alt und verbrachte mal wieder ein Wochenende bei ihm. Es war Schlafenszeit und ich hatte mich gerade ausgezogen, um meinen Pyjama überzustreifen. Normalerweise half seine Frau ihm dabei, mich ins Bett zu bringen, doch die war an diesem Abend nicht da. Mein Vater musterte mich lange. Ich dachte, dass er vielleicht einfach hilflos war und nicht wusste, was er tun sollte, weil er mich sonst nie ins Bett brachte.

Da stand ich also vor ihm, nackt und mit einem komischen Gefühl im Bauch, als er mich so unentwegt ansah. Wie um mich zu beruhigen, sagte er: »Du siehst gerade so hübsch aus, wie ein kleines Model.«

Ich freute mich sehr über diese Worte – jedes kleine Mädchen hätte so ein Kompliment gern gehört.

»Warte hier, ich hol mal den Fotoapparat«, sagte er, kam wenig später zurück und fing an, mich zu fotografieren, in allen möglichen Posen. Ich wusste damals nicht, dass es etwas Falsches ist, wenn der Papi seine kleine Tochter auf diese Art und Weise nackt fotografiert. Es war mir irgendwie peinlich und ich hatte ein komisches Gefühl dabei. Ich war ein kleines Kind und konnte nicht begreifen, was da vor sich ging. Auf einer instinktiven Ebene spürte ich schon damals, dass etwas an dieser Situation nicht richtig sein konnte. Doch für mich stand fest, dass mir mein Vater niemals etwas Schlimmes antun würde. Also dachte ich, es konnte nichts Falsches dabei sein – er liebte mich doch.

Als ich nach diesem Wochenende nach Hause kam, erzählte ich meiner Mami nichts von den Fotos. Ich legte den Mantel des Schweigens über alles, was passiert war.

An meinem nächsten Wochenende auf dem Hof meines Vaters war das Thema Fotos anscheinend vergessen. Ich lief umher, gab den Kühen und Hühnern Namen und spielte mit den Katzenbabys.

Als es dann am Abend wieder ans Umziehen ging, sagte mein Vater: »Wir müssen dich noch baden … oder wir duschen zusammen. Möchtest du mit Papa duschen?«

Ich nickte.

In der Dusche prasselte das Wasser auf mich runter. Da ich sonst immer badete, war das Duschen etwas vollkommen Neues und Aufregendes für mich. Mein Vater gab mir ein bisschen Duschgel auf die Hand und sagte mir, wie ich es auf mir verteilen sollte. Danach forderte er mich auf, dass ich genau das auch bei ihm machen solle. Ich tat, was er sagte. Noch heute erinnere ich mich ganz genau an die Situation – diese Bilder bekomme ich nicht aus meinem Kopf.

Als ich dieses Mal vom Wochenende bei meinem Vater zurück nach Hause kam, sagte ich meiner Mutter, ich wolle nicht mehr zu ihm auf den Hof. Sie muss instinktiv gespürt haben, dass da etwas faul war, denn sie versuchte nicht, mich umzustimmen, und brachte mich von Stund an nicht mehr zu ihm.

Über das, was vorgefallen war, schwieg ich eisern bis zu dem Tag, als die Polizei bei uns an der Tür klingelte. Meine Mami öffnete und was die beiden Polizisten ihr erzählten, ließ sie von einer Sekunde auf die andere erblassen. Einem Laboranten aus der Fotoabteilung eines Geschäftes im Dorf, in dem mein Vater lebte, waren beim Entwickeln die Fotos aufgefallen, die mein Vater dort abgegeben hatte. Sie zeigten ein kleines eingeschüchtertes Mädchen nackt, in eindeutigen, nicht kindlichen Posen.

Bis heute bin ich dem aufmerksamen Mitarbeiter des Fotolabors dankbar, der die Bilder entwickelt hatte und misstrauisch wurde. Er erstattete Anzeige bei der Polizei und bewirkte so, dass der Missbrauch endlich ans Licht kam.

Später sollte ich auf dem Polizeirevier eine Aussage machen. Die Beamten zeigten mir die Fotos und fragten mich, ob ich das Mädchen sei, das darauf zu sehen war. Ich blickte zu meiner Mutter – sie weinte. Also sagte ich immer wieder, dass ich es nicht sei. Ich verstand, dass etwas Schreckliches an den Fotos sein musste, und wollte nicht, dass meine Mama traurig war. Ich fühlte mich fürchterlich schuldig, schließlich hatte ich nichts getan, um die Entstehung der Fotos zu verhindern.

Als Kind denkt man sich seine eigenen Erklärungen aus, wenn man mit einer Sache überfordert ist. Ich sah, wie meine Mutter litt, und war überzeugt, dass alles, was passiert war, nur meine Schuld sein konnte.

Alles andere wäre für mich nicht erklärlich gewesen, denn ich dachte, dass mir mein Vater niemals etwas Böses antun würde. Also beteuerte ich weiterhin, dass ich nicht die Person auf den Fotos sei – so sehr schämte ich mich.

Heute weiß ich, dass alles ganz allein seine Schuld war. Er hat seine überlegene Position als Erwachsener missbraucht und ist dafür verantwortlich, dass ich bis heute schlimme Erinnerungen an das Geschehene habe.

Ab dem Tag, als die Polizei vor unserer Tür stand, versuchte meine Mutter, mich – so gut es ging – von den darauffolgenden Ereignissen abzuschirmen. Sie hielt alles von mir fern, was meinen Vater und den kommenden Prozess anging. Daher weiß ich nur aus zweiter Hand, dass mein Vater damals vor Gericht gestellt und verurteilt wurde.

Danach blendete ich die schlimmen Erlebnisse mit meinem Vater einfach aus. Ich habe damals einen Teil meiner Persönlichkeit von mir abgespalten. Das ging so weit, dass ich eine Zwillingsschwester erfand, die Anna hieß und bei meinem Vater lebte. So konnte ich mir einreden, dass das alles ihr zugestoßen war und nicht mir. Diese imaginäre Zwillingsschwester habe ich aufrechterhalten, bis ich ein Teenager war. Auch wenn mir jetzt natürlich klar ist, dass es nie eine Anna gegeben hat, kommt es mir noch heute manchmal so vor, als wären all die schrecklichen Dinge jemand anderem passiert.

Lange Zeit hatte ich all die schlimmen Erfahrungen mit meinem Vater verdrängt, ja scheinbar vergessen. Erst als ich 15, 16 Jahre alt war, hörte ich über drei Ecken, dass mein Vater gestorben sei. Auch wenn ich bis dahin immer versucht hatte, die Erinnerung an die Ereignisse so weit wie möglich von mir wegzuschieben, war diese Nachricht wie ein Befreiungsschlag für mich. Schon immer war es für mich schwierig gewesen, über meinen Vater zu sprechen. Trotzdem wurde ich natürlich andauernd nach ihm gefragt – es war ja eine ganz normale Frage, wenn man zum Beispiel andere Kinder auf dem Spielplatz kennenlernte. Damals musste ich mir immer irgendwelche Geschichten ausdenken, doch jetzt konnte ich sagen: »Mein Vater ist tot.« Vielleicht klingt es schrecklich, dass ich mich über seinen Tod freute, aber für mich machte es so vieles einfacher. Die Antwort »Mein Vater ist tot« garantierte mir, dass keine Nachfragen kommen würden und ich mich nicht mit dem Thema konfrontieren musste. Ich war erleichtert.

Doch mit dieser Nachricht kamen natürlich auch die Erinnerungen zurück in mein scheinbar schönes vollkommenes Leben. In dieser Zeit ging es mir sehr schlecht. Ich habe viel geweint und es kamen jede Menge Wut und Trauer in mir hoch. Erst da begriff ich wirklich, was damals passiert war. Und für mich war es, als wäre ich mit dieser Erkenntnis schlagartig erwachsen geworden.

Wenn ich mit Menschen meines Alters zusammen bin, fühle ich mich manchmal unglaublich alt, so als hätte ich schon sehr lange gelebt. Ich übernehme dann immer sofort die Rolle der Erziehungsberechtigten. Wahrscheinlich nehme ich die Dinge so gern selbst in die Hand, weil ich damit zeigen kann, dass ich unabhängig bin und niemanden brauche, der mir hilft.

In den Jahren, die seit dem Missbrauch vergangen waren, hatte ich vieles verdrängt. Aber jetzt begann ich zu verstehen, dass ich nur eine Chance hätte, mein Leben für mich zurückzugewinnen: Ich musste meinem Vater verzeihen, egal wie schwer es sein würde. Es gibt ein Zitat von Carl Gustav Jung, das ich mir eingeprägt habe: »Wogegen du deinen Widerstand richtest, dem schaffst du Bestand.« Mein Vater hat viele Fehler gemacht, aber wenn man mit einer Sache abschließen möchte, darf man nicht hassen. Wenn ich meinen Vater hassen würde, wäre er Bestandteil meines Lebens – und das hat er nicht verdient. Also habe ich ihm verziehen. Natürlich belasten mich diese Erfahrungen noch heute, aber ihm zu verzeihen, war das einzig Richtige. Nicht seinetwegen, sondern für mich: um ein freies Leben führen zu können.

Ich bin ein spiritueller Mensch und glaube, dass alles im Leben einen Sinn hat. Dieser Sinn erschließt sich uns nicht immer – ich werde nie genau verstehen können, warum all das gerade mir passiert ist. Aber: Nur durch diese Erfahrung bin ich zu der geworden, die ich heute bin. Ohne sie wäre ich wohl jemand anderes geworden, vielleicht jemand, der unbeschwerter ist, bestimmt aber auch jemand, der oberflächlicher ist. Es bringt nichts, mit seinem Schicksal zu hadern. Heute bin ich dankbar für alle Erfahrungen, an denen ich wachsen konnte.

Viele werden sich jetzt sicher fragen, warum ich dieses wirklich sehr private Kapitel meines Lebens preisgebe. Die Antwort ist, ich hoffe, dass ich mit meiner Geschichte einen Beitrag leisten kann.

Tagtäglich werden Kinder missbraucht, meistens sind die Täter Menschen aus dem direkten Umfeld: Familienangehörige, Nachbarn oder enge Freunde. Für die Opfer ist es sehr schwer, wenn nicht unmöglich, sich jemandem anzuvertrauen und über ihre schrecklichen Erlebnisse zu sprechen. Oftmals werden sie zum Schweigen gezwungen und leiden schrecklich unter der Gewissheit, dass gerade der Mensch, dem sie vertrauen, sie auf so furchtbare Weise ausnutzt. Ich möchte ihnen Mut machen, sich Hilfe zu suchen und über den Missbrauch zu sprechen. Ein Gespräch kann der erste Schritt sein, um so eine schreckliche Erfahrung zu bewältigen.

Manchmal hat man niemanden im privaten Umfeld, dem man sich anvertrauen möchte. In diesem Fall kann man bei extra dafür eingerichteten Hotlines anrufen und mit Experten über seine Erlebnisse sprechen, so zum Beispiel bei der »Nummer gegen Kummer« (www.nummergegenkummer.de). Heute sind alle Hilfsorganisationen, die gegen Kindesmissbrauch kämpfen, mit einem großen Informationsangebot im Internet vertreten, wie der »Weiße Ring« (www.weisser-ring.de) oder der Verein »gegen-missbrauch« (www.missbrauch.de), auf dessen Website genau erklärt wird, wie man sich psychologische Hilfe suchen kann und welche Therapieformen es gibt. Hier finden nicht nur Opfer von Missbrauch Hilfe, sondern auch Angehörige, Freunde oder Nachbarn, die in ihrem Umfeld Missbrauch vermuten.

Ich habe mich lange gedanklich mit allem auseinandergesetzt, was damals passiert ist. Erst dann konnte ich mich jemandem anvertrauen – das ist übrigens noch gar nicht so lange her. Es musste einfach einmal ausgesprochen werden. Worte können ein Ventil sein, um das Erlebte rauszulassen, und mir hat es sehr geholfen, einmal ganz neutral mit jemandem über den Missbrauch zu sprechen.

Heute wünschte ich, ich hätte mich schon früher jemandem offenbart. Nur wenn man sich jemandem anvertraut, hat man die Chance auf Hilfe. In dem Moment, als ich mir selbst nichts mehr vorgemacht habe und begonnen habe zu akzeptieren, was geschehen ist, ging es mir sofort besser. Ich fühlte mich leichter als je zuvor und meine chronischen Schmerzen, die ich bis dahin hatte, verschwanden nach und nach. Bis zu dem Tag, als ich mich jemandem anvertraute, hatte ich mir selbst die Schuld für alles gegeben. Erst dann wurde mir klar, dass man nicht nur verstehen muss, dass es nicht die eigene Schuld ist, sondern es auch akzeptieren muss. Das ist ein großer Unterschied.

Es gibt noch einen weiteren Grund, warum ich über diese Erfahrung schreibe. Mit diesem Kapitel möchte ich mich auch an all diejenigen Männer wenden, die spüren, dass sie sich sexuell zu Kindern hingezogen fühlen: Ein Kind muss man wie ein Kind behandeln, es ist auf den Schutz von Erwachsenen angewiesen und man darf es niemals zum Objekt der eigenen Triebe machen. Jeder, der merkt, dass er sexuelle Gefühle für ein Kind hat, muss sich sofort Hilfe suchen. Niemand hat das Recht, ein Kind zu einem Objekt zu machen. Und jeder sollte sich darüber im Klaren sein, dass er damit das ganze Leben dieses Kindes durch eine einzige, vielleicht unüberlegte Handlung für immer zerstören könnte.

Diesen Männern sage ich auch ehrlich meine Meinung, nämlich dass Kinderschänder und Vergewaltiger in diesem Land nicht hart genug bestraft werden. Jemand, der Steuern hinterzieht, hat oftmals eine schlimmere Strafe zu erwarten als ein Vergewaltiger bei seinem ersten Vergehen – wobei ich bei solcherlei Verbrechen glaube: Wer es einmal tut, der macht es immer wieder. In meinen Augen hat ein Mensch, der ein Kind nötigt, unsittlich berührt oder vergewaltigt, kein Recht mehr, jemals wieder frei an der Gesellschaft teilzuhaben.

Doch auch wenn ich für härtere Strafen bin, so ist es auch meine Überzeugung, dass die beste Lösung wäre, Kindesmissbrauch von Anfang an zu verhindern. Es gibt viele Präventionsprojekte auf diesem Gebiet, die unschätzbare Arbeit leisten (zum Beispiel www.kein-taeter-werden.de). Ich denke, es ist wichtig, dass Menschen mit krankhaften Neigungen frühzeitig geholfen wird, damit sie gar nicht erst an den Punkt kommen, ihre schrecklichen Fantasien in die Tat umzusetzen. Denn die Schäden, die so eine Erfahrung an einer Kinderseele hinterlässt, begleiten den Menschen ein Leben lang.

Man kann einen Missbrauch niemals ganz vergessen, sondern höchstens lernen, für sich einen Weg zu finden, wie man am besten damit umgeht. An manchen Tagen ist es auch für mich schwer, aber dann versuche ich immer, mich an die guten Tage zu erinnern und einfach weiterzumachen. Es hilft, wenn man weiß, dass die Phasen, in denen alles wieder hochkommt, auch wieder vorbeigehen.

In der Vergangenheit habe ich viel Zeit investiert, um mich mit meiner Missbrauchserfahrung auseinanderzusetzen. Und diese Zeit war nicht umsonst. Heute kann ich sagen, dass ich ein schönes, erfülltes Leben führe. Ein Leben, das nicht durch Trauer und Schmerz bestimmt wird, sondern ein glückliches Leben, in dem ich mich nur hin und wieder an eine schlimme Erfahrung erinnere.

Ich hatte trotz allem, was passiert ist, eine wundervolle Kindheit. Durch meine Entscheidung, meinen Vater nicht mehr zu besuchen, konnte ich wahrscheinlich Schlimmeres verhindern und darüber bin ich sehr froh.

Mir hilft es auch, dieser Erfahrung etwas Positives abzugewinnen. Ich glaube an Bestimmung und an das Schicksal. Demnach muss ein Sinn hinter der ganzen Sache sein. Aber welchen Sinn kann es schon haben, wenn einem Kind Leid zugefügt wird? Auf den ersten Blick vielleicht keinen: Es ist grausam und falsch. Dennoch ist mir so etwas passiert. Und wenn es nun der Sinn ist, dass ich durch meinen Namen viel Aufmerksamkeit bekomme und so auf das Problem »Kindesmissbrauch« hinweisen kann? Wenn ich Lieschen Müller wäre, würde sich wahrscheinlich niemand für meine Geschichte interessieren. Aber durch das Medieninteresse an meiner Person erreiche ich vielleicht den einen oder anderen und kann ihm Mut machen, seine Erfahrungen zu bewältigen.

Ich kann nur für mich sprechen und sagen, dass ich mich viel früher jemandem anvertraut hätte, wenn ich schon damals geahnt hätte, wie viel besser es mir danach gehen würde. Heute weiß ich: Es gibt Hilfe da draußen und es lohnt sich, sie anzunehmen. Ich möchte hier nichts verallgemeinern: Jede Missbrauchsgeschichte ist individuell! Aber dahinter steht immer eine zerstörte Kinderseele.

*

Auch wenn mir ein Mann in meinem Leben Schlimmes angetan hat, weiß ich, dass es da draußen den Richtigen für mich gibt und dass ich ihn erkennen werde, wenn er mir begegnet. Vertrauen ist ein Geschenk und wenn sich der Richtige mein Vertrauen erarbeiten kann, dann wird es funktionieren. Daran glaube ich ganz fest.

Winnenden

Prinzessin Xenia trauert mit einer Stadt

Ich habe bis heute an vielen Orten auf dieser Welt gelebt. An manche dieser Orte kann ich mich kaum erinnern, weil ich damals noch sehr klein war. Andere würde ich gern vergessen, weil meine Zeit dort nicht besonders schön war. Und dann gibt es diese bestimmten Orte, die einen besonderen Platz in meinem Herzen einnehmen und die ich niemals vergessen werde.

Es war im Februar 2009 und ich packte meine Koffer. Auf Wiedersehen, altes Leben, hallo Winnenden. Winnenden? Ich hatte keine Ahnung, wo genau das sein sollte, war aber bereit für einen Neuanfang. Mein Flieger ging nach Stuttgart und von dort aus würde ich mich dann bis nach Winnenden durchkämpfen. Noch ahnte ich nicht, dass ein paar Wochen später die ganze Welt Winnenden kennen würde.

Was ich dort wollte? Ich hatte die Chance bekommen, ein Praktikum bei einem Musikpromoter zu machen, »um mal die Arbeit hinter den Kulissen kennenzulernen«. Musik, eine neue Stadt und eine neue, spannende Aufgabe klangen nach einer tollen Chance, meinen Horizont zu erweitern.

Als ich in Winnenden ankam, fühlte sich alles für mich sofort richtig an: die Stadt, die Leute, der Job. Ich würde von nun an in einem familiären Umfeld in einer kleinen Bürogemeinschaft arbeiten. Für die anderen Firmen, mit denen wir uns die Büroräume teilten, arbeiteten junge Leuten zwischen zwanzig und dreißig Jahren – die Eckdaten waren perfekt für eine gute Zeit. Ich freute mich auf die Erfahrung, die vor mir lag.

Gleich am ersten Abend stand mir meine erste Herausforderung bevor. Ich sollte mit Promoter und Konzertveranstalter Micha essen gehen. Super Idee, hätte Micha nicht eine Freundin in meinem Alter gehabt, der bei unserem Zusammentreffen ins Gesicht geschrieben stand, was sie von Blondinen mit Chihuahua in rosafarbener Hundetasche hielt. Und die selbstbewusst genug war, um ihren abschätzigen Gesichtsausdruck nicht nur nicht zu verstecken, sondern sogar minutenlang beizubehalten. Das konnte ja heiter werden. Und das wurde es dann auch.

Ich versuchte, das Eis zwischen uns zu brechen, und erzählte ihr, wie ich zu meiner Hündin Cosita gekommen war, dass ich gegen überzüchtete Hunde war und sie aufgenommen hatte, weil sie in ihrem alten »Zuhause« getreten und geschlagen worden war.

Ich erklärte ihr dann noch, dass Sita eine so lange, raushängende Zunge hatte, weil sie damals als »SOS-Hunde-Notfall« mit einem gebrochenen Kiefer zu mir gebracht worden war. Ich plauderte einfach drauflos und erzählte, dass ich die Kleine mit der Hand fütterte, also dreimal am Tag eine halbe Stunde lang Essen in ihr kleines Mäulchen legte. Das waren immerhin 1,5 Stunden, in denen ich auch Sinnloses tun könnte, wie so viele andere.

Der Gesichtsausdruck meines Gegenübers hellte sich auf und urplötzlich hatte ich eine sehr nette Gesprächspartnerin. Jule, so hieß sie, empfand – wie ich – eine schon fast fanatische Liebe zu Tieren. Das war nur die erste von vielen Gemeinsamkeiten, wie sich im Laufe des Abends herausstellte. Wenig später hatten wir uns schon so gut angefreundet, dass wir einen Anschlag auf eine Pelzmodenschau planten und zusammen die Weltmeere bereisen wollten.

Ein paar Tage später zog ich in dasselbe Haus, in dem auch Jule und Micha wohnten und in dem es eine Bar gab, die Micha gehörte. Das hatte den Vorteil, dass ich in meiner neuen Umgebung schnell Anschluss fand. Das Lokal war mein Zufluchtsort vor, nach und (ab und zu auch) während der Bürozeiten. Manchmal ging ich auch rauf zu Jule, die immer einen Martini für mich hatte, mit mir Abende lang Disney-Klassiker anschaute und bei den traurigen Szenen mit mir heulte.

Meine Wohnung in diesem Haus war ein wenig speziell. Unter den Stammgästen war sie schon bald als »das Wohn-Klo« verschrien und ich musste zugeben, die Beschreibung passte. Ein Zimmer, zwei Herdplatten, eine Dusche, von der aus ich entweder aufs Bett oder zum Fernseher schauen konnte. Die Toilette war – wie angenehm – im Treppenhaus. Als Erstes kaufte ich mir Vorhänge, da ich bald herausfand, dass der Sohn meines Vermieters gern auf der Terrasse stand und in anderer Leute Zimmer schaute. Zugegeben, meine Wohnsituation war alles andere als luxuriös, aber die Menschen, die ich in Winnenden kennenlernte, machten das alles wieder wett.

Ich lebte mich schnell ein und auch beruflich lief es gut. Micha besorgte mir im Laufe der ersten Wochen ein paar Möglichkeiten zum Singen, ich machte das ein oder andere Casting und lernte jede Menge tolle Menschen kennen. Und dann?

Es war der 11. März 2009. Nie werde ich diesen Tag vergessen, nie werde ich die Menschen und ihr Leid vergessen, die Angst und Trauer, die sich lähmend über eine ganze Stadt legten. Ich war gerade im Büro angekommen, hörte Sirenen und dann klingelte auch schon mein Handy. Es war Jule. Sie sagte, ich sollte unter keinen Umständen aus dem Haus gehen, ein Amokläufer sei unterwegs.

Stopp, zurück, falscher Film.

So etwas passiert vielleicht weit weg in den USA. Obwohl … in Erfurt hatte es auch schon einen Amoklauf gegeben. Aber hier? Jetzt? Ich setzte mich an den Computer, um herauszufinden, ob schon irgendetwas dazu im Internet stand. Da las ich: Amoklauf in der Albertville-Realschule. Und es war von immer mehr Toten die Rede. Die Tochter meines Chefs war auf dieser Schule und erst gestern hatte ich sie vertröstet und gesagt, dass wir ein andermal schwimmen gehen würden. Banal, aber in diesem Moment schämte ich mich dafür. Und betete, dass ihr nichts passiert sei.

Meine Gebete und die ihrer Familie wurden erhört. Die Gebete anderer Familien nicht. An diesem Tag starben 15 Menschen und elf Menschen kamen teils schwerverletzt ins Krankenhaus. Das Ausmaß der seelischen Schäden, die die Schüler, ihre Familien und Freunde davongetragen haben, ist in Zahlen nicht auszudrücken.

Am Mittag holte Jule mich vom Büro ab. Sie war ungewöhnlich ruhig, hatte es aber sehr eilig: Wir müssten schnell zurück in das Lokal, dort seien überall Journalisten, die die Schüler nach Informationen ausfragten.

Als wir sie betraten, waren Kellner und Stammgäste dabei, immer und immer wieder Journalisten zu erklären, dass dort keine Interviews geführt werden und keine Aufnahmen gemacht werden sollten. Die Schüler, die schon immer in das Lokal gekommen waren, sollten auch in Zukunft einen Zufluchtsort haben, ohne Presse, ohne Fragen, ohne Fotos.

Irgendwann abends waren alle gegangen und es war still geworden. Jule saß ausgelaugt neben mir und starrte stumm vor sich hin.

Diesen leeren Blick hatte ich an diesem Tag in vielen Augen gesehen. Wir waren alle wie gelähmt. Ich mochte mir gar nicht vorstellen, was all die Schüler an diesem Tag durchleiden mussten. Viele von ihnen hatten Klassenkameraden, Lehrer, ja, Freunde verloren. Das Leben dieser Menschen würde nie wieder dasselbe sein.

In den nächsten Tagen wurde ganz Winnenden von Reportern beherrscht, die Bilder machten: von weinenden Menschen, die das alles nicht begreifen konnten, von Verzweiflung, die jeden zu lähmen schien, von einer Anteilnahme, die sich in einem Blumen- und Kerzenmeer und unzähligen Umarmungen ausdrückte.

Ich saß mit all diesen Menschen zusammen, die in den nachfolgenden Tagen gegen einen Ansturm von Trauer, Wut und Ratlosigkeit kämpften und die teilweise schamlose Berichterstattung der Medien ertrugen. Menschen, die zusammenrückten und sich gegenseitig Halt gaben.

Winnenden. So schnell wird sich niemand mehr fragen, wo das eigentlich ist. Und ich werde meine Zeit dort nie vergessen.

Unsichtbarer Feind

Prinzessin Xenia fragt sich, wie man ein Testament schreibt, und wird neu geboren

Es gibt Tage, die erst im Nachhinein eine große Bedeutung für das eigene Leben bekommen. Sie verkleiden sich als ganz normale Tage, doch wenig später stellt sich heraus, dass an ihnen etwas Wichtiges begann. So war es auch mit diesem einen sonnigen Tag im Jahre 2007. Ich war gut gelaunt aufgestanden, unter die Dusche gegangen und als ich den Duschvorhang zur Seite schob, fiel ich einfach um. Bumm. Ich rappelte mich auf und stand erst mal vor dem Spiegel. Durchatmen, klarkommen und verstehen, was da gerade mit mir und meinem Körper passiert war. Wahrscheinlich hatte ich einfach zu heiß geduscht und mein Kreislauf hatte versagt. Ich machte mir keine Sorgen und lebte einfach weiter.

So lange, bis es immer und immer wieder passierte. Von einem auf den anderen Moment wurde mir einfach schwarz vor Augen – jetzt war mir klar, dass es etwas Ernstes war. Etwas, an das ich ganz und gar nicht gern erinnert wurde.

Es begann an einem Tag im Jahr 1996. Ich war zehn Jahre alt, ging zur Schule und hatte gerade Schwimmunterricht – eines meiner Lieblingsfächer! Ich hatte erst vor Kurzem das Seepferdchen geschafft und von Bronze war ich auch nicht mehr weit entfernt. Ich planschte mit den anderen Kindern aus meiner Klasse, als mir ein Junge ins nasse Haar fasste und plötzlich schrie: »Ihhh, wie eklig, sie hat ein Horn!«

Was, ein Horn? Sofort tastete ich meinen Kopf ab. Er hatte recht. Ich hatte eine Beule an der linken Seite meines Schädels. Der Lehrer wurde verständigt, meine Mutter holte mich von der Schwimmhalle ab und schon am Mittag saß ich mit meiner Mutter beim Arzt. Der überwies mich sofort an einen Neurologen. Dort wurde mit mir unter anderem ein CT gemacht – ein sehr seltsamer Test für ein Kind. Ich fragte mich natürlich, was das alles bedeutete. Dann kam die Diagnose: Ich hatte einen Tumor im Schädelknochen. Meine Mutter war fassungslos, fing an zu weinen und fragte den Arzt, ob man den Tumor herausoperieren könne. Er sagte Ja, doch dann hätte ich nur eine Überlebenschance von fünfzig Prozent. Meine Mutter fragte, was er tun würde, wenn ich seine Tochter wäre. Und er sagte ihr, er würde abwarten, ob der Tumor wächst.

Ich fühlte im ersten Moment gar nichts – es waren einfach zu viele Informationen auf einmal für mich. Es machte mich nur ohne Ende traurig, dass meine Mutter weinte. Während sie sich weiter mit dem Arzt unterhielt, dachte ich nach: Der Arzt hatte das Wort »Tod« in den Mund genommen. Wenn Mami jetzt schon so traurig war, obwohl ich ja noch lebte, was wäre dann erst, wenn es wirklich so weit kommen würde? Vielleicht klingt es komisch, aber das Sterben machte mir keine Angst. Menschen werden geboren und sterben irgendwann, das war mir damals schon klar. Doch gehen wollte ich noch lange nicht.

Der Arzt sagte mir dann, dass sich jetzt einiges für mich ändern würde. Bei einem Sturz auf den Kopf könnte ich sterben – das hat er mir wirklich mit meinen zehn Jahren so gesagt, ohne Umschweife. Meine Mutter und der Arzt diskutierten, ob ein Helm infrage käme, um das Risiko zu verringern. Aber das wollte ich nicht. Ein Helm! Wie würde ich denn bitte mit einem Helm aussehen?

Mir war nun alles verboten, wobei ich meinen Kopf verletzen konnte. Beim Toben, Springen und auf dem Klettergerüst musste ich von nun an sehr, sehr, sehr vorsichtig sein.

Aber das Leben musste weitergehen. Also lebte ich mit dieser Einschränkung und lernte, damit umzugehen. Die Zeit verging und der Tumor wuchs langsam vor sich hin.

Und da wären wir wieder bei mir im Alter von zwanzig Jahren angekommen: Ohne Vorwarnung fiel ich um. Immer wieder. Von einem Moment auf den anderen wurde mir schwarz vor Augen und bei jedem einzelnen Mal war ich mir sicher: Jetzt sterbe ich. Diese Anfälle konnten nur bedeuten, dass der Tumor inzwischen auf mein Gehirn drückte. Natürlich machte mir das Angst, aber ich war nicht panisch. Nein, ich hatte mich in den letzten zehn Jahren psychisch auf meinen Tod vorbereitet. In dieser Zeit hatte ich jedes erdenkliche Szenario durchgespielt. Ich hatte inzwischen verstanden, was der Tumor bedeutete und im schlimmsten Fall auch anrichten konnte. Und mit der Zeit akzeptierte ich es einfach. Ich wollte weiß Gott nicht sterben. Noch nicht. Doch das Ding in meinem Kopf war kein Spaß, keine Lapalie. Es war die Realität, meine Realität, mit der ich umgehen musste.

Ich flog nach Berlin. Dort gibt es eine Klinik, die die fortschrittlichste Technik für solche neurochirurgischen Eingriffe hat. Es ging alles sehr schnell und bald stellte sich heraus, dass meine Befürchtungen wahr geworden waren: Die Röntgenbilder zeigten, dass der Tumor nun schon mein Gehirn »küsste«. Wir mussten handeln. Ich sollte so schnell wie möglich operiert werden.

Mir war klar, dass ich bei dieser Operation sterben könnte. Noch am selben Abend setzte ich mich hin, um mein Testament zu schreiben, meine letzten Worte an die Welt, die ich so sehr liebe, meine Familie und Freunde. Es war unglaublich traurig, das alles aufzuschreiben – es fühlte sich so endgültig an und genau das wollte ich ja nicht. Ich weinte die ganze Zeit beim Schreiben, weil mir der Gedanke daran, dass meine Lieben um mich trauern, so unendlich wehtat. Ich hatte einen riesigen Kloß im Hals, der mich immer wieder dazu zwang, beim Schreiben eine Pause einzulegen. Aber es musste sein und ich versuchte, es einfach als einen der Schritte in meinem Abschiedsprozess zu sehen.

Wie schreibt man sein Testament? Ich hatte keinen Schimmer. Um mein Hab und Gut ging es mir bei der Sache nicht – es war mir ziemlich egal, was damit passieren würde. Ich wollte nur Abschied nehmen und allen Menschen, die mir etwas bedeuteten, etwas Liebes mit auf den Weg geben.

Nachdem ich mein Testament geschrieben hatte, sah ich in den Spiegel. Meine Haare waren damals braun und lang, doch ich hatte schon Jahre vorher beschlossen, dass ich mit der Haarfarbe sterben wollte, mit der ich geboren worden war. In der letzten Nacht vor meiner OP schnitt ich mir die Haare ab und färbte sie blond.

Der letzte Rest Nacht, der dann noch vor mir lag, war ehrlich gesagt die Hölle. Ich hatte fürchterliche Angst und fühlte mich schrecklich allein. Ich bat die Nachtschwester, mir ein Beruhigungsmittel zu geben, und schlief ein ...

Am nächsten Tag hatte ich ein letztes Gespräch mit dem Arzt, der die Operation durchführen würde. Er erklärte mir, dass er mit einer Knochensäge meine linke Schädeldecke entfernen und so den »verseuchten« Knochen eliminieren würde. Sie wollten mir also im Ernst ein Stück meines Kopfes wegschneiden. Aber wenn das meine Chance auf Rettung war, sollten sie es tun. Wenn die blöden Kopfschmerzen und dieser ganze ewige Tumoralbtraum damit ein Ende haben würden, bitte!

Ich gab meinen Lieben noch einen Kuss und wurde in den Operationssaal gefahren. Ich war bereit – insofern man für so was überhaupt bereit sein kann. Der letzte Satz des Arztes war: »Wenn Sie aufwachen, werden Sie den Druck im Kopf nicht mehr spüren.« Wow, keine Kopfschmerzen mehr, die fast zehn Jahre zu meinem Leben dazugehört hatten. Fantastische Aussichten, oder? Aber mir machte die Situation natürlich Angst, um ehrlich zu sein hatte ich sogar unglaubliche Panik. Doch anmerken lassen wollte ich es mir nicht. Ich wollte stark sein. Die Angst besiegen, ohne Tränen und Geschrei.

Nach der Operation

Als ich aufwachte, hörte ich mich selbst schreien – so laut, wie ich noch nie jemanden schreien gehört hatte. Ich sah Leute um mich herum, aber alles war noch so verschwommen, nur dieses laute Schreien umgab mich. Dann wurde alles wieder dunkel ...

Beim nächsten Aufwachen spürte ich nichts, gar nichts, konnte aber auch nicht sprechen. Ich schaute mich verzweifelt um ... Was war passiert? Der Chefarzt erklärte mir, dass er mich in eine Art Wachkoma versetzt hätte, da meine Schmerzen zu stark gewesen seien. Nach der OP hatte ich vor lauter Schmerzen den Blutschlauch aus meiner Wunde gerissen – deswegen war ich ruhiggestellt worden.

Okay. Da lag ich also nun tagaus, tagein und konnte mich nicht bewegen, aber hey: Ich lebte. Ich machte mir in dieser Zeit eine Million Gedanken über das Leben, seinen Sinn, wie es weitergehen könnte, was ich noch alles tun und erreichen wollte und wie dankbar ich war, dass ich noch da sein durfte.

Ungefähr eine Woche später ging es mir schon viel besser. Ich bekam meinen ersten Besuch von meiner Familie und ein paar Freunden. Und ich sah das erste Mal in den Spiegel. Was für ein Anblick! Eine acht Zentimeter lange, blutverschmierte Reihe von Klammern ragte aus meinem Kopf und ein dickes Loch klaffte über meiner linken Augenbraue. Was war das denn bitte? Von einer Narbe in meinem Gesicht war doch nie die Rede gewesen! Die schockierte mich in dem Moment viel mehr als die riesige, blutverschmierte, mit unzähligen Klammern versehene Wunde.

Bald durfte ich auch wieder selbstständig etwas Festes essen. Hunger hatte ich eigentlich nicht, doch ein wenig Appetit war wieder da. Ich wollte gern ein kleines Glas Orangensaft haben. Frischgepresst natürlich, wenn schon, denn schon. Da ich den Geschmack von Zahnpasta und Orangensaft besonders liebe, hatte ich mir extra vorher die Zähne geputzt. Klar hatte ich schon tausendmal Saft getrunken, doch dieses Mal war es irgendwie anders als sonst. Ich nahm plötzlich jede Geschmacksfacette wahr, die sich auf meiner Zunge ausbreitete. Ich fühlte mich wie neugeboren. Ein unbeschreibliches Gefühl! Ich war so dankbar, trinken zu können, schmecken zu können, einfach: zu leben. Meine Genesung ging unglaublich schnell. Drei Wochen nach der OP tanzte ich schon wieder mit meinen Kopfhörern durch das Krankenhaus. Bis ich endlich nach Hause durfte.

Ich ging mit einem erhabenen Gefühl aus der Klinik. Ganz ehrlich, was sollte mir jetzt noch etwas anhaben können? Ich hatte etwas wirklich Schreckliches erlebt, mir war der Kopf aufgesägt worden und ich hatte im Koma gelegen, doch ich hatte überlebt. Dieses Gefühl ist vergleichbar mit dem Erreichen eines lang ersehnten Traumes.

Schon im Krankenhaus – in der langen Zeit des Nachdenkens – hatte ich mir überlegt, mir ein Tattoo stechen zu lassen, das mich jeden Tag daran erinnern sollte, dass mein Leben und jede Sekunde davon wertvoll sind und ich einfach alles tun kann mit meiner neu geschenkten Zeit. Nach längerem Überlegen entschied ich mich für einen Schmetterling. Das Symbol für Entwicklung. Ich verband ihn mit Wiedergeburt und Schönheit. Aber wo sollte der Schmetterling hin? Auf mein rechtes Handgelenk, hier würde ich ihn jeden Tag sehen. Die Farben? Lila, Rosa, Türkis, Gelb und Weiß. Alle Farben, die mich mit Freude und Wohlbefinden erfüllen. Perfekt.

Ich war einfach nur dankbar – dankbar, dass ich eine zweite Chance bekommen hatte und weiterleben durfte. Und das bin ich bis heute.

Es ist noch nicht überstanden

Seither bin ich froh, dass es ein Leben nach der OP gibt. Ein tolles, aufregendes Leben. Was kann es mich da groß kümmern, dass ich im Jahr 2017 noch einmal auf den OP-Tisch muss? Die Schrauben müssen entfernt werden und auch das ist mit einem Risiko verbunden. Aber ganz ehrlich? Nach dieser einen OP kann mich so leicht nichts mehr in Panik versetzen.

All diese Operationen sind einfach Dinge, die getan werden müssen. Ich sehe das heute eher distanziert, als wäre ich die Heldin meines eigenen Videospiels: Xenia muss sich von Level zu Level vorarbeiten, wenn sie Glück hat, gibt es Extra-Leben (so wie nach meiner letzten OP) und zum Schluss wartet der Endgegner. Meine nächste OP ist für mich quasi der Endgegner im Tumor-Level. Das mag vielleicht makaber klingen, aber ich kann auf diese Weise gut damit umgehen. Ich habe noch viel vor in meinem Leben und ich vertraue einfach darauf, dass es gut gehen wird. Denn wer sollte sonst meine Aufgaben übernehmen? Das kann nun wirklich niemand …

Es gibt bei der Sache sogar etwas, worauf ich mich freuen kann. Nachdem ich den Endgegner zur Strecke gebracht habe, werde ich mich mit etwas Schönem belohnen. Diese Strategie hat sich bei mir schon in vielen Lebenslagen bewährt. Was das für eine Belohnung sein wird? Das weiß ich noch nicht. Vielleicht ein Pony, vielleicht ein Magnum Mandel. Einfach etwas, das mich in diesem Moment glücklich macht.

Prinzessin in der Nacht

Prinzessin Xenia erzählt von den Monstern unter ihrem Bett

Im Leben jedes Menschen gibt es Dinge, die ihm Angst machen. Wer das Gegenteil behauptet, ist nicht ganz ehrlich oder hat Angst, sich zu blamieren, da bin ich mir sicher. Früher waren es mein böser Physiklehrer und die Matheprüfung, die mir schlaflose Nächte und Kopfzerbrechen bereiteten. Heute sind es vor allem die normalen Sorgen eines Erwachsenenlebens, die mich beschäftigen. Eins habe ich gelernt: Ängste ändern sich, je älter man wird, und abhängig davon, was einem in diesem Alter gerade wichtig ist.

In meiner Kindheit hat mich ein Ereignis viele Jahre lang verfolgt und immer wieder dafür gesorgt, dass ich Angst hatte. Als ich ungefähr zehn Jahre alt war, wurde im Haus meiner Familie eingebrochen. Wir kamen aus einem wunderschönen Disneyland-Urlaub und fanden unser Haus total verwüstet vor. Ich begriff nicht sofort, was so ein Einbruch bedeutete. Im ersten Moment freute ich mich sogar, denn die Räuber hatten beim Durchwühlen der Schubladen im Kinderzimmer meinen Baby-Born-Brei gefunden, den ich schon ewig gesucht hatte. Erst mit der Zeit verstand ich, was da passiert war: Fremde Menschen waren in unsere Privatsphäre eingedrungen. Als dieser Gedanke bei mir angekommen war, hatte ich Angst, Angst davor, dass jemand einfach so in unser Heim spazieren würde und wir nichts dagegen tun könnten.

Ich muss zugeben, dass die Crime-Serien, die ich mir damals immer heimlich im Fernsehen ansah, die Sache nicht gerade besser für mich machten. Sagen wir, mein Trauma war damit komplett: Ich bekam Albträume, dass jemand in der Nacht kommen und mich umbringen würde. Als ich älter wurde, fürchtete ich mich, beim Joggen überfallen zu werden. All das waren Spätfolgen des Einbruchs. Diese eine Erfahrung aus der Kindheit schränkte mich ein, bis ich lernte, damit umzugehen. Ich machte mir klar, dass es unwahrscheinlich war, im Leben mehrmals überfallen zu werden, und ich begriff, dass es keinen Sinn hatte, ständig in Angst zu leben. Als ich das verinnerlicht hatte, legten sich meine übertriebenen Befürchtungen. Meine Angst von damals wurde zu einer gesunden Furcht vor bestimmten »Gefahrensituationen«.

Eine Sache ist mir seitdem aber geblieben: Ich habe einen sehr leichten Schlaf, der später in meinem Leben sogar noch leichter werden sollte, als ich mich auf Mallorca um kleine misshandelte Hundewelpen kümmerte. Ein leiser Windzug, ein Fiepen oder Schritte im Haus und ich stehe kerzengerade in meinem Bett. Aber damit kann ich leben und es passiert auch eher selten: In meiner Wohngegend ist es nämlich ziemlich ruhig.

Eines der furchtbarsten Erlebnisse meines Lebens, das bei mir deutliche Spuren hinterlassen hat, war der Tod meines Wahlcousins Max, von dem ich hier bereits erzählt habe. Als Max so plötzlich aus unser aller Leben verschwand, wurde mir klar, es kann jeden Moment vorbei sein. Ich hatte einfach wahnsinnige Verlustangst, manchmal bekam sich sogar kleine Panikattacken. Ständig musste ich daran denken, wie furchtbar es wäre, ein Familienmitglied oder einen Freund zu verlieren. Nachts träumte ich davon und wachte schweißgebadet und weinend auf.

Es hat Jahre gedauert, bis es besser wurde, aber mit der Zeit habe ich auch diese Angst in den Griff bekommen. Dabei hat mir vor allem meine Spiritualität geholfen. Ich glaube, dass alles im Leben einen Sinn hat und somit auch der Tod vorbestimmt ist. Diese Erkenntnis half mir, den Tod von Max anders zu beurteilen. Die Trauer darüber, dass er von uns gegangen war, bestimmte nicht mehr meine Gedanken, sondern ich war glücklich darüber, dass ich die vielen schönen Tage mit ihm habe verbringen dürfen, dass ich Teil seines Lebens gewesen war, und ich war dankbar dafür, dass seine Musik für immer da sein würde, um uns alle an ihn zu erinnern.

Erst als ich den Tod von Max wirklich verarbeitet hatte, verstand ich, warum ich so lange nicht von meiner Angst losgekommen war. Ich hatte viel zu sehr an meinem Körper gehangen, hatte mich zu sehr auf die »Materie« konzentriert. Bis mir klar wurde, dass unser Körper nur eine Hülle ist. Nicht unser Körper macht uns aus, sondern unsere Seele, und diese bleibt auch nach dem Tod lebendig. Es ist also niemals wirklich »vorbei« mit uns, wir wechseln nur unsere Hülle.

Meine heutigen Ängste sind wohl sehr viel weniger existenziell und manche Leute finden sie bestimmt eher seltsam. Ich bin sie bis heute nicht losgeworden, sondern habe sie als einen Teil von mir akzeptiert. Nummer eins: Ich habe Angst vor Masken, ja, ich hasse sie sogar. Daher ist Karneval auch nichts für mich. Ein kreatives Kostüm? Wundervoll. Eine Mottoparty? Kein Problem. Aber auf einem Maskenball wäre ich in meiner persönlichen Hölle.

Ein Mensch, der sich maskiert, ist für mich unheimlich. Nicht umsonst ist es in den Horrorfilmen immer der Psycho, der sein Gesicht versteckt, und bei Gangsterfilmen sind es die Bankräuber, die Masken tragen. Für mich verheißen sie einfach nichts Gutes, es ist doch verdächtig, wenn jemand sein Gesicht verbirgt. Ich muss einem Menschen in die Augen sehen können, um seine Seele zu erkennen. Die Mimik einer Person sagt so viel über sie aus. Daran erkennen wir, wie sich jemand fühlt, ob er nervös oder verliebt ist, oder ob er etwas im Schilde führt. Eine Maske lässt all diese Rückschlüsse nicht zu. Es ist vielleicht eine ungewöhnliche Angst, aber ich stehe dazu: Menschen, die Masken tragen, finde ich unheimlich.

Kommen wir zur Angst Nummer zwei: meiner Angst vor der Dunkelheit. Ich brauche immer ein kleines Licht im Zimmer, damit ich einschlafen kann. Menschen, die bei heruntergezogenen Rollläden komplett im Dunkeln schlafen, kann ich wirklich nicht verstehen. Ich liebe das Licht und wenn ich mir eine Zeit zum Schlafen aussuchen könnte, dann wäre es zwölf Uhr mittags, wenn die Sonne ganz hoch am Himmel steht. Andere sagen »Mahlzeit«, ich sage »süße Träume«.

Jeder Mensch hat Ängste und ich finde, man sollte sich nicht für sie schämen. Auch sie machen uns zu dem, der wir sind, und zeigen vor allem eins: unsere menschliche Seite.

Über den Wolken

Prinzessin Xenia ignoriert die Zeichen und rast im Sturzflug Richtung Erde

Manche Momente in meinem Leben sind mir so präsent, als wären sie eben gerade erst passiert. Wenn das Adrenalin durch den Körper schießt, scheint sich die Erinnerung wie ein Video ins Hirn zu brennen.

Es war ein Sonntag im November 2009, ich war zu Besuch bei meiner Familie. Das Wetter war kalt und es regnete wie aus Eimern. Meine Mami hatte gerade eine Operation am Fuß hinter sich und ich spielte ein paar Tage die Krankenschwester für sie. Dann hieß es Abschied nehmen, aber mit dem Fuß konnte meine Mutter mich nicht zum Flughafen fahren. Ein Zeichen? Wer weiß das schon. Ich musste von Düsseldorf nach München fliegen, eigentlich keine große Sache.

Also rief ich meinen besten Freund Halil an, der hatte aber auch keine Zeit. Da ich mein Hündchen Josy dabeihatte und die Zeit mir weglief, wollte ich nicht mit der Bahn fahren. Also telefonierte ich weiter. Doch niemand hatte Zeit – vielleicht hätte mir spätestens in dem Moment klar sein sollen, dass es keine gute Idee war, nach München zu fliegen.

Wenig später rief mich dann aber Halil zurück und sagte, dass ein Freund von ihm mich fahren würde. Schön, dann aber schnell. Und schon waren wir auf dem Weg zum Flughafen. Es regnete immer noch und die Straßen waren glatt wie eine Eislaufbahn. Egal, weiter … bloß nicht den Flug verpassen!

Am Flughafen angekommen, hetzte ich zum Schalter und erreichte gerade eben noch das Gate. Schnell verstaute ich Josy unter meinem Sitz in einer Hundetasche und lehnte mich zurück. Puh, das war wirklich auf die letzte Sekunde.

Und dann tönte auch schon eine Bandansage durch die Lautsprecher: »Bitte schnallen Sie sich jetzt an und schalten Sie Ihre Mobiltelefone aus.«

Ich sah mich um. Neben mir saß ein Mann, um die fünfzig Jahre alt, mit einer Angst im Blick, die mir sofort auffiel. Ich fragte ihn, was denn los sei. Er antwortete: »Ich habe Angst vorm Fliegen.«

Ich beruhigte ihn und sagte, dass ein Tier eine Katastrophe vorhersehen könne und dass Josy bellen würde, wenn etwas nicht in Ordnung sei, und dass ich auf gar keinen Fall in einem Flugzeug sterben würde, also solle er sich keine Sorgen machen.

Und tatsächlich, ich schien ihn beruhigt zu haben. Er sagte, es ginge ihm bereits besser, und wenig später hob das Flugzeug auch schon ab. Als wir die nötige Flughöhe erreicht hatten, tippelten die Stewardessen durch den Gang und brachten uns Getränke. Mit einem Tomatensaft und einem Bier prosteten mein Nachbar und ich einander zu: Auf das Leben! Er lächelte.

Ich lehnte mich entspannt in meinem Sitz zurück und schaute aus dem Fenster. Dann war da plötzlich ein helles Licht hinter uns. Bestimmt ein Blitz, dachte ich mir. Das Flugzeug wackelte wie bei leichten Turbulenzen, nichts Weltbewegendes.

Ich drehte mich zu dem Mann im Sitz neben mir um und sagte: »Sagen Sie sich immer wieder: Alles ist gut und alles bleibt gut, immer wieder, dann geht es Ihnen besser.« Als ich das sagte, fing Josy plötzlich an zu bellen, und was ich auch versuchte, ich konnte sie nicht stoppen.

Die Turbulenzen wurden heftiger und so langsam bekam auch ich Angst. Aber solange die Stewardessen ruhig blieben, war ja alles okay, dachte ich mir.

Bis das Flugzeug von einer Sekunde zur anderen im Sturzflug Richtung Erde raste und der Snackwagen mit voller Wucht gegen die Tür zum Cockpit knallte. Die Stewardessen hielten sich an den Sitzen der Passagiere fest und fingen an zu schreien.

Das löste so eine Art Massenpanik aus, denn jetzt weinten und schrien alle im Flugzeug. Ich sah aus dem Fenster. Die Lichter der Stadt unter uns kamen unglaublich schnell näher. Ich war mir sicher, ich würde gleich sterben. In dem Moment war es wie im Traum, ich hatte keine Angst, es war alles wie in Zeitlupe. Die Sauerstoffmasken fielen von der Decke. Wahnsinn, so was passiert hier gerade wirklich! Krass! Ich setzte mir die Maske auf und überlegte noch, wie ich sie mit Josy teilen könnte, als mich jemand am Arm berührte. Ich drehte mich nach rechts und sah meinen Sitznachbarn, seinen Gesichtsausdruck werde ich niemals vergessen. Er stand offensichtlich unter Schock und brauchte Hilfe. Ich schnallte mich ab und setzte ihm eine Sauerstoffmaske auf Mund und Nase. Ich nickte. Er nickte. Ich ließ mich auf meinen Sitz zurückfallen und schnallte mich wieder an. Dann wurde es irgendwie leiser um mich herum …

Mir war schwindelig. Kurz bevor mir schwarz vor Augen wurde, hatte ich einen Gedanken, mit dem ich in so einer Situation nie gerechnet hätte. Klar hatte auch ich mir früher schon bei Flügen mal Gedanken gemacht, was ich tun würde, wenn *es* passiert. Und damals hatte ich folgenden Plan geschmiedet: Ich wollte schnell mein Handy rausholen, meine Mutter anrufen und ihr sagen, dass ich sie unendlich liebe.

Doch in der Realität, in diesem unwahrscheinlichen Moment, denkt man ganz anders. Ich dachte mir: Xenia! Du gehst jetzt nicht ins Meer, weil du keine Kiemen hast. Aber warum, bitte, bist du in der Luft? Hast du Flügel? Nein.

Wären das meine letzten Gedanken gewesen, muss ich sagen, mein letzter Moment wäre nicht mein hellster gewesen. Aber damals im Flugzeug habe ich genau das gedacht. Am Ende dieses Gedankens wurde alles schwarz um mich herum und ich schloss erstaunlich schnell mit meinem Leben ab und fühlte nur noch diese Gewissheit: Jetzt stirbst du also.

Dann fiel ich in Ohnmacht.

Ich spürte einen Ruck an meiner Brust, als würde mich jemand wiederbeleben, und wurde wach. Das Flugzeug zog nach oben. Ich sah aus dem Fenster. Die Häuser waren so verdammt nah ... Ich musste nur kurz weggetreten gewesen sein. Nach oben fliegen ist gut – alles wird gut, schoss es mir durch den Kopf. Der Mann neben mir sah allerdings gar nicht gut aus. Mir war ja schon schlecht, aber er saß nur da, starrte apathisch nach vorn und sagte nichts.

Dann überkam mich eine unglaubliche Übelkeit. Ich will hier nicht ins Detail gehen, nur so viel: Ich brauchte nicht nur *meine* Tüte, sondern auch die meines Sitznachbarn.

Wenig später landeten wir. Am Flugplatz München erklärte man uns, dass erst ein Triebwerk ausgefallen sei und kurze Zeit später auch noch das zweite. Ich lauschte den Ausführungen des Mitarbeiters der Fluggesellschaft, doch so sehr ich auch versuchte, mich zu konzentrieren, verstand ich nicht, was er uns über unsere Rettung sagte. Ich stand noch total unter Schock ...

Als Erstes rief ich meine Mami an, sagte ihr ganz ruhig, dass ich gelandet sei, dass es mir gut ginge und dass ich sie unendlich liebe. Beinahe wäre es zu spät gewesen, ihr das zu sagen.

Dieses Erlebnis veränderte meine Sicht auf das Leben vollkommen. Ich war von dem Moment an froh über jede Sekunde, die ich hatte und mit meinen Lieben verbringen durfte. Ich fuhr nach Hause und machte mir erst mal einen Tee. Und als dann langsam bei mir ankam, dass ich gerade dem Tod von der Schippe gesprungen war, verschwand das Lächeln nicht mehr aus meinem Gesicht.

Wahnsinn, dass ich erst mit einem Flugzeug in Richtung Boden rasen musste, um daran erinnert zu werden, dass das Leben kostbar ist und man nie weiß, wann es vorbei ist.

15 Dinge

DIE KEINER ÜBER MICH WEISS

1. Ich sammle Steine
2. Mit 18 habe ich bei einem Wet-T-Shirt-Contest mitgemacht – und gewonnen
3. Manchmal rauche ich eine Zigarette
4. Meine Lieblingszahl ist die Sieben
5. Ich war mal in Freddie Prinze Junior verliebt
6. Fast alle Songs, die ich schreibe, handeln von meinem Ex
7. Mit 18 ließ ich mir ein Nippel-Piercing stechen
8. Manchmal wäre ich gern ein Mann
9. Mit 20 entfernte ich das Nippel-Piercing wieder
10. Ich rede im Schlaf
11. Ich vergesse alle Geburtstage meiner Freunde
12. Ich hasse die Farbe Rot
13. Ich kann sehr gut kochen
14. Ich kann den Lockruf einer Katze nach ihren Jungen perfekt imitieren
15. Wenn ich nervös bin, kaue ich an meinen Fingernägeln

Kapitel 8

Prinzessin von oben

Mein Motto – I love the world

Auswandern auf Prinzessinnenart

Prinzessin Xenia sucht ihr Glück auf der Sonneninsel Mallorca, trifft ein Medium und ändert ihr Leben

Es gibt Orte auf der Welt, in die man sich sofort hoffnungslos verliebt. Und wie das mit der Liebe so ist, wird man meist vollkommen unvorbereitet von ihr überrumpelt. So ging es mir mit Mallorca, wo ich drei Jahre meines Lebens verbrachte.

Diese Liebesbeziehung zwischen Mallorca und mir habe ich genau genommen Michael Ammer zu verdanken. Ich lernte ihn im völligen Tanzrausch auf der Party eines Bekannten kennen. Wir verstanden uns gut und lachten viel. Damals wusste ich nicht, wer er ist oder was er den lieben langen Tag so treibt, er erzählte mir einfach von einer großen Party in Düsseldorf, die er veranstalten würde, und fragte mich, ob ich Lust hätte zu kommen. Party? Aber immer doch, mit 19 denkt man sowieso schon von Montag bis Freitag an das kommende Wochenende und die Ultra-Partys, die es mit sich bringt.

Eingeladen, zugesagt und los ... Das nächste Wochenende sollte ganz im Zeichen der Michael-Ammer-Modelnacht stehen.

Ich wollte dort natürlich nicht allein aufschlagen, sondern mit meiner partywütigen Freundin. Die war aber leider nur mä-

111 FRAGEN AN EINE PRINZESSIN

Wem würden Sie einen Adelstitel verleihen, wenn Sie könnten?

Meinen Freundinnen und den Kindern meiner besten Freundin. Nicht weil ich sie mit Privilegien ausstatten will, sondern weil sie manchmal sagen: »Ich wäre auch gern eine Prinzessin!« Da wäre es doch schön, ihnen diesen Wunsch erfüllen zu können. Eigentlich würde ich alle kleinen Mädchen, die vom Prinzessinsein träumen, zu Prinzessinnen erklären.

ßig begeistert, sie kannte Michael Ammer aus den Medien und hatte eine eher schlechte Meinung von ihm. Doch ich wäre nicht Xenia, wenn ich mich von Meinungen aufhalten lassen würde. Also machte ich einen Schmollmund, klimperte ein wenig mit den Wimpern und schon war sie dabei.

Wenige Stunden später waren wir startklar und um Punkt 22 Uhr stand auch schon die schwarze Limousine vor der Tür, um uns sicher zur Party zu bringen. Wir lachten und feierten schon auf der dreißig Minuten dauernden Fahrt nach Düsseldorf. Dort angekommen, wurde uns die Tür geöffnet und wir wurden direkt durch den VIP-Eingang in Richtung Ammer-Area geführt.

Am berühmten Sofa angekommen, der erste Schock: Ich hatte noch nie zuvor so viele betrunkene, halb nackte Mädchen auf einer kleinen Couch gesehen. Das waren sie also, die Girls, die so gern Models wären. Na ja, es war ihre Entscheidung, wie sie sich kleideten oder wie viel sie tranken, meine Welt war es jedenfalls nicht.

Die Party an sich jedoch war super, wir tanzten, sangen und lachten den ganzen Abend. Am nächsten Tag brauchten wir literweise Kaffee und warme Fußbäder, um uns von all dem Spaß zu erholen. Ein toller Abend, der geradezu nach einer Fortsetzung schrie.

Und die gab es dann auch. Im Frühjahr 2006 bekam ich eine Einladung von Mr Ammer persönlich.

Die große Modelnacht auf Mallorca

Wow, Mallorca, davon hatte ich immer nur gehört, war aber noch nie dort gewesen. Denn diese Insel war nicht gerade das, was sich meine Mutter unter einem schönen Familien-Urlaubsort vorstellte. Das war jetzt meine Chance, die Party-Insel zu sehen und zu erleben, wie es dort wirklich ist. Kurzum, ich packte meinen Koffer und flog in Richtung Balearen.

Schon beim Aussteigen aus dem Flugzeug fühlte ich das andere Klima: warm, ein bisschen feucht und wo ich hinsah: Palmen – ich liebe Palmen!

Der Türsteher der Party-Location »Physical« holte mich vom Flughafen ab und fuhr mit mir dreißig Minuten von Palma in Richtung Osten, das Ziel: Cala Ratjada.

Dort angekommen, beeindruckte mich erst mal das riesige Hotel: im Eingang viel Marmor und ein riesiger Pool in der Mitte der Anlage. Wow! Ich machte mich frisch und ging dann gleich an den Strand, bewaffnet mit meinem MP3-Player und einem Notizbuch. Ich hatte mir vorgenommen, mich vom Meer inspirieren zu lassen und am Strand ein paar Songs zu schreiben.

Nach einer Weile kam ein Geschäftspartner von Michael zu mir und sagte, dass ein Team von ProSieben im Hotel wäre und ob ich denen ein paar Interviews geben könnte. Na klar! Also steckte ich den MP3-Player zurück in die Tasche und ging ins Hotel.

Die Interviews waren ganz nett. Die üblichen Fragen eben: Warum gehst du auf eine Michael-Ammer-Party? Was wirst du trinken? ... etc., nichts Weltbewegendes.

Am Abend machte ich mich dann bereit für die Sause. Doch was war das? Übelkeit und Schweißausbrüche ... Oh, oh! Ich hatte mir einen Magen-Darm-Infekt eingefangen. Damit war die Party für mich gelaufen. Ich verbrachte die Nacht allein im Hotel und war nur in Gedanken bei den Feierwütigen.

111 FRAGEN AN EINE PRINZESSIN

Was ist das Prinzessinnenhafteste, das Sie je gemacht haben?

Ich habe auf einem Ball in einem wunderschönen Kleid getanzt, ich hatte mal einen Benimm-Trainer, ich habe mich schon mal bedienen lassen und ein paar Frösche geküsst ... Ach, was soll ich da sagen, ich bin ja keine Märchenprinzessin auf einem Schloss. Apropos Märchenprinzessin, ich kann mit Tieren sprechen und glaube, dass sie mich auch wirklich verstehen. Ist das nicht sehr prinzessinnenhaft?

Schade, aber da konnte man nichts machen. Am nächsten Tag besorgte ich mir ein paar Mittelchen aus der Apotheke und war dann wieder so fit, dass ich mit den anderen Partygästen essen gehen konnte. Wir trafen uns, um gemeinsam ins Restaurant zu fahren. Keiner war sauer, dass ich bei der Party gefehlt hatte, im Gegenteil, alle hatten sich sehr um mich gesorgt. Wir verabredeten, das gemeinsame Feiern in Deutschland nachzuholen, und machten uns auf zum Restaurant.

Es lag mitten in den Bergen, war urig und dort tummelten sich viele kleine Katzenbabys – für mich als Tierliebhaberin also perfekt! Wir saßen zusammen, genossen ein köstliches Essen und hatten einen wunderbaren Ausblick auf den Sonnenuntergang. Schlagartig wurde mir klar: Hier will ich leben! Und die Idee auszuwandern war geboren.

Beim nächsten Fernsehinterview erzählte ich von meiner spontanen Idee. Die Journalisten waren begeistert und ehe ich mich versah, hatten sie schon einen Immobilienmakler organisiert. Der Besitzer des Restaurants, in dem ich am Abend zuvor gespeist hatte, hatte eine Finca, die er vermieten wollte, und schwupp war ich mit einem Fernsehteam im Schlepptau auf Hausbesichtigungstour.

Ein Haus war schöner als das andere und schneller, als ich »Immobilienmakler« sagen konnte, hatten wir auch schon die erste Episode der Doku-Soap *Xenia wandert aus* im Kasten. Sie lief 2006 auf ProSieben, sozusagen als Mini-Serie in der Sendung *taff*. Ich war damit eine der Pionierinnen der Auswanderer-Sendungen, die wenig später im deutschen Fernsehen so beliebt werden sollten, wie zum Beispiel *Auf und davon*, *Goodbye Deutschland* oder *Mein neues Leben*. Und ich kann aus Erfahrung sagen: Auswandern ist wirklich ein Abenteuer!

Ich wusste nicht, wonach ich eigentlich genau suchte, ich ließ einfach alles geschehen, zum allerersten Mal in meinem Leben. Endlich fand ich nach zahllosen Besichtigungen meine kleine Traum-Finca ungefähr zwei Kilometer von Cala Ratjada entfernt, mitten in den Bergen. Die Miete war vergleichbar mit dem, was ich für meine wesentlich kleinere Wohnung in Deutschland gezahlt hatte. Perfekt.

Jetzt musste ich nur noch meinen Freunden und meiner Familie schonend beibringen, dass ich bereits dabei war, Deutschland den Rücken zuzudrehen. Ei, ei, ei … keine leichte Aufgabe. Aber manchmal muss man eben für seinen Traum über den eigenen Schatten springen.

Ich besprach die Formalitäten mit dem Vermieter, packte meinen Koffer, verabschiedete mich von meinen Mit-Urlaubern und flog zurück nach Hause.

Nach einer Woche der Planung, Organisation und vielen langen Gesprächen war alles bereit für den Umzug in ein neues Leben unter der Sonne der Balearen.

Mallorca, ich komme!

Nun stand ich in meiner Finca, mit gefühlten hundert Kartons, und musste mich erst einmal sammeln. Wahnsinn, ich hatte es wirklich getan, ich war ausgewandert! Was für ein Gefühl. Sofort stürzte ich mich in mein neues Leben. Ich war total euphorisch und kam aus der Freude des Dekorierens und Sonne-Genießens gar nicht mehr heraus. Schnell lebte ich mich ein, machte Spaziergänge durch die Stadt und lernte viele Bewohner kennen. Ich ging

111 FRAGEN AN EINE PRINZESSIN

Was ist Ihr Lieblingsaccessoire und welche Geschichte steckt dahinter?

Mein Lieblingsaccessoire ist eine Kette mit goldenem Medaillon, die meine Mutter mir geschenkt hat. In dem alten Medaillon sind ein Foto meiner Schwester und eines meiner Mutter. Ich trage die Kette immer um den Hals, weil sie mir das Gefühl gibt, meine Familie bei mir zu haben, auch wenn sie in Wirklichkeit weit weg ist. Ansonsten trage ich eigentlich kaum Schmuck.

mittags essen, kaufte mir ein Schlagzeug und verbrachte Stunden im Pool.

Nach und nach lernte ich auch die Insel-Berühmtheiten kennen. Jürgen Drews und seine Familie wurden gute Freunde, Michael Wendler fand ich äußerst seltsam, und ich traf eins meiner Jugendvorbilder: DJ Sammy. Alles war einfach nur wundervoll und harmonisch.

Mit diesen neuen Freunden machte ich erst mal einen drauf. Nicht nur am Wochenende, nein, Mallorca schläft im Sommer niemals und von daher gibt es auch jeden Tag eine Party (und manchmal auch zwei). Jeder Club der Stadt wurde getestet, doch nur einer wurde zu meiner Stamm-Disco. Und zwar ausgerechnet die Location, in die ich bei der Ammer-Party nicht hatte gehen können: das Physical.

Ich ließ mich treiben, machte einfach mal nur Dinge, die mir Spaß machten, und vergaß nach und nach die oft schwere und gestresste Atmosphäre in Deutschland. Der Strand war meine Matratze und die Sonne meine Decke. So lebte und feierte ich ohne einen einzigen schlechten Gedanken. Es hätte für immer so weitergehen können …

Für immer? Nein, es ist schön auf Partys zu gehen und sich treiben zu lassen, aber immer nur für einen begrenzten Zeitraum. Denn auch im Paradies kann einem schnell langweilig werden. Ich merkte, dass ich für mein Leben auf Mallorca mehr brauchen würde, um glücklich zu sein, als mit Freunden auf Partys zu gehen.

Neue Aufgaben

Eines Tages ging ich mit einer befreundeten Familie zu einer Taucherbucht. Dort erwarteten uns leckeres Essen, eine wunderschöne Aussicht und eine spanische Band, die Evergreens zum Besten gab. Als die Band einmal Pause machte, erzählte mein Bekannter dem Besitzer des Lokals, dass ich singen könne, und schon stand ich auf der Bühne. Nach einem kurzen Gespräch einigten wir uns auf *Sweet home Alabama* und *Stand by me*. Ich fing an zu singen und es funktionierte super, als hätten die Band und ich tagelang geprobt. Von dem Tag an sang ich jeden Montag mit der Band vor bis zu zweihundert Leuten. Langweilig war mir jetzt zumindest am Montag nicht mehr. Ich war aber immer noch auf der Suche nach einer sinnvollen Beschäftigung, die meinem Leben auf Mallorca ein Fundament geben sollte.

Eines Montags vor der Show setzte sich eine kleine Frau zu mir, die mich ansah und sagte: »Du bist Xenia, oder?« Ich dachte mir, sie will bestimmt ein Foto, doch was sie mir dann sagte, ließ mich aufhorchen.

»Erschrick bitte nicht, ich muss dir etwas mitteilen. Das Wichtigste in deinem jetzigen Leben ist es, mit deiner Kindheit und allem, was passiert ist, abzuschließen.«

Wie bitte? Woher sollte diese Frau, die ich noch nie vorher gesehen hatte, etwas über meine Kindheit wissen? Ich brachte nur ein leises »Okay« heraus und ließ sie weiterreden.

»Du wirst einmal berühmt werden.«

Na ja, das war damals natürlich mein Ziel, nicht sehr schwer zu erraten, aber sie wollte auf etwas anderes hinaus.

111 FRAGEN AN EINE PRINZESSIN

Bekommt Ihr Hund eine königliche Behandlung?

Mein Hund Josy lebt ein königliches Leben, sie bekommt, was sie möchte. Weil sie so winzig ist, habe ich immer das Bedürfnis, sie zu verwöhnen. Ich weiß, dass ich da ein wenig überschwänglich bin, aber generell finde ich, dass es allen Tieren so gut gehen sollte. Ansonsten behandele ich sie wie einen ganz normalen Hund, ich finde es übertrieben, Hunden die Nägel zu lackieren, sie in Taschen zu tragen oder mit ihnen zum Friseur zu gehen. Ich schneide Josy selbst die Haare und wenn es ganz kalt ist, ziehe ich ihr auch mal ein Jäckchen an – das tue ich aber, um ihren Bauch zu schützen, und nicht aus Modegründen.

»Nicht mit deiner Musik, sondern du wirst vielen Menschen helfen, besonders Kindern.«

Ich verstand die Welt nicht mehr. Das Einzige, das mich in dieser Zeit interessierte, waren ich selbst und meine Karriere. Ich fragte sie, wie ich das denn bitte machen sollte. Und sie antwortete: »Keine Sorge, es wird alles auf dich zukommen. Du musst nur die Zeichen sehen.« Jetzt war ich wirklich verwirrt. Wie kam diese fremde Frau dazu, mir solche Dinge zu sagen?

Die Worte, die sie mir sagte, beschäftigten mich noch sehr lange. Ich bin ein spiritueller Mensch und kann mir vorstellen, dass es Menschen gibt, die Zugang zu Dingen haben, die andere Leute nicht wahrnehmen können. Aber trotzdem fragte ich mich auch, warum ich ihr Glauben schenken sollte. Ich kannte sie ja gar nicht.

Doch anscheinend sollte sie recht behalten. Kurze Zeit später lernte ich eine nette Frau kennen, die auf Mallorca ein Tierheim besaß. Ich tat, was ich konnte, und zog drei von fünf kleinen Hundebabys auf, die grausame Menschen wie Abfall in den Müllcontainer geworfen hatten.

Damals habe ich über meine Zeit als Hundemama einen Internet-Blog geführt, hier ein Auszug:

»Freitag, 06.06.08

Mein Puls ist auf 180 ... mir ist schlecht, ich schaue in den kleinen Korb, der vor mir steht, und bekomme Aggressionen. Vor mir liegen drei kleine Hundebabys, ihre Augen sind noch geschlossen, sie kuscheln sich aneinander, um wenigstens ein bisschen Wärme zu bekommen. Sie sind höchstens eine Woche alt.

Allein in diesem Jahr ist es schon viermal passiert ...

Ich kann einfach nicht verstehen, wie sich ein Mensch anmaßen kann, Gott zu spielen, und drei Leben in eine Mülltonne wirft. Das macht mich tierisch sauer. Langsam denke ich, die Menschen sehen es als neues Hobby an, frei nach dem Motto: Die blöden Tierschützer machen das schon.

Alle drei Stunden brauchen sie Milch, die ihnen die Kraft gibt weiterzumachen. Und irgendwo auf dieser Insel sitzt eine verzweifelte Hundemama, hat ihre Zitzen voller Milch und sucht ihre Kinder. Nun ja, jetzt bin ich ihre Mama und muss das fast Unmögliche schaffen und ihnen eine Mutter ersetzen.

Mein Wecker ist ausgeschaltet und trotzdem sitze ich kerzengerade in meinem Bett. Es ist halb sechs. Das erste Fiepen kommt aus dem Hundekorb. Meistens meldet sich Gonzo als Erster am Morgen: Der frühe Vogel fängt den Wurm.

Er sucht nach mir, folgt der Wärme meiner Hand. Als ich ihm das Fläschchen an den kleinen gefleckten Mund halte, fängt er sofort an, wie ein Wilder zu saugen und zu strampeln. Während er trinkt, wische ich ihm langsam mit einem feuchten Babytuch über den Rücken. Normalerweise würde ihn seine fellige Mami abschlecken, doch jetzt muss es eben ein Lappen tun. Gegen fünf vor sechs meldet sich auch der Dickste der Truppe, Rumpel. (Ich habe ihn so getauft, da er immer seine Schwester überrumpelt.) Rumpel ist der Einzige von ihnen mit dunklem Fell, auf dem Kopf hat er zwei beige Punkte, die ihn schwer intelligent aussehen lassen. Er trinkt fast die ganze Flasche aus und als ich ihm dann auch noch den Bauch massiere, macht er ein zufriedenes Grummel-Geräusch und das Papier unter seinem Bauch wird nass. Ihr könnt euch sicher denken, dass es kein Trinkwasser ist.

111 FRAGEN AN EINE PRINZESSIN

Sind Sie ein naturverbundener Mensch?

Ich bin gern draußen, liebe frische Luft und wühle gern in der Erde. Ich berühre sehr gern Bäume und Blätter und rieche an allen Pflanzen. Ja, ich bin naturverbunden und staune über das Leben in seiner Vielfalt. Ich kann mir vorstellen, aufs Land zu ziehen, wenn ich älter bin. Zur Zeit wohne ich aber in der Großstadt, was auch seinen Reiz hat. In Berlin gibt es zudem viele Parks, in denen man wunderbar spazieren gehen kann.

Die Letzte und Kleinste ist Amy, sie ist nur halb so groß wie ihr Bruder Rumpel. Bei ihr läuft schon alles von Haus aus etwas entspannter. Langsam trinkt sie ihre Milch, macht immer wieder Pausen. Am süßesten ist es, wenn sie an ihrer Pfote nuckelt, als wäre sie ein Schnuller. Halb sieben, die Flasche ist leer, die Kleinen liegen aneinandergekuschelt in ihrem Bettchen und nun hab ich einen der schönsten Momente des Hundemamadaseins. Ich trinke meinen Kaffee und schaue meinen Schützlingen beim Schlafen zu.

Auch wenn ich schon seit Tagen nicht mehr richtig geschlafen habe, weiß ich genau: An dem Tag, an dem sie mir am Strand bellend hinterherlaufen und spielen, ist der ganze Stress vergessen und ich werde stolz und glücklich sein.«

Ich weiß nicht, was die kleine Frau aus der Taucherbucht damals mit mir gemacht hat. Ob Menschen hellseherische Kräfte haben können? Keine Ahnung. Vielleicht hat sie mich mit dem, was sie sagte, auch einfach motiviert, richtig hinzusehen, was um mich herum passiert, und in mein Leben einzugreifen. Jedenfalls sollte auch der zweite Teil ihrer »Prophezeiung« wahr werden, wenn auch nur in kleinem Stil. Denn wenig später kam eine Kinderhilfsorganisation auf mich zu. Für »Rock gegen Kinderarmut« stieg ich auf die Bühne der Jugendmesse YOU.

*

So schnell kann sich ein Leben ändern. Partys waren nun kein Thema mehr, ich verbrachte meine Zeit lieber mit meinen Pflegehunden und meinen neuen Projekten. Meine Karriere war mir egal, auch meine Haare und mein Make-up – einfach nicht wichtig. Bis zu diesem Zeitpunkt hatte ich nicht gewusst, was wahres Glück ist. »Danke« ist das schönste Wort, das man hören kann. Und das unglaubliche Gefühl, jemandem zu helfen, gibt mir einen Sinn im Leben.

Das rosa Buch

Prinzessin Xenia verrät, wo sie Antwort findet, wenn sie nach Weisheit sucht

Lange Zeit wusste ich nicht, zu wem oder was ich beten soll, wer dort oben alles regelt und was der Sinn des Lebens für uns Menschen ist. Es gibt so viele verschiedene Religionen, Rituale, Bräuche und Orte, an denen man seine Spiritualität ausleben kann, dass mich das Angebot immer eher verwirrt als bereichert hat.

In der Schule musste ich angeben, ob ich evangelisch oder katholisch war, moslemisch oder buddhistisch. Meine Mitschüler schienen sich ihrer Religion sicher zu sein. Nur ich nicht, ich wollte nicht evangelisch sein, nur weil ich als Baby zufällig getauft worden war – da hatte ich doch noch keine eigene Meinung gehabt. Nein, ich wollte meinen eigenen Glaubensweg finden.

Also beschäftigte ich mich mit den großen Weltreligionen und notierte mir die für mich verständlichen und sinnvollen Dinge in einem kleinen rosa Buch. Alles, was für mich einen Sinn ergab, in den zahlreichen Glaubensbüchern und Schriften. Jede Zeile, hinter der ich stehen konnte.

111 FRAGEN AN EINE PRINZESSIN

Ist Ihre Mutter eine Königin?

Ja, für mich ist meine Mama eine Königin. So sollte es aber eigentlich für jeden Menschen sein, da die Mutter natürlich eine ganz besondere Rolle spielt. Ansonsten ist sie genau wie ich eine Prinzessin: Da die Monarchie abgeschafft ist, sind und bleiben wir Prinzessinnen, und auch meine Kinder werden Prinzessinnen oder Prinzen sein. Meine Mama hat einen bürgerlichen Beruf gelernt, nämlich Friseurin. Sie hat diesen Beruf immer sehr gern ausgeübt und ihr Leben lang darin gearbeitet.

Mit den Jahren füllte sich dieses Buch, es enthält Zeichnungen, Gedichte, Verse und Zeilen aus den großen religiösen Schriften dieser Welt und ich verstand, dass es nicht nötig ist, sich einer bestimmten Religion anzuschließen. Diese Sammlung an Weisheit, die sich in meinem kleinen rosa Buch befindet, ist zu meiner eigenen Religion geworden: ohne Gewalt und ohne Streit um verschiedene Ansichten und Auslegungen. In diesem Buch sind sie alle vereint.

Weltretten für Anfänger

Prinzessin Xenia fragt sich, was sie tun kann, und besinnt sich auf die kleinen Dinge

In diesem Moment ist es 23:42 Uhr. Es ist Dienstag, der 30. November 2010, und der Zustand unseres Planeten sieht nicht allzu gut aus. Es gibt einen Haufen Probleme: Klimawandel, Anstieg des Meeresspiegels, aussterbende Tierarten, Ausbreitung der Wüsten und und und. Und wer soll es damit aufnehmen?

Der normale Durchschnittsmensch bekommt gerade sein eigenes Leben in den Griff: ein Job, eine Wohnung, eine Familie. Die Probleme, die er lösen muss, sind nicht unwichtig, aber sie beziehen sich natürlich auf einen eher kleinen Radius, verglichen mit den Problemen der ganzen Erde. Wie soll dann ein einzelner Mensch Einfluss auf die großen Probleme des Planeten nehmen? Geht das überhaupt?

Das denke ich schon: Wir müssten nur alle zusammenarbeiten, besser kommunizieren und mehr Respekt haben. Respekt vor der Natur selbst. Wenn wir Erde, Wasser, Luft und Lebewesen weiter als Selbstverständlichkeit sehen und auch so behandeln, werden

111 FRAGEN AN EINE PRINZESSIN

Was ging in Ihnen vor, als Prinzessin Diana gestorben ist?

Ich erinnere mich noch gut daran, wie betroffen und traurig ich war. Der Schmerz und Verlust traf nicht nur das englische Königshaus, sondern das ganze Land – ja die ganze Welt trauerte um Diana. Das habe ich natürlich auch als Kind mitbekommen. Meine Mutter erzählte mir, dass ich mich damals sehr mit William und Harry verbunden gefühlt habe, ich war besorgt, was denn nun aus ihnen werden würde ohne ihre Mutter. Diana war eine wundervolle Frau und ein Vorbild für viele Menschen, deshalb wird sie uns immer in Erinnerung bleiben.

wir sehr bald noch größere Probleme bekommen: Verschiebung der Klimazonen, Dürren, Naturkatastrophen, Ströme von Umweltflüchtlingen. Wenn wir ehrlich sind, denken wir Menschen doch, dass der Planet Erde uns gehört. Wenn man sich das nur einmal richtig durch den Kopf gehen ließe, müsste es einem sofort hirnrissig vorkommen. Wir haben keinerlei Rechte an diesem wunderschönen Himmelskörper.

Vielleicht ignorieren so viele Menschen das Thema Umweltschutz einfach, weil sie sich ohnmächtig fühlen und weil die, die sich dafür interessieren, gleich viel zu viel wollen. Der Mensch ist ein Gewohnheitstier, man muss mit kleinen Schritten anfangen, wenn man etwas erreichen will. Die perfekte Harmonie von Mensch und Natur ist vielleicht ein lobenswertes Ziel, aber ganz ehrlich: Ziemlich unrealistisch ist es auch. Der Mensch wollte schon immer hoch hinaus, sich entwickeln und an Macht gewinnen. Könnten wir die Zeit zurückdrehen und noch einmal von vorn anfangen, würden wir höchstwahrscheinlich alles wieder genauso machen.

Aber was können wir tun? Wenn ich Google frage, wie ich ab jetzt die Umwelt schützen kann, bekomme ich 2.060.000 Ergebnisse in nur 0,18 Sekunden. Ich habe für den Anfang erst einmal fünf Punkte gesammelt, wie wir alle die Welt jeden Tag ein bisschen besser machen können:

1. Wer braucht schon Plastik!

Es schadet der Umwelt, Plastik herzustellen, und es dauert Hunderte von Jahren, bis es zersetzt wird. Das heißt, überall auf unserem Planeten sammelt sich Plastik. Mehr als hundert Millionen Plastiktüten werden jedes Jahr weggeworfen, inzwischen gibt es im Meer sechs mal mehr Plastik als Plankton. Und darin sind viele Schadstoffe enthalten, die uns krank machen können – trotzdem ist es aus unserem Alltag kaum wegzudenken.

In diesem Moment steht eine Plastikflasche vor mir, aus der ich meinen Eistee trinke. Mein Schminkkoffer – Plastik. Mein Wäschekorb – Plastik. Tüten, Schokoriegelpapier – alles Plastik.

Ich gebe mir selbst hier und heute ein Versprechen: Ab jetzt werde ich versuchen, so wenig Plastik wie möglich zu verwenden. Machen Sie mit? Es ist ganz einfach: Nehmen Sie einen Jutebeutel mit zum Einkaufen in den Supermarkt und verzichten Sie auf die Plastiktüten an der Kasse. Kaufen Sie Getränke und Joghurt lieber in Glasbehältern. Und gehen Sie mal wieder auf den Wochenmarkt: Erstens sind die Produkte dort nicht unnötig eingepackt und zweitens ist so ein Besuch auf dem Markt unglaublich entspannend, denn Sie sind an der frischen Luft und sehen endlich mal wieder etwas anderes als die trostlosen Gänge im Supermarkt.

Ein Blick in mein Badezimmer verrät mir, dass meine Beauty-Produkte fast alle in Plastik eingepackt sind. Doch auch da gibt es Alternativen, denn viele Kosmetikprodukte kann man selbst herstellen, wie zum Beispiel Haarkuren oder Gesichtsmasken.

Es gibt so viele Möglichkeiten, Plastik zu vermeiden. Fangen Sie einfach mit einer einzigen von dieser Liste an.

111 FRAGEN AN EINE PRINZESSIN

Seit wann leben Sie in Berlin und was war der Grund für Sie, in die Hauptstadt zu ziehen?

Ich bin jetzt seit fast einem Jahr in Berlin. Ich hätte nie gedacht, dass ich mal nach Berlin ziehen würde, da München immer meine Lieblingsstadt war. Aber das hat sich als Irrtum herausgestellt, denn in München habe ich mich nie richtig wohlgefühlt. Für ein Interview zur BBC-Sendung »Undercover Princesses« kam ich dann nach Berlin und habe mich direkt in die Stadt und ihren multikulturellen Charme verliebt. Hier will ich leben, habe ich gedacht. Seit meinem Umzug habe ich mir einen Freundeskreis aufgebaut und diesen Schritt keinen Tag bereut – ich liebe Berlin!

2. Wozu haben wir Beine und Füße?

Autos setzen Schadstoffe frei und verschwenden unnötig Energie. Ja, ich weiß, es ist bequem, mit dem Auto, der Bahn oder dem Bus zur Arbeit, zur Schule oder zum Sport zu fahren. Und wer weiß, wenn wir noch ein paar Jahrhunderte länger so bewegungsfaul sind, werden unsere Beine vielleicht eines Tages überflüssig und bilden sich zurück. Das wäre doch sehr traurig.

Selbstverständlich ist man in manchen Gegenden auf ein Auto angewiesen, weil es keinen öffentlichen Nahverkehr gibt. Und wenn man mal etwas Schweres einkaufen muss, kann ich auch verstehen, dass man es lieber im Kofferraum transportiert. Aber für die Ziele, die wir zu Fuß erreichen können, sollten wir auf genau diese zurückgreifen. Das hält fit und schont die Umwelt – eine Win-win-Situation!

3. Wo bleibt der Respekt vor den Bäumen?

Jeden Tag werden unzählige Bäume, ja ganze Wälder einfach so abgeholzt … Mit welchem Recht? Damit nehmen wir nicht nur Tieren und Pflanzen ihren Lebensraum, sondern produzieren Unmengen schädliches CO_2. Das muss nicht sein:

Verzichten Sie ab sofort auf Möbel aus Tropenhölzern und verschwenden Sie nicht so viel Papier. Allein in Deutschland werden pro Jahr 19 Millionen Tonnen Papier verbraucht. Wenn Sie im Büro unbedingt etwas ausdrucken müssen, drucken Sie beidseitig. Und denken Sie nach, bevor sie auf den »Drucken«-Button klicken: Brauchen gleich im Meeting wirklich alle Kollegen einen Ausdruck Ihrer Präsentation? Sie könnten sie danach doch auch einfach per E-Mail verschicken.

Und noch etwas: Kleben Sie einen »Keine Werbung«-Sticker auf ihren Briefkasten. Für all die Werbebroschüren, die sie tagtäglich direkt in den Mülleimer werfen, müssen sehr viele Bäume ihr Leben lassen.

4. Warum stundenlang unter der Dusche stehen?

Manchmal vergisst man unter der Dusche die Zeit: Das Wasser prasselt so schön warm auf einen herunter und man träumt ein wenig vor sich hin. Schön, ja vielleicht, aber nicht mehr so schön, wenn ich mir bewusst mache, dass wir beim Duschen sehr viel heißes Wasser verbrauchen, und dafür benötigen wir wiederum sehr viel Energie.

Allein zwei Minuten kürzer duschen spart aufs Jahr gesehen eine Menge Wasser. Dafür kann ich meinen Tagtraum ruhig ein wenig abkürzen. Oder ich kaufe mir einfach einen wassersparenden Duschkopf.

5. Wie oft im Leben brauchen Sie schon eine Schleifmaschine?

Oder eine Motorsäge? Oder einen Laubbläser? Worauf ich hinauswill? Nur weil man einmal etwas benötigt, muss man es nicht immer gleich kaufen. Viele Dinge kann man leihen, zum Beispiel Werkzeug: Fragen Sie doch erst einmal im Freundeskreis herum, ob Ihnen jemand mit einem bestimmten Gerät aushelfen kann. Wenn nicht: Viele Baumärkte verleihen ihr Werkzeug auch. So spart man Energie und Rohstoffe, die bei der Herstellung des

111 FRAGEN AN EINE PRINZESSIN

Sind Sie sportlich und welche sind Ihre Lieblingssportarten?

Ich versuche, mich jeden Tag zu bewegen, um gelenkig und in Form zu bleiben. Mein Lieblingssport ist das Tanzen, außerdem mache ich gern Yoga und Pilates, das hält körperlich und mental fit. Ansonsten bin ich ein großer Fan von Martial Arts, ich trainiere leidenschaftlich Tricking, wo man Rückwärtssaltos und andere Kunststücke übt. Das hört sich gefährlich an, aber das Training findet in einer mit Matten ausgepolsterten Halle statt, sodass das Verletzungsrisiko gering bleibt. Ich mache das noch nicht allzu lange, aber ich mache Fortschritte und ich habe den Ehrgeiz, darin so gut wie die Jungs zu werden. Mindestens.

jeweiligen Geräts anfallen würden. Und außerdem hat man zu Hause viel mehr Platz: All das Zeug steht doch eh die meiste Zeit nur unbenutzt im Weg rum.

*

All das sind kleine Dinge, die viel bewirken können, wenn alle sich daran halten. Natürlich ist es ist nicht einfach, seine Gewohnheiten zu ändern. Aber wenn man mit so wenig Einsatz schon so viel Gutes tun kann, ist es doch einen Versuch wert.

Nadel und Farbe

Prinzessin Xenia erklärt ihr königliches Körper-Kunstwerk und warnt vor Tattoos, die die Liebe zerstören

Wir werden in ihm geboren, wachsen mit ihm, er ist immer bei uns, in jeder Sekunde. Er kann unser Freund oder auch unser Widersacher sein, aber egal wie unsere Beziehung zu ihm ist, er ist unser wichtigstes Werkzeug, unser Werkzeug fürs Leben: der eigene Körper. Doch auch, wenn er für uns das Tor zur Welt ist, scheinen die meisten Menschen zu vergessen, dass wir nur den einen haben – ohne Umtauschmöglichkeit.

Wir können nicht einfach in einen Laden gehen und einen neuen Körper mit dem Hautfarbton Beige/Honey verlangen, weil wir unseren alten auf der Sonnenbank verbrutzeln lassen haben. Mit dem nötigen Kleingeld steht es uns vielleicht offen, uns in einer Schönheitsklinik anzumelden und beim Doc eine neue Nase, größere Brüste oder straffere Haut zu bestellen – plastisch kein Problem. Doch die innere Einstellung zum eigenen Körper können wir nicht so einfach wechseln. Auf die kommt es aber an.

Diese Erkenntnis hatte ich erst vor einigen Jahren, bis dahin hatte ich meinen Körper und sein Wohlbefinden immer als Selbst-

111 FRAGEN AN EINE PRINZESSIN

Wenn Ihnen ein Mann gefällt, ergreifen Sie dann die Initiative, oder müssen Prinzessinnen immer warten, bis der Prinz zu ihnen kommt?

Ich finde es gut, wenn Frauen, egal ob Prinzessin oder nicht, Männer ansprechen. Aber ich selbst bin in romantischen Dingen zu schüchtern und auch ein bisschen altmodisch. Ich vertraue darauf, dass der Richtige den Weg zu mir findet, denn ich möchte erobert werden! Bei Angelegenheiten, die nicht das Herz betreffen, bin ich hingegen überhaupt nicht zurückhaltend oder auf den Mund gefallen.

verständlichkeit angesehen. Ein Fehler. Könnte ich die Zeit zurückdrehen, wäre mein Körper von Anfang an mein Tempel gewesen: ein Heiligtum. Heute versuche ich, auf die Bedürfnisse meines Körpers zu achten und ihm in regelmäßigen Abständen Gutes zu tun, um ihm dafür zu danken, dass er jeden Tag für mich da ist und sich mit mir durch den Alltag kämpft. Also an dieser Stelle untertänigsten Dank an Ihre königliche Hoheit, meinen Körper!

Als Teenager entdeckte ich, dass der eigene Körper nicht nur dazu da sein muss, mich von A nach B zu bringen, Nahrung aufzunehmen, zu sprechen, zu hören, zu fühlen, zu reden und dafür zu sorgen, dass ich nicht die Orientierung verliere. Nein, ich bemerkte, dass der Körper etwas ist, das man selbst gestalten kann. Ein Ort der Kreativität, wie ein Kunstprojekt, das nicht enden wird, solange ich lebe. Ungeahnte Möglichkeiten taten sich plötzlich vor mir auf: ein Wunderland für einen Teenager. Aus dieser Zeit sind mir einige Andenken bis heute geblieben und später sind noch weitere dazugekommen, sodass man heute ein Stück meiner ganz persönlichen Geschichte an meinem Körper ablesen kann.

Willkommen zur Präsentation meines aktuellsten Kunstwerks »Xenia's Body«, bitte treten Sie näher.

Meine Tattoos

Die Menschen tätowieren ihre Körper seit Tausenden von Jahren. Sogar der berühmte Steinzeitmensch Ötzi hatte schon Tattoos, der Gute war sogar ziemlich zugehackt: Angeblich zieren über vierzig Stück seinen Körper. Natürlich haben sich die Motive und die Art, wie tätowiert wurde, immer wieder verändert, aber der Wunsch, den eigenen Körper mit ewigen Bildern zu versehen, ist uralt.

Mein Wunsch, mich tätowieren zu lassen, kam viel zu früh und daher fällt mein erstes Tattoo wohl in die Kategorie »Jugendsünde«. Es war eine unüberlegte Aktion ohne Sinn und Verstand, wirklich peinlich. Aber ich hatte noch Glück im Unglück, weil ich das Symbol, ein entflammtes Herz, wenigstens selbst entworfen hatte – es ist also wahrlich ein Teil von mir. Und heute erinnert mich diese Tätowierung am Rücken an eine ganz bestimmte Zeit und daran, wie ich mich damals gefühlt habe.

An meiner Hüfte trage ich einen Stern. Er steht für meine Liebe zum Himmel und zum Universum. Dass ich mir diesen Stern stechen lassen habe, habe ich nicht eine Sekunde lang bereut.

Und nun zu einem ganz besonderen Tattoo, dem Schmetterling an meinem rechten Handgelenk. Er ist das Symbol der Metamorphose – nichts hätte besser zur Erfahrung gepasst, die ich nach meiner Kopf-OP gemacht habe: Es war meine Wiedergeburt. Und deswegen steht der Schmetterling für mein neues Leben nach dem Tumor.

Beide Tätowierungen sind etwas ganz Besonderes für mich, ich sehe sie mir jeden Tag gern an, weil sie mich daran erinnern, wer ich bin. Es werden bestimmt nicht meine letzten sein, denn es stimmt wirklich, Tätowieren macht süchtig. Hat man ein Tattoo, will man noch eins und dann noch eins – eine endlose Spirale. Ich habe auch schon eine Idee für mein nächstes Tattoo, es ist mein Lieblingszitat aus der Bibel, Matthäus 21,22: »Und alles, was ihr im Gebet erbittet, werdet ihr erhalten, wenn ihr glaubt.« Diese Zeile wird schon bald meinen Körper schmücken.

111 FRAGEN AN EINE PRINZESSIN

Wer sind die begehrtesten adligen Junggesellen Europas?

Bis vor Kurzem stand da natürlich Prinz William an erster Stelle, jetzt ist es Harry of Wales. Mir persönlich gefällt Carl Philip von Schweden sehr gut. Ich finde interessant, dass er Grafikdesign studiert hat, und habe gelesen, er sei ein sehr guter Fotograf. Außerdem erinnert er mich ein bisschen an den hübschen Prinzen Eric aus »Arielle, die Meerjungfrau« und der ist schon seit meiner Kindheit mein Lieblingsprinz.

Mit Tätowierungen kann man sich auf kreative Art und Weise ausdrücken, das gefällt mir daran. Ich würde nur allen davon abraten, sich einfach irgendein Motiv aus einer Laune heraus stechen zu lassen. Es muss ein Sinn hinter der im Körper versunkenen Farbe sein, man muss zu einhundert Prozent dahinterstehen können und sich jeden Tag daran erfreuen – denn man trägt es ein Leben lang.

Manchmal können Tattoos aber auch ziemlich viel kaputt machen, hierzu muss ich leider als Beispiel einen meiner Exfreunde nehmen. Er hatte viele Tattoos, eins davon war ein Buchstabe auf seinem Rücken. Als ich ihn fragte, was es bedeute, sagte er, es sei der Anfangsbuchstabe seines Namens, nur spiegelverkehrt. Später erfuhr ich, dass er mir damit nicht die ganze Wahrheit gesagt hatte: Er hatte sich diesen Buchstaben tätowieren lassen, weil damit der Name seiner Exfreundin anfing. Da musste ich erst einmal schlucken. Wer will schon immer an »die andere« erinnert werden? Niemand.

Nachdem ich wusste, wofür der Buchstabe stand, ekelte es mich immer regelrecht, wenn ich seinen Rücken sah. Keine gute Voraussetzung für eine Beziehung.

Also: Regel Nummer eins beim Tätowieren: Keine Namen, Initialen oder Bilder von Lebens-*Abschnitts*-Gefährten stechen lassen. Zu gefährlich! Der Name des eigenen Kindes ist allerdings etwas ganz anderes. Es ist dein Kind, dein Fleisch und Blut und das wird es für immer bleiben. Also ist in dem Fall eine Tätowierung auch völlig in Ordnung. Von der eigenen Familie kann man sich nicht trennen oder scheiden lassen und das ist auch gut so.

Meine Piercings

Es gibt sie an fast allen Stellen des Körpers, sie sind meist metallisch glänzend und glitzern im Sonnenlicht: Piercings. Das erste Mal habe ich mir meine Haut als Teenager durchbohren lassen.

Mit 15 war mir klar, es musste unbedingt ein Nasenpiercing sein. Und da ich eine große Ausdauer an den Tag legte, was Bitten und Betteln angeht, steckte ich locker tausend Neins meiner Mutter ein. Aber ich hatte bereits gelernt, dass sich Beharrlichkeit auszahlt, und ließ mich davon nicht abhalten. Ich kam ihr mit allen möglichen Argumenten, zum Beispiel, dass Piercen eine Sache mit langer kultureller Tradition sei. Schließlich hätten sich die Menschen schon vor Jahrtausenden aus traditionellen Gründen und bei religiösen Zeremonien piercen lassen. (Oder auch einfach nur zum Spaß, wie ich ein Jahr später an Steve-O in *Jackass: The Movie* sehen sollte – der Typ ist wirklich crazy!) Warum sollte sich also nicht auch Klein-Xenia ein paar Glitzersteine durch die Haut schießen lassen dürfen?

Irgendwann kam es dann endlich, das genervte und verzweifelte »Okay« meiner Mami. Mann, im Nachhinein tut es mir wirklich leid, dass ich sie damals so genervt habe, denn wenn ich ein Kind hätte, würde ich ihm auch verbieten, sich piercen zu lassen. Aber als Teenager war ich einfach ein ausgesprochener Dickkopf, ja, Dickkopf hätte mein sechster Vorname sein können.

Doch meine Piercing-Sucht war damit noch lange nicht überstanden. Mit 16 Jahren folgte ein Zungenpiercing, noch im selben Jahr eins eine Etage tiefer und im Anschluss ein Ring durch meinen

111 FRAGEN AN EINE PRINZESSIN

Wenn Sie die Wahl hätten, würden Sie dann lieber Prinzessin oder ein normales Mädchen sein?

Ich glaube, dass beides Vor- und Nachteile hat. Generell bin ich ein normales Mädchen mit dem Namen der Prinzessin. Ich habe in meinem Leben bisher nichts vermisst und würde auch fast alles wieder genauso machen, von daher bin ich damit, wie es ist, ganz zufrieden. Irgendwie bin ich das Mädchen von nebenan, nur dass bei mir im Ausweis eben ein längerer Name steht als bei anderen.

Bauchnabel – ta-ta-ta-taa: Mein Körper war ein Kunstwerk … und durchlöchert wie ein Sieb.

Heute ist von meinem damaligen Piercing-Wahn nur noch der Stein an meinem Bauchnabel übrig geblieben und ab und zu trage ich noch einen Stecker in der Nase. Von den anderen habe ich mich nach und nach getrennt. Manchmal merkt man erst hinterher, was wirklich zu einem passt.

*

Einige Entscheidungen, die ich in meiner experimentierfreudigen Phase getroffen habe, haben sich für immer auf meinem Körper verewigt. Auch wenn ich mich heute in der ein oder anderen Situation vielleicht anders entschieden hätte, ich stehe zu meinen »Jugendsünden«. Sie sind meine Andenken an eine Zeit, in der ich nicht viel über das Morgen nachgedacht habe. Und an solche Zeiten erinnert man sich doch gern.

X-Tream

Prinzessin Xenia wird zum Adrenalin-Junkie, stürzt sich ins Leben und kämpft für die Ehre der Frauen

Wenn einem als Kind alles Spaßige verboten wird, weil man einen Tumor im Kopf hat, ist es doch völlig normal, dass man Vollgas gibt, wenn man endlich selbst über sein Leben bestimmen darf. Irgendein kluger Mann hat mal gesagt, man habe im Leben immer eine Wahl. Das stimmt wohl, aber man darf nicht vergessen, das Kleingedruckte unter diesem schlauen Spruch zu lesen. Es lautet: Das heißt aber noch lange nicht, dass einem die Auswahlmöglichkeiten auch gefallen müssen.

Als Kind tobt man herum, man probiert sich aus, macht waghalsige Sachen – zumindest hätte ich das gern getan. Doch wegen meines Schädeltumors war ich ziemlich eingeschränkt. Ich hatte zwei Möglichkeiten: entweder Nichtstun und so vermeiden, dass ich meinen Kopf verletze, oder mit einer übertriebenen Vorsicht an alle Dinge heranzugehen. Also habe ich viele Dinge einfach gelassen. Ich hatte einen großen Nachholbedarf, als ich erwachsen war und endlich selbst entscheiden durfte, was ich im Leben tue

111 FRAGEN AN EINE PRINZESSIN

Haben Sie vor, mal zu heiraten, und wie stellen Sie sich Ihre Hochzeit vor?

Ich möchte sehr gern heiraten und vor allem: Ich will nur einmal heiraten, weil ich denke, dass man dieses Versprechen nur einmal geben kann. Deshalb muss mein potenzieller Gatte natürlich der richtige sein. Meine Hochzeit stelle ich mir ohne großen Prunk vor: Am Strand, barfuß, in einem flattrigen weißen Kleid, im Kreise meiner Familie und der engsten Freunde, würde ich meinem Traummann das Jawort geben. Umgeben von blauem Meer bei strahlendem Sonnenschein ... Ich versuche es immer zu leugnen, aber wahrscheinlich bin ich doch eine Romantikerin.

oder lasse. Und aus diesem Grund habe ich in den letzten Jahren einige verrückte Aktionen gestartet. Meine Damen und Herren, ich präsentiere: mein persönliches Best-of an Extremerfahrungen.

Travemünde, im Juli 2005
Powerboat P1 German Grand Prix

Powerboat? Was ist das denn? So etwas wie Tretbootfahren mit Motor? Ich gebe zu, die Anfrage traf mich unvorbereitet. Das P1-Team hatte mich gefragt, ob ich Lust hätte, bei einem Offshore-Rennen hautnah dabei zu sein. Bei unserem ersten Telefonat hatte ich noch gedacht, es ginge dort um eine Art gemütliche Teichrundfahrt, bis ich dann erfuhr, dass die Boote mit 2000 PS und bis zu 200 Kilometer pro Stunde übers Wasser rasen. Das klang doch nach Spaß! Dass ich mich am Ende so fühlen würde, als müsste ich mich die nächsten vier Wochen am laufenden Band übergeben, hatte ich selbstverständlich nicht erwartet, als ich zusagte.

Am Tag des German Grand Prix in Travemünde angekommen, sah ich als Erstes, dass jemand vor dem Hotel einen roten Teppich ausgerollt hatte. Jungs, das wäre nun wirklich nicht nötig gewesen, aber trotzdem danke.

Einmal kurz frisch machen und dann ging es auch schon zum Veranstaltungsgelände. Und dort waren sie, die Boote. Beeindruckend, wie lang die Teile waren. Ob ich mich da mal reinsetzen durfte? Vielleicht später.

Nach der Begrüßung des Teams war klar, dass ich mich nicht nur reinsetzen durfte, ich sollte sogar mitfahren. Oh mein Gott! Jetzt war ich wirklich aufgeregt. Aber so eine einmalige Chance sausen lassen? Das Angebot war einfach zu verlockend. Und schließlich würde ich einen dieser coolen Rennanzüge tragen. Wer könnte da schon Nein sagen?

Ich war die einzige Frau auf dem ganzen Platz. Es war wohl nicht gerade üblich, Girls mitzunehmen. Ich zog mich um und machte mich auf zum Boot. Am Gatter warteten schon Hunderte Schaulustiger auf den Startschuss zum ersten Rennen des German Grand Prix. Aber für eine Runde mit Klein-Xenia an Bord schien trotzdem noch genügend Zeit zu sein.

Und schon saß ich im Boot in einer Sicherheitskabine. Über mir war ein Loch in der Decke, damit ich bei einem Unglück nicht ertrinke, wie der Steuermann mir erklärte. Na super. Als Erstes ging mir durch den Kopf, dass bei solch einem Rennen der Mann von Caroline von Monaco ums Leben gekommen war! Jetzt war mir wirklich ein wenig mulmig.

Egal. Helm auf, Headset an und ab ging die Luzi …

Das Boot fuhr so schnell, dass ich mich nur auf mich, meine Beine und die Vermeidung blauer Flecken konzentrieren konnte. Das tut ganz schön weh, wenn die Knie immer wieder gegen die Bootswand knallen. Das Boot fliegt immer ein Stück hoch und kracht dann mit Karacho wieder runter aufs Wasser. Doch es fühlt sich jedesmal so an, als würde das Boot auf einem Steinboden aufprallen. Speedboatfahren ist kein Spaziergang, das sag ich Ihnen!

Meine Gesichtszüge entglitten mir vollkommen und ich wusste bei all dem Gerumpel und der Geschwindigkeit gar nicht, wohin mit mir. Am besten raus hier.

111 FRAGEN AN EINE PRINZESSIN

Für welche öffentlichen Ereignisse und Feiertage können Sie sich begeistern?

Ich mag Weihnachten sehr gern, die Zusammenkunft der Familie, das gemeinsame Essen und natürlich das gegenseitige Beschenken genieße ich sehr. Ansonsten bin ich bei öffentlichen Veranstaltungen und Ereignissen sehr vorsichtig, da mir größere Menschenmengen schnell Angst machen. Aber ich liebe es, in Museen oder Ausstellungen zu gehen. Für die Fußball-WM kann ich mich regelmäßig richtig begeistern, aber eben eher im kleinen Kreis meiner Freunde oder in einer übersichtlichen Bar und keinesfalls auf der Fanmeile!

Hallo? Kann ich bitte aussteigen? Das war's also. Hier soll mein Leben enden, dachte ich und fühlte, wie sich mein Magen zusammenzog. Ob ich bei einem Unfall heil aus diesem Boot kommen würde, war die erste Frage, die mir durch den Kopf ging. Das goldene Schwimmabzeichen hatte ich ja, aber keine Übung im Ausdauerschwimmen. Ob ich also überhaupt das rettende Ufer erreichen würde, wäre die nächste Frage. Es war alles andere als ein schönes Gefühl, mit fast zweihundert Sachen übers Wasser zu brettern. Ich hatte Angst, unglaubliche Angst. Speedboatfahren ist kein Segeln, es ist nicht wie Autofahren und auch wenn es von außen so geschmeidig aussieht, man gleitet nicht einfach so dahin. Nein, es ist eher wie Fliegen. In einem Kampfjet.

Und so rasant es anfing, war es dann auch vorbei. Nach fünf Minuten legten wir am Steg an. Als ich ausstieg, war mir übel, schwindelig und mein Rücken tat höllisch weh. Als Allererstes musste ich den Boden unter meinen Füßen küssen und ein dickes Danke in Richtung Himmel schicken: Ich lebe. Halleluja!

Ich würde sicherlich nicht noch einmal in so einen Kahn steigen, aber deshalb spricht man ja auch von einer einmaligen Erfahrung, oder?

Sterzing (Südtirol), im Februar 2006
2. Europameisterschaft im Luftmatratzen-Boardercross

Die Anfrage kam von einem TV-Sender: »Wir wollen bei der EM im Luftmatratzen-Boardercross 'nen Eisberg mit einer Luftmatratze runterrasen. Biste dabei?« Warum nicht?, dachte ich mir. Das wäre mal wieder eine Chance zu beweisen, dass Prinzessinnen nicht den lieben langen Tag auf ihrem verwöhnten Hintern sitzen, sondern sich auch mal so richtig ins Leben stürzen. Klar würde ich dabei sein: Nette Leute, Schnee und eine total absurde Sport-Disziplin, das konnte nur lustig werden.

In Sterzing war es ganz schön kalt, ich trug einen Skianzug und bewunderte die Aussicht. Direkt vor mir erhob sich ein riesiger Schneeberg, der vom Sponsor extra für diesen Event dorthin gezaubert worden war. Ich stand am höchsten Punkt des Berges, auf dem Kopf trug ich einen stabilen Helm, der mich vor Verletzungen schützen würde. Mein Anzug war blau, die Farbe der Ruhe, Weite und Tiefe – passend zu meiner Stimmung, denn ich war vollkommen konzentriert und auf Sieg eingestellt. Es konnte losgehen, ich war bereit für den Wettkampf. Meine drei Mitstreiterinnen neben mir hatten auch diesen »Ich will gewinnen«-Blick in ihren Augen und schauten angriffslustig zu mir herüber.

Und dann das Signal drei, zwei, eins – los! Ich stürzte mich auf die Matratze, raste die Strecke runter und nahm richtig Fahrt auf. Es ging so schnell, dass ich kaum sehen konnte, wo ich hinfuhr, dann preschte ich durchs Ziel und knallte mit voller Wucht vor die Bande. Bam!

Die Wievielte bin ich denn nun geworden, fragte ich mich als Erstes, als der Schmerz nachließ. Doch das Adrenalin strömte durch meine Adern und schon wollte ich nur eins: noch mal da runter!

Drei Runden das gleiche Spiel: Drei, zwei, eins, los! Schnell, schneller, Xenia! Danach hatte ich Schwierigkeiten, geradeaus zu schauen. Mir war so schwindelig, als wäre ich soeben aus einer

111 FRAGEN AN EINE PRINZESSIN

Glauben Sie an Gott und sind Sie religiös?

Religion ist ein schwieriges Thema, weil man damit immer jemandem auf die Füße zu treten scheint. Ich glaube an etwas Höheres, dem ich jedoch keinen spezifischen Namen geben würde. Das ist, denke ich, auch das Problem an der Sache: Jede Kultur gibt dieser höheren Macht einen anderen Namen und dann kommt es zu Konflikten. Ich glaube, dass es eine Macht gibt, die uns leitet, und ich glaube, dass alles im Leben einen Sinn hat. Von daher würde ich mich vielleicht eher als spirituellen Menschen bezeichnen.

Achterbahn gestiegen. Nachdem ich mich einigermaßen gefangen hatte, meldete sich mein Ehrgeiz wieder. Also fragte ich nach meiner Platzierung und erfuhr, dass ich Achte der Frauen in der EM geworden war. Wow! Ich war stolz wie Oskar und machte in meinem Schneeanzug einen formvollendeten Knicks. Adel verpflichtet nun mal.

Palma de Mallorca, im Sommer 2006
Triathlon mit Jürgen Drews und Familie

Es war gerade mal halb sechs, doch die Sonne brannte bereits auf unseren Körpern. Auf Mallorca, der Lieblingsinsel der Deutschen, hatten sich einige Wahnsinnige zusammengefunden, um sich fit für die kommende Saison zu machen: mein guter Freund Jürgen Drews, seine Frau Ramona und Tochter Joelina. Angetrieben wurden wir von Personal Trainer Karsten Schellenberg. Ein absoluter Profi, wenn es darum geht, jemanden zu motivieren. Immer wenn ich schnell fit werden muss oder einfach ein paar Ernährungstipps brauche, wähle ich seine Nummer. An diesem Tag stand folgendes Programm an: Schwimmen, Laufen und Fahrradfahren. Diese Zusammenstellung war nicht zufällig, denn wir übten für einen ganz bestimmten Tag, den Tag unseres eigenen kleinen Triathlons: drei Kilometer Fahrradfahren, drei Kilometer Laufen und 500 Meter Schwimmen.

Nicht anhalten, positiv denken und alles geben. Das war die Devise unseres Trainings. In der Hitze war es weiß Gott nicht einfach, sich zügig zu bewegen. Und wir sollten sogar sprinten? Karsten machte uns Dampf. Rauf, runter, rechts und links. Ich war schon zu Anfang des Trainings total aus der Puste. Wie sollte ich das nur durchhalten? Egal, ich würde alles geben. Denn der Stichtag rückte näher …

Als der Tag der Wahrheit gekommen war, gingen Jürgen, Ramona, Joelina und meine Wenigkeit an den Start. Training hin oder her, richtig gut vorbereitet fühlte ich mich nicht. Aber Jürgen war so motiviert, dass er uns alle ansteckte.

Zuerst Fahrradfahren. Okay, darin war ich ganz gut und konnte mir meine Kräfte einteilen. Drei Kilometer – danach spürte ich meine Beine nicht mehr, ich hätte definitiv mehr trainieren sollen. Und jetzt auch noch schwimmen?

»Ich hab ein blaues Kopftuch auf. Wenn ihr es am Horizont nicht mehr sehen könnt, wäre es echt nett, wenn ihr mich retten kommt. Okay?« Als Antwort bekam ich nur ein »Ja, ja«. Na toll, ich sollte mich wohl einfach darauf konzentrieren, nicht unterzugehen. Ab ins Wasser. Ich versuchte, mich vorzukämpfen, aber die Wellen trugen mich immer wieder ein Stück zurück. Jürgen hatte schon einen Riesenvorsprung. Und Ramona war direkt neben mir. Bei meinem Tempo würde ich heute wohl keine Trophäe mit nach Hause nehmen.

Doch ich schaffte es wieder an Land, schleppte mich über den Strand und lief zur Wechselstation. Meine Klamotten waren voller Sand, das würde die nächste Runde nicht gerade angenehmer machen. Denn jetzt ging es ans Laufen. Mein Kopf war so heiß, als hätte ich Fieber. Ich lief wie in Trance, meinen Körper spürte ich kaum noch. Dann konnte ich das Ziel sehen. Doch das motivierte mich nicht zum Endspurt. Es war eher so, dass mir jetzt ganz deutlich wurde, dass auch dieser Weg einfach noch zu weit war.

111 FRAGEN AN EINE PRINZESSIN

Was sind die wichtigsten Dinge, die Sie von Ihrer Mutter gelernt haben?

Ich habe eine Menge von meiner Mutter gelernt. Das Allerwichtigste, was sie mir vermittelt hat, sind Werte wie Hilfsbereitschaft, Ehrlichkeit und Benehmen, überhaupt den richtigen Umgang mit Menschen. Ich denke auch, dass ich meinen starken Charakter von ihr habe und natürlich mein Stilgefühl, den Sinn dafür, wie man sich gut anzieht. Kochen habe ich leider nicht von ihr gelernt, weil ich mich damals nicht dafür interessiert habe, das kam erst später.

Ich schaff das nicht mehr, wurde mir plötzlich klar. Ich wollte nur noch umfallen und diesem Elend ein Ende setzen.

Die anderen waren schon im Ziel angekommen und feuerten mich jetzt an. Mir wurde schwarz vor Augen. Einen Moment lang bekam ich gar nichts mehr mit. Aber was war das? Ramona war zurückgekommen und nahm mich huckepack. Meine Retterin in der Not. Das war so süß! Danke, Ramona.

Am Ende schaffte ich es also doch noch ins Ziel, wenn auch nur mit Hilfe.

Ingatestone (England) – August 2009
Klettern

Als ich im Sommer 2009 als »Undercover Princess« in England unterwegs war, habe ich viele verschiedene Männer gedatet. Einer von ihnen war James, der Feuerwehrmann. Und wie man sich Feuerwehrmänner so vorstellt, war auch er ein richtig kerniger Typ mit Vorliebe für Extremsportarten. Und so erlebte ich mit ihm mein (zumindest von der sportlichen Seite betrachtet) extremstes Date. Ich lud ihn ein, mit mir in einer Kletterhalle eine Wand zu erklimmen.

Denn einerseits könnte ich James dabei besser kennenlernen und andererseits wäre das für mich die Gelegenheit, meine Höhenangst zu überwinden. Was soll's, Ängste sind dazu da, sich ihnen zu stellen, sprach ich mir selbst Mut zu und stürzte mich ins Abenteuer.

Als typischer Feuerwehrmann war James natürlich total durchtrainiert und wahrscheinlich ein Überflieger in sämtlichen sportlichen Disziplinen. Ich rechnete also damit, dass er mich beim Klettern ausstechen würde. Aber das machte nichts, Hauptsache, wir hatten Spaß miteinander.

In der Kletterhalle angekommen, sah ich mich erst einmal ungläubig um: Ganz schön hoch, diese Wände. Die höchste von ihnen brachte es bestimmt auf 25 Meter. Wir bekamen jeder einen Helm, die komplette Kletterausrüstung und wurden zum Anfängerberg begleitet. Fünf Meter – für jemanden wie mich, der Höhenangst hat, war das schon ziemlich hoch. Aber ich probierte es.

James kraxelte mit einer Leichtigkeit den Berg hinauf, als könnte er nebenher noch ein Gedicht aufsagen und eine Pizza bestellen. Ich machte dabei keine so gute Figur, meine Bewegungen waren auf diesem ungewohnten Terrain einfach total unsicher. Aber ich schaffte es trotzdem bis auf den Gipfel, läutete die Glocke und kam mit ein paar Blessuren an meinen Händen zurück zum Fuße des Berges.

»Was ist denn mit der ganz hohen Wand dort drüben?«, fragte ich James. Mein Ehrgeiz war geweckt. Die Antwort, die ich bekam, gefiel mir nicht. »Die ist 25 Meter hoch, eine Profi-Wand. Das schafft kein Anfänger und ein Mädchen schon gar nicht!« Jetzt wollte ich es ihm natürlich erst recht beweisen.

»Ich probiere es, okay?« – »Wenn du meinst«, kam ganz unbeeindruckt zurück. Ich denke, man glaubte mir damals kein Wort. Das hatte ich nun von meiner großen Klappe. Die Kamera lief und ich musste es einfach packen. Also los. Die ersten fünf Meter waren für mich jetzt nur noch Pipifax. Weiter, immer weiter … Zehn Meter! Hier musste ich kurz stoppen, weil mir ziemlich schwindelig wurde. Nur nicht nach unten sehen, Frau von Sachsen. Alles, nur das nicht. Ich tat es doch und sah James und alle anderen so klein da unten am Boden, wie sie ungläubig zu mir heraufschauten. Oh Mann. Jetzt war mir auch noch schlecht. Aber aus der Nummer kam ich nicht mehr raus. Schließlich ging es jetzt um die Ehre der Frauen. Also weiter!

Dann erreichte ich die 15 Meter. Oh Gott, hoffentlich rutsche ich nicht ab, betete ich. Dem Seil und dem Typen, der es hielt, vertraute ich kein Stück. Die kleinen Erhebungen zum Festhalten waren total glatt und unförmig. Da nicht auszurutschen war nicht einfach. Nur noch ein paar Meter. Die würde ich auch noch schaffen …

Als Nächstes die Zwanzig-Meter-Marke, meine Hände schwitzten so stark, ich musste sie immer wieder an meiner Hose abwischen, um nicht an den Halterungen abzurutschen.

Und dann das Unglaubliche: 25 Meter, oh my God! Ich hatte es geschafft und läutete die Glocke. Na hoffentlich hat die Kamera das alles drauf, dachte ich mir. Wenn ich mich hier schon so abrackerte, wollte ich auch, dass die Leute zu sehen bekommen würden, was ich geschafft hatte.

Nur, wie sollte ich jetzt hier runterkommen? Wie bitte? Langsam mit den Füßen runterhopsen? Im Ernst? Nun gut. Ich tat, wie mir geheißen, um endlich von dieser verdammten Riesenmauer runterzukommen, aber soll ich ehrlich sein? Ich rief den ganzen Weg von oben nach unten nach meiner Mami.

Dann kam ich endlich unten an. Wahnsinn! James guckte ganz schön dumm aus der Wäsche, er traute es sich gar nicht erst, es zu versuchen. Hihi …

Ich hatte gewonnen. Was soll ich sagen? Girl-Power, Baby, Girl-Power!

*

Ja, all das habe ich wirklich gemacht. Und ich will noch viel mehr! Ein Flugzeug fliegen, den Mount Everest besteigen, ein wildes Pferd reiten, Fallschirmspringen und Paragleiten – einfach meine extreme Seite ausleben und jede Menge Adrenalin ausschütten. Denn jetzt kann ich all das endlich tun.

Ich bin bereit und die Welt sollte es auch sein. Aufgepasst, Xenia ist zurück!

15 Dinge

DIE MAN IM LEBEN GEMACHT HABEN SOLLTE

1. Den eigenen Körper erforschen

2. Einen guten Film mindestens zweimal sehen (es fällt einem immer noch etwas auf, das man vorher übersehen hatte)

3. Ein Buch lesen (meins)

4. Auf der Wiese liegen und den Geräuschen der Natur lauschen

5. Den Bäumen im Wald für den Sauerstoff danken

6. Einen Elefanten umarmen und seine Haut ertasten

7. Der Mutter für die eigene Geburt danken

8. Herausfinden, was einen selbst glücklich macht

9. Hilfsbereit sein und das unglaubliche Gefühl dabei spüren

10. Auf einer Party einfach völlig wild tanzen

11. Einen Brief schreiben

12. Aus tiefstem Herzen lachen

14. Nackt baden, egal, wann und wo

15. Schwarzen Nagellack auftragen

Kapitel 9

Prinzessin von ganz nah dran

Mein Privatleben

Polit-X

Prinzessin Xenia spricht über Politikverdrossenheit und große Persönlichkeiten

Als Prinzessin lernt man schon früh, dass es Themen gibt, die man in Konversationen am besten vermeidet, damit sich die Gemüter nicht erhitzen. Mit der Politik ist das so, denn man tritt immer jemandem auf die Füße, egal was man sagt. Also ist dieses Kapitel über Politik auch im Abschnitt »Mein Privatleben« zu finden. Denn irgendwie hat sich diese Regel in meinem Kopf festgesetzt: Über Politik spricht man nicht in der Öffentlichkeit.

Doch wir sind ja nun hier unter uns, also kann ich ganz offen zu Ihnen sein. Ich bin kein ausgesprochen politischer Mensch, sondern nur eine ganz normale 24-jährige Frau, die wie alle anderen versucht, auf dem Laufenden zu bleiben und zu verstehen, was in unserem Land und in der Welt passiert. Ich habe einen adligen Background, aber das bedeutet noch lange nicht, dass mich nur alte Werte und Traditionen interessieren. Nein, man muss die aktuellen Sorgen und Nöte der Menschen aufgreifen. Zur Zeit gibt es so viele Probleme, die die Menschen bewegen und die die Politik so schnell wie möglich lösen muss: Arbeitslosigkeit, fehlende Kita-Plätze, ungleiche Bildungschancen, ein immer ungerechter werdendes Gesundheitssystem und und und. Wir alle arbeiten, haben unser eigenes kleines Leben und unsere eigenen Probleme und verlassen uns darauf, dass die Politiker die Probleme der Menschen in diesem Land angehen. Sie sind unsere gewählten Vertreter und das ist ihr Job.

Das sollte er zumindest sein. Aber viele Politiker scheinen viel zu sehr damit beschäftigt zu sein, sich selbst darzustellen, und haben dabei wohl vergessen, warum sie im Amt sind. Mich erschreckt auch immer wieder der Umgangston, der in der Politik herrscht. Es muss doch möglich sein, verschiedene Vorschläge wie Erwachsene zu diskutieren. Ist es denn nötig, dass der eine an den Vorschlägen des anderen kein gutes Haar lässt, nur weil er in einer anderen Partei ist? Noch unverständlicher finde ich es, wenn sich dann sogar Mitglieder derselben Partei gegenseitig bekriegen.

Ich bekomme viele Briefe von Menschen, die gern wieder eine Monarchie in Deutschland hätten. Eine königliche Familie wäre ihnen anscheinend erträglicher als ein Haufen Politiker, die gern wichtige Entscheidungen über die Köpfe der Menschen hinweg treffen. Das Wort des Jahres 2010, »Wutbürger«, sagt doch schon einiges. Klar macht es uns Bürger wütend, wenn die Politik falsche oder gar keine Enscheidungen trifft und wir das Ganze ausbaden müssen, aber ich denke auch, dass man nicht vergessen darf, unter welchem hohen Druck Politiker heutzutage stehen. Und eine Monarchie ist nun weiß Gott nicht die Lösung unserer Probleme.

Neben aller Kritik muss man auch die vielen Dinge sehen, die man an diesem Land und seiner Politik wirklich schätzen kann. Wir haben eine Bundeskanzlerin, hey, das ist großartig, vor einigen Jahren hätte es bestimmt noch niemand für möglich gehalten, dass in Deutschland mal eine Frau auf dem Chefsessel sitzt. Und wenn ich auch nicht immer ihrer Meinung bin, finde ich es gut, in einem Land zu leben, in dem Frauen Bundeskanzlerin werden können. Respekt, Frau Merkel, es ist bestimmt nicht leicht, eine der wenigen Frauen zwischen all den Männern zu sein, sich durchzusetzen und wichtige Entscheidungen zu treffen!

Verglichen mit anderen Ländern haben wir es in Deutschland wirklich gut: Feuerwehr, Polizei und Krankenhäuser sind für alle Menschen da, die Straßen werden instand gehalten, damit sich jeder frei bewegen kann, es gibt eine gesetzliche Krankenversicherung und wer keine Arbeit hat, muss trotzdem nicht Hunger leiden. Viel zu oft nimmt man all das als selbstverständlich hin. Ich möchte damit nicht sagen, dass man daran nichts mehr verbessern könnte, aber man sollte eins nicht vergessen: Die meisten

Menschen auf diesem Planeten müssen unter sehr viel härteren Bedingungen leben. Es ist wichtig, dass wir uns all diese positiven Dinge erhalten, und das geht nicht ohne gute Leute, klar.

Ein Politiker, den ich bewundere, ist Helmut Schmidt, weil er für mich eine dieser herausragenden Persönlichkeiten ist, von denen es heutzutage nur noch wenige gibt. Ein charakterstarker Mensch mit hohen moralischen Ansprüchen, jedenfalls wirkt er so auf mich. Die meisten Leute reden immer nur davon, dass er der Einzige ist, der im Fernsehen raucht. Aber wenn Sie mich fragen: Wer in seinem Leben so viel geleistet hat, der darf verdammt noch mal auch in der Öffentlichkeit rauchen!

Als ich letztes Jahr hörte, dass seine Ehefrau Loki gestorben ist, bin ich ins Internet gegangen, um mich zu informieren, was passiert sei. Dabei stieß ich auf eine interessante Geschichte über Helmut Schmidt, die zeigt, was für einen außergewöhnlichen Charakter er hat. Als er Bundeskanzler war, ließ er das Schild von seiner Bürotür abnehmen, auf dem »Bundeskanzler« stand, weil er lieber auf die Kunst des Malers hinweisen wollte, dessen Werke in seinem Büro an der Wand hingen. Also ließ er stattdessen ein Schild mit der Aufschrift »Nolde-Zimmer« an seiner Tür anbringen.

Es ist nur eine kleine Geschichte, aber zeigt sie nicht auch, dass er eine große Persönlichkeit und einfach ein interessanter Mensch ist? Solche Art Menschen vermisse ich in der Politik. Es müsste viel mehr von ihnen geben. Und ich bin bestimmt nicht die Einzige, die das so sieht.

Ich denke, viel von dieser berühmten Politikverdrossenheit hat einfach damit zu tun, dass einzig und allein schlechte Nachrichten verbreitet werden. Die Medien orientieren sich an der Quote oder an Verkaufszahlen und berichten immer nur über Dinge, die den Menschen Angst machen. Die Welt ist nicht nur schlecht, aber wenn man das immer wieder behauptet, ist es doch kein Wunder, dass keiner mehr Lust hat, mit anzupacken.

Nehmen wir mal ein ganz einfaches Beispiel und stellen zwei Ereignisse eines Tages nebeneinander.

Ereignis 1: In Deutschland wütet ein schwerer Sturm, der viele Bäume entwurzelt. Einer dieser Bäume fällt auf einen Mercedes Benz, Schaden über 100.000 Euro, der Fahrer ist entsetzt und schlägt die Hände über dem Kopf zusammen.

Ereignis 2: Eine Hilfsorganisation eröffnet ein Kinderkrankenhaus in Äthiopien. Hier werden in Zukunft Kinder behandelt, die bisher vollkommen von medizinischer Versorgung abgeschnitten waren.

Was glauben Sie, über welches Ereignis eher in den Medien berichtet werden würde? Genau, ich denke auch, es wäre der Sturmschaden. Und dabei ist es doch klar, dass jeden Tag auch gute Dinge passieren, weil es so viele Menschen gibt, die sich für andere einsetzen, und das sehr oft sogar ehrenamtlich. Warum kann man nicht mehr über diese guten Dinge sprechen?

Natürlich darf man vor den großen Problemen nicht die Augen verschließen, aber es hat auch keinen Zweck, wenn aus Angst keiner mehr hilft, etwas Gutes zu tun. Ich nutze hiermit meine Chance und äußere eine Bitte: Liebe Medien, schreibt und sendet doch einfach auch mal etwas von den Helden des Alltags. Das würde vielleicht wieder mehr Menschen motivieren, selbst aktiv zu werden oder wenigstens am Stichtag ihren kleinen gefalteten Zettel in die Wahlurne zu werfen.

*

P.S.: Klar gehe ich wählen, das ist wichtig, denn ich möchte mitbestimmen, wie sich unser Land entwickelt.

Fan-atic

Prinzessin Xenia lädt ein zu einer Führung durch ihre persönliche »Hall of Fame«

Jeder Mensch braucht etwas oder jemanden, zu dem er aufsehen kann. Ich habe sie geliebt wie eine Besessene: meine Idole. Sie waren immer an meiner Seite, wenn auch nur als Poster an meiner Wand oder als Gesichter auf meiner Star-Bettwäsche. Ich bin davon überzeugt, dass es wichtig ist, im Leben Vorbilder zu haben, Menschen oder Ideen, die dich inspirieren und dir in schlechten Zeiten die Kraft geben weiterzumachen.

Und das hat gar nichts mit dem Alter eines Menschen zu tun: Jeder von uns braucht Inspiration. Unsere Idole bringen uns zum Lachen, zum Weinen, zum Nachdenken oder einfach dazu, endlich mal abzuschalten. Ich oute mich an dieser Stelle als leidenschaftlicher Fan. Und das hier sind meine sieben größten Idole:

Spice Girls

In der sagenumwobenen Spice-Girls-Zeit meiner Mädelsclique tanzten wir gemeinsam durchs Wohnzimmer und lieferten spektakuläre Playback-Gesangseinlagen ab. Natürlich hatte in unserer Band, den Spice Kids, auch jede ihr eigenes Vorbild bei den Spice Girls, meins war Emma Bunton aka »Baby Spice«. Wir zogen uns an wie sie, sangen ihre Songs und träumten davon, wie es wäre, ihr Leben zu leben.

Als *Spiceworld – Der Film* rauskam, gingen wir ganze viermal hintereinander ins Kino. Immer derselbe Film und jedes einzelne Mal hatten wir Spaß. Was soll ich sagen? Wir waren ein Haufen elfjähriger Mädchen und haben die Spice Girls einfach geliebt.

Britney Spears

Die zweite große Fan-Epoche meines Lebens begann mit Britney Spears. Als Teenie wollte ich so sexy sein wie sie, mich so anziehen wie sie und wie sie allein auf der großen Bühne stehen – ein perfekter Mädchentraum. Mit 14 gingen meine Freundin Sasi und ich zu einem ihrer Konzerte nach Dortmund, wir saßen ganz weit hinten und konnten ohne Fernglas nicht mal ihre Silhouette sehen. Aber wir atmeten dieselbe Luft wie Britney, gingen auf demselben Boden wie sie und winkten ihr zu auf der weit, weit entfernten Bühne. Sie sah uns nicht, aber wir blieben ihr treu … Bis zu dem Tag, an dem Paris Hilton ihre neue beste Freundin wurde. Da hatte sie wohl nicht nur ihr Höschen zu Hause vergessen, sondern auch ihr Gehirn.

Christina Aguilera

Die Schönheit einer Elfe gepaart mit der Stimmgewalt einer Diva à la Aretha Franklin. Es war diese unglaubliche Mischung, die Christina Aguilera heißt, die mich dazu brachte, an meiner eigenen Stimme zu arbeiten. Ich singe nicht jeden Song von ihr, mein Respekt vor ihrer Arbeit ist einfach zu groß, schließlich ist X-tina für mich keine x-beliebige Künstlerin. Ich weiß, ich würde ihr noch nicht einmal im Ansatz das Wasser reichen können. Also versuche ich es lieber erst gar nicht.

Hans Zimmer

Alles fing an mit Disneys *Fluch der Karibik* – der Film war wirklich gut, aber was mich absolut fesselte, waren nicht Johnny Depp und Keira Knightley, sondern die Filmmusik. Ich konnte gar nicht abwarten, bei den Credits am Ende des Films endlich den Namen des Schöpfers dieser genialen Musik zu entdecken. Hans Zimmer, ein begnadeter Mann mit einem außerordentlichen Sinn für das

Gefühl in einem Musikstück. Wenn ein Film über mein Leben gedreht werden würde, käme nur er für den Soundtrack infrage. Wenn ich meine Songs komponiere, ist er es, der mich dazu antreibt, besser zu werden. Er ist mein Vorbild, eine Quelle der Inspiration.

Imogen Heap

Die Musik von Imogen Heap fesselt mich schon seit ein paar Jahren. Ihre Songs begleiteten mich durch meine Tumor-Operation und die Zeit im Krankenhaus. *Hide and Seek* lief bei mir rauf und runter, jeden Tag, immer wieder. Endlich konnte ich wieder klar denken, ohne Kopfschmerzen und Druckgefühl im Schädel. Ihr Lied spiegelte meine Gefühle so genau wider, als wäre es meine Musik gewordene Seele.

Lenny Kravitz

»I want to get away, I want to fly away …«
Für mich war Lenny Kravitz lange Zeit ein Gott, sein Song *Fly Away* von 1999 einer der ersten, die ich auf meiner Gitarre spielen konnte. Neben seinem musikalischen Talent sieht er einfach fabelhaft aus und er war mit meinem Lieblings-*Victoria's Secret*-Model Adriana Lima zusammen. Einmal gemeinsam mit ihm Gitarre spielen – ein Traum.

Clueso

Clueso fand ich von Anbeginn seiner Karriere interessant. Songwriter, Sänger und Produzent in einer Person – da ist er für mich ein Vorbild und spätestens seit seinem Song *Chicago* bin ich eine große Bewunderin seiner Musik. Er hat das Talent, Musik zu machen, die nie langweilig wird, egal wie oft man sie hört. Manchmal höre ich seine Lieder stundenlang auf Repeat. Seine Stimme und seine Songs gehen mir direkt ins Herz. Ein toller Mann mit einem großen Gespür für Melodien. Ich kenne ihn leider nicht persönlich, aber gegen eine Jamsession mit ihm hätte ich nichts einzuwenden.

*

Meine Idole begleiteten mich durch mein Leben und prägten meinen eigenen Stil. Aber darauf hatten auch viele Menschen aus meinem Umfeld Einfluss. Wer sagt denn, dass man nur Fan von großen Künstlern sein kann? Ich bin zum Beispiel ein riesiger Fan meiner Mutter und eine große Bewunderin meiner Freunde. Von jedem von ihnen kann ich etwas lernen, denn sie sind einzigartig.

Sport, Freunde, Leben, Liebe: Tricking

Prinzessin Xenia holt sich blaue Flecke und entdeckt ihren Ehrgeiz

Um Stress abzubauen, gibt es zahllose Möglichkeiten, manche gehen joggen, andere lesen ein Buch. Ich gehe zum Tricking. Noch nie gehört? Diese Kombination aus Akrobatik, Springen, Saltos und anderen coolen Moves habe ich in Berlin durch ein paar Freunde kennen- und lieben gelernt. Sie machen bei jeder Gelegenheit einen Trick, zum Beispiel einen Backflip (Rückwärtssalto), wenn sie im Supermarkt einkaufen gehen. Es ist auch schon vorgekommen, dass einer von ihnen einfach einen Backflip beim Bestellen bei McDonald's gemacht hat. (Ja, Dome, du bist gemeint.)

Lange Zeit habe ich ihnen nur dabei zugeschaut. Bis ich dann letzten Sommer in einem Park auch einmal mein Glück versuchen wollte. Ich ließ mir erklären, wie ein Handstandüberschlag geht, und legte los. Zwei Stunden und eine Million blauer Flecke an meiner kompletten Hinterseite später lag ich erschöpft auf dem Rasen und war glücklich.

Ich hatte den Handstandüberschlag nicht gestanden, hatte also kein direktes Erfolgserlebnis, dafür bekam ich etwas viel Besseres: Motivation. Dieser Trick hatte mich an meinem Ehrgeiz gepackt. Ich war mir sicher, dass ich den Trick stehen würde, und wollte es allen beweisen. Und so kam es, dass Prinzessin Xenia ein Tricking-Girl wurde. Dreimal die Woche Training, dreimal die Woche Dehn- und Kraftübungen und jedesmal wieder Mut beweisen.

Durch meine Philosophie des »einfach Machens« habe ich mir schnell den Ruf der Kamikaze-Blondine eingehandelt. Zum

Beispiel kamen einmal beim Training zwei Freunde zu mir und fragten: »Hey, wir wollen den ›Wallflip‹ üben, bist du dabei?« (Bei einem Wallflip, zu Deutsch »Wandsalto«, rennt man eine Wand hoch und macht dabei einen Rückwärtssalto.)

Klar war ich dabei. Der erste Versuch ging komplett in die Hose oder auf meinen Hintern, um genau zu sein, denn auf dem landete ich etwas unsanft. Ich hatte am höchsten Punkt des Saltos die Körperspannung verloren und war wie ein nasser Sack auf die Matte geknallt.

Aber aufgeben? No Chance! Ein paar Versuche später hatte ich den Trick geschafft. Und in dem Moment erlebte ich alles um mich herum, was diesen Sport ausmacht: Ich hatte es mir selbst bewiesen, den Respekt meiner Freunde gewonnen und als einziges Tricking-Girl in der Halle ordentlich gepunktet.

Ja, beim Tricking geht es um Respekt, Erfolg, Sport und Freunde. Es ist nicht nur Athletik, es ist Liebe! Im Internet gibt es darüber jede Menge Videos aus der ganzen Welt und manche rühren mich zu Tränen. Zum Beispiel eins von ein paar Jungs in einer Highschool, die wie die Verrückten trainieren. Dann steht einer einen schweren Trick und alle anderen rennen auf ihn zu und feiern ihn. Wenn ich das sehe, bekomme ich immer eine Gänsehaut.

Und wie überall sonst, gibt es natürlich auch beim Tricking Stars. Wenn ich beim Training »Alex Hunter« in die Menge schreie, kommt ein lautes »Lülülülülü« zurück, so eine Art respektvoller Kampfschrei. Alex wer?, fragen Sie sich jetzt wahrscheinlich. Er ist einer der talentiertesten Trickers aus den USA. Ich lernte ihn bei einem Gathering kennen, das ist ein Zusammentreffen von Trickers und denen, die es noch werden wollen: Ein Wochenende lang macht man zusammen Sport, isst und trinkt gemeinsam und lernt voneinander. Unglaublich, was dieser Junge macht! Jeder Trick ein Erfolg. Für mich ist er der Enrique Iglesias dieses Sports.

Das Treffen mit Alex Hunter hat mir viel Motivation gegeben, doch noch viel stolzer macht es mich, jede Woche mit den besten Trickers Berlins trainieren zu können. Jeder für sich ein Star in seinem Element und jeder von ihnen ein wahrer Freund. Die Namen Lucci, Fizzo, Dome und RJ wird man in diesem Sport auf jeden Fall noch öfter hören und wer weiß, vielleicht hört man auch irgendwann mal von mir, Xenia aka Tricking Kukki.

My castle is my home

Prinzessin Xenia spricht über Privatsphäre und öffnet die Pforten zu ihrem Palast

Wenn man wie ich viel mit Journalisten zu tun hat, muss man sich früher oder später die Frage stellen, wo eigentlich die eigene Privatsphäre anfängt. Einmal in einem Interview biss sich die Fragestellerin geradezu fest in der Frage, wie meine Unterwäsche aussieht. Möchte ich so etwas erzählen? Meine Unterwäsche ist bunt. Habe ich jetzt zu viel verraten?

Vielleicht wundern mich solche Fragen nur, weil ich mich selbst nicht als Promi sehe. Für mich ist mein Leben ja völlig normal. Was bei mir anders ist als bei den meisten Menschen mit »normalem« Beruf: Mein Tagesablauf ist jeden Tag verschieden und das finde ich super, denn so wird es nie langweilig. Nur mein Morgen sieht meistens gleich aus. Ich stehe auf, mache die Musik an, strecke und dehne mich erst mal. Danach mache ich mir einen Kaffee und schaue nach, welche Termine und Projekte heute anstehen. Und dann folgt der entspannteste Teil des Morgenrituals: Ich schaue mir eine halbe Stunde lang eine meiner Lieblingssendungen im Internet an und trinke meinen Kaffee. Meistens mache ich das alles natürlich gleichzeitig: Zähne putzen beim Yoga, Musik hören und dabei einen Film schauen? Kein Problem. Ich liebe Multitasking (und Männer, die es können).

Danach hänge ich mich für meine aktuellsten Projekte an die Telefonstrippe und bereite mich auf meine anstehenden Termine vor. Und damit ist die Routine auch schon vorbei. Der Rest meines Tages sieht immer anders aus: Egal, ob ich Beiträge fürs Fernsehen drehe, mich mit Journalisten zu Interviews treffe, an meinem Buch schreibe, Songs komponiere oder zu einer Veranstaltung gehe – jeder Tag ist erfrischend anders!

Mein Leben verläuft nie gleichmäßig und mein Job bringt es mit sich, dass ich viel gefilmt werde und dann zum Beispiel am Tag nach einer Party mein Gesicht im Fernsehen, in der Zeitung oder im Internet wiedersehe. Deswegen ist es mir auch so wichtig, ein Zuhause zu haben, in dem ich mich wohlfühle und von dem ich weiß, dass es mein Rückzugsort ist: ein Ort, an dem ich die Tür hinter mir schließen und einfach nur Xenia sein kann.

In den letzten Jahren wurde ich immer wieder von Journalisten gefragt, ob ich ihnen Einblick in meine »Privatgemächer« gebe. Ich kann diesen Wunsch wirklich gut verstehen. Wie gern würde ich mal bei Edward Norton im Wohnzimmer sitzen und schauen, wie mein Lieblingsschauspieler so wohnt. Was er wohl in seinem Kühlschrank hat? Milch und Brot? Oder vielleicht sogar etwas Unappetitliches? Wahrscheinlich werde ich es niemals erfahren. (Notiz an mich selbst: Herausfinden, wo Edward Norton wohnt.)

Die Wohnräume eines Menschen sind etwas sehr Privates, noch privater und intimer wäre nur noch eine Liebesbeziehung. Und selbst da pinkelt man nicht, wenn der andere im Raum ist, wenn Sie verstehen, was ich meine …

Ich teile mein Leben gern mit anderen, aber als ich im Sommer 2010 eine Anfrage von einem Fernsehsender bekam, ob ich eine kleine Beitragsreihe über meinen Umzug nach Berlin drehen möchte, war ich mir zunächst nicht sicher. Einerseits war der Gedanke gewöhnungsbedürftig, der Welt da draußen mein ganz persönliches, kleines Reich zu zeigen. Andererseits ging es ja nur um die Zeit meines Umzuges. Wie ich mich auf Dauer einrichten würde, wenn ich erst einmal richtig angekommen wäre, würde in dem Fernsehbeitrag ja nicht gezeigt werden.

Ich habe dann tatsächlich zugesagt und mein Umzug im Sommer flimmerte in der Weihnachtszeit über die Bildschirme. Doch seitdem hat sich natürlich schon einiges in meiner Wohnung getan. Also gebe ich jetzt ein kleines Update – einen erzählten Rundgang durch meine heiligen Hallen und sage: »Sesam, öffne dich!«

Im ersten Stock eines schönen Viertels in Berlin öffne ich die Eingangstür meiner Wohnung. Ich betrete den Flur, der sich wie ein Catwalk zu den einzelnen Zimmern zieht. Gehe ich nach rechts, führt mich eine Tür in die große Küche: ein Herd, ein Kühlschrank und jede Menge Cornflakes-Kram auf der rechten Seite, ein großer Tisch mit drei Stühlen auf der linken Seite und daneben die kleine Abstellkammer, in der schon so manches Geheimnis gebunkert wurde.

Die nächste Tür führt zu einem meiner Lieblingsplätze, dem Schuh- und Taschenschrank, einer vier Meter hohen Konstruktion, in der sich so viele Schuhe befinden, dass sogar *Sex and the City*-Ikone Carrie neidisch werden könnte. Manolo Blahniks stehen zwar nicht darin, dafür aber ein bunter Preisklasse- und Farbenmix meiner kleinen stöckelnden Lieblinge. Es sind nicht alles meine eigenen Schuhe, doch meine Mitbewohnerinnen und ich haben alle dieselbe Größe … wie praktisch!

Hinter dem Regal kommt die nächste Tür, sie führt ins Reich meiner liebenswerten Mitbewohnerin Sio. Aber die lassen wir lieber zu, denn das ist ihre Privatsphäre.

Dann kommt auf der linken Seite eine typische Altbautür, rund 2,20 Meter hoch und weiß. Ich mache sie auf und stehe jetzt in einem kleinen, aber feinen Mädchen-WG-Badezimmer. Hier gibt es eine Badewanne und in und auf den Schränken liegen Hunderte von Cremes, Haarpflege- und Schminkprodukten verstreut. Dabei natürlich: für jeden Tag ein neuer Duft. Abwechslung muss sein.

Die letzten zwei Türen auf dem Flur führen in Vanys und mein Zimmer. In meins dürfen Sie heute gern mal reinschauen. Meine Tür ist immer offen, denn für meine Mädels habe ich immer Zeit und außerdem liebt mein Hund Josy meine beiden Mitbewohnerinnen genauso sehr wie ich. Sie hat jetzt drei Mütter und hopst immer ganz aufgeregt von Zimmer zu Zimmer.

Der Mittelpunkt meines Zimmers ist mein Bett. Es ist weiß und auf ihm liegt eine weiche Matratze mit weißem Laken und weißer

Bettwäsche. Ein hellrosa Himmel bedeckt das Gestell und hängt wie ein Himmel darüber. Prinzessinnenhaft? In diesem Fall trifft das wohl zu …

Auf meiner weißen Kommode stehen ein Buddha und viele Andenken an schöne Momente in meinem Leben. Beispielsweise ein Ast, den ich an einem See fand und der mich jetzt an einen heißen Tag mit netten Menschen erinnert. Außerdem ein kleiner Stein, den ich in der Zeit entdeckte, als ich Songs für ein Album aufnahm. Die Kommode ist wie ein kleiner Schrein, auf dem viele, viele Dinge liegen, die mein Leben bereichert haben und es für immer begleiten werden.

Auf meinem Schreibtisch nebenan stehen meine vier Computer. Vier Computer? Ja, diese Leidenschaft begann schon, als ich noch ein Kind war. Alles, was elektronisch war, zog mich magisch an. Ich nahm mit sechs Jahren sogar meinen Kinderfernseher auseinander und baute ihn wieder zusammen. Das gleiche Spiel mit Laptops und Rechnern: Ich habe sie alle schon mindestens einmal auseinander- und wieder zusammengebaut, einfach um zu verstehen, wie sie funktionieren. Warum aber gleich vier davon? Ein Computer ist zum Musikhören, einer, um Fotos und Videos zu bearbeiten, der dritte für Computerspiele und um Musik zu komponieren und der vierte ist zum Schreiben da – gerade schreibe ich auf ihm mein Buch. Ich liebe sie alle, meine Computer, denn sie helfen mir, meine Träume zu verwirklichen.

An meinem Arbeitsplatz befinden sich aber auch noch andere Dinge. Eine Dose Tintenpatronen in Blau, Lila, Rosa, Grün und Orange. Ich benutze je nach Stimmung eine andere Farbe. Außerdem stehen dort eine Kaffeemaschine und ein paar Kerzen – fürs Ambiente!

Josys Reich befindet sich direkt neben meinem Bett, denn oft hat sie Albträume und so kann ich gleich bei ihr sein, um sie zu beruhigen. Sie hat ein kleines weißes Haus, in dem eine lila Decke liegt. Und wie das so ist, wenn man einen Hund hat, liegt immer irgendein Leckerchen oder Spielzeug herum.

Links neben meinem Bett steht ein kleiner dunkler Holztisch, der von großen Kissen umgeben ist. Wir nennen diesen Bereich die Chill-out-Ecke. Direkt daneben ist die Balkontür. Ich würde fast sagen, es ist unser Lieblingsplatz in der WG, mit frischer Luft und Sonne – herrlich!

An meinen Wänden hängen Collagen aus schönen Bildern, die ich aus Zeitschriften ausgeschnitten habe. Ein paar meiner selbstgemalten Bilder sind auch dabei.

Damit ist der Rundgang durch mein Reich auch schon beendet. Und da wir gerade so privat geworden sind, verrate ich zum Schluss noch ein bisschen über mich ganz persönlich: Jeden Tag versuche ich, mir selbst und anderen ein Geschenk zu machen. Das gibt mir ein gutes Gefühl und man sagt, dass die guten Dinge, die man tut, dreifach zu einem zurückkommen. Am Ende des Tages, kurz bevor ich schlafen gehe, schreibe ich dann alles, wofür ich an diesem Tag dankbar bin, in ein kleines Büchlein und mache zufrieden die Augen zu.

Probieren Sie es auch: Dankbarkeit ist ein tolles Gefühl!

Best Friends Forever

Prinzessin Xenia singt ein Loblied auf ihre Freunde

In der Schulzeit war ich der festen Überzeugung, ich hätte Tausende von Freunden. Die Mädels in meiner Klasse und ich schworen uns, für immer beste Freunde zu sein – von 99,9 Prozent der Girls habe ich seit zehn Jahren nichts mehr gehört. Traurig, aber so ist es nun mal. Wahre Freundschaft ist ein unbezahlbares Geschenk.

Zu meinen wahren Freunden zähle ich heute genau vier Menschen. Vier Freunde, denen ich zu einhundert Prozent vertraue, die ich liebe und für die ich alles tun würde.

Da wäre Sasi, eine meiner besten Freundinnen seit knapp elf Jahren. Wir haben die Pubertät, den ersten Kuss und die erste Trennung zusammen erlebt, sind immer füreinander da und kennen uns in- und auswendig. Wir haben gemeinsam so viele lustige Situationen durchlebt, dass unsere Insider-Witze aus all den Jahren ein ganzes Buch füllen würden.

Sasi und ich wohnten als Kinder in derselben Nachbarschaft, uns trennten knapp 800 Meter. Als wir uns in der Grundschule kennenlernten, waren wir beide die »Brillenschlangen«. Außerdem teilten wir eine Vorliebe für rosafarbene Klamotten und waren immer gut gelaunt. Die Grundschulzeit mit ihr waren wirklich tolle vier Jahre. Wenn ich Sasi mit den anderen Mädels aus unserer Runde vergleiche, ist ganz klar: Sie ist »die Fleißige« von uns. In der Schule schrieb sie immer Einsen, war ein absoluter Workaholic und schon damals sehr zielstrebig. Einfach eine tolle Frau: Sasi, ich bin stolz auf dich.

Die Zweite im Bunde der Best-Friends-Forever ist Jenny, auch seit elf Jahren mein Honey. Jenny kam in der siebten Klasse dazu und ist eindeutig »die Süße« im Bunde: langes blondes Haar, lange Beine und ein Charakter zum Niederknien. Ich würde sie unter Tausenden sofort erkennen und wenn sie mich von einer unbekannten Nummer aus anrufen würde, wüsste ich nach einem Wort: Sie ist es. Jenny war die Erste in meinem Freundeskreis, die ein Baby bekam. Die kleine Leni ist heute schon knapp zwei Jahre alt und unser aller Stolz. Jenny, die hast du wirklich gut hinbekommen!

Mit vierzehn sahen wir Mädels den Film *Der Hexenclub* und von da an waren wir der festen Überzeugung: Auch wir sind Hexen und wir können alles erreichen! Wir trafen uns und machten Liebeszauber unterm Apfelbaum, waren alle in denselben Jungen verliebt und haben alle auf ihn verzichtet – unsere Freundschaft war einfach so viel wichtiger.

Der Mann im BFF-Club ist mein bester Freund Halil. Seit sechs Jahren ist er meine männliche Bezugsperson Nummer eins und wie ein großer Bruder für mich. Wir halten einander immer auf dem Laufenden. Wenn ich ein Problem habe, rufe ich ihn an. Wenn er mal wieder ein sexy Girl kennengelernt hat, ruft er mich an. Er ist der Mensch, an den ich mich als Allererstes wenden würde, wenn ich schnell irgendwo raus müsste, und ich weiß: Er würde mich sogar in Bagdad abholen, wenn ich ihn darum bitten würde. Natürlich würde ich auch dasselbe für ihn tun.

Halil und ich lernten uns in einem Bus kennen, auf dem Weg zu einer Überparty. Er hatte eine FHM in der Hand und ich wollte mir die Mädels darin ansehen. So kamen wir ins Gespräch. In meinem ersten selbst produzierten Song, *Check The Club*, singe ich von einer Partysause mit meinen besten Freunden und er ist der Mann, der die neusten Clubs kennt und immer sofort am Start ist. Unbezahlbar …

Meine Freundschaft mit Halil ist außergewöhnlich, wir beschlossen einfach, keine sexuelle Beziehung zu haben und lieber füreinander da zu sein. Liebe vergeht, aber Freundschaft hält ein Leben lang.

Die Vierte ist Jule, »die Kluge« in der Gang. Wir lernten uns in Winnenden kennen und mochten uns nicht gerade auf Anhieb. Sie hatte fast alle Vorurteile, die man gegenüber einer blonden Prinzessin mit kleinem Hündchen haben kann. Und trotzdem quatschten wir bei einem Essen miteinander und merkten, dass wir wie füreinander geschaffen waren. Wären wir Mann und Frau, hätten wir wahrscheinlich schon geheiratet. Jule und ich haben in sehr kurzer Zeit extrem viel miteinander erlebt, das hat uns zusammengeschweißt. Sie spricht arabisch und ist einer der intelligentesten Menschen, die ich kenne. Ein Superweib!

In den ganzen Jahren gab es sehr viele Situationen, in denen eine oder einer von uns Hilfe brauchte. Und das Schöne war, wir waren immer füreinander da und sind es auch heute noch. Wir haben so viel miteinander erlebt, von einer Hochzeit über die Geburt eines Baby bis hin zu brenzligen Momenten, in denen einer dem anderen Deckung geben musste.

Wir sind heute alle über das Land verstreut, haben uns in verschiedenen Städten niedergelassen und begonnen, unsere eigenen Leben zu leben. Natürlich können wir uns da nicht mehr so oft sehen wie früher. Wenn es hoch kommt, telefonieren wir einmal im Monat. Aber unsere Clique ist trotzdem perfekt, für mich jedenfalls. Ich liebe diese Menschen wie meine Familie. Sie sind meine besten Freunde, meine Vertrauten und meine Hasen, die ich für immer in meinem Herzen tragen werde.

Ich liebe euch, ihr Rabauken!

Zukunft mit X-Faktor

Prinzessin Xenia wirft einen Blick in ihre Glaskugel

Ich sehe … einen Strand … eine Familie … da, das bin ich! 34 Jahre jung und immer noch knackig, wenn Sie mich fragen. Um mich herum spielen Kinder im Sand und lachen – meine Kinder! Und da, mein Mann: heißer Typ … Mein Job? Musikerin, Autorin und Komponistin für Filmmusik. Ich? Rundum glücklich!

Willkommen in meiner Zukunftsvision.

Sie fragen sich sicher, wie ich es wohl schaffen werde, in zehn Jahren all das zu erreichen. Lassen Sie es mich Ihnen erklären: Ich weiß, man kann nicht alles im Leben planen, und bestimmt sind die wenigsten Dinge vorhersehbar, doch wir alle besitzen eine Art Intuition, eine Stimme tief in uns, die uns im Team mit unserem Gewissen hilft, den richtigen Weg unter Tausenden zu wählen. Und das an jedem einzelnen Tag.

Was ich also tun werde, um an diesen paradiesischen Ort in meiner Zukunft zu gelangen? Ich werde auf mein Herz hören.

Ich bin mitten auf der Suche nach dem richtigen Weg für mich. Jeden Tag werde ich aufs Neue vor die Entscheidung gestellt, wohin die Reise gehen soll, ich komme an Abzweigungen und manchmal werde ich sicherlich auch in einer Einbahnstraße landen. Doch das gehört dazu: Seinen Weg muss jeder für sich allein finden.

Ich würde gern weiterhin Bücher schreiben, als nächstes Projekt plane ich bereits ein Kinderbuch. Vielleicht kommt dieser Wunsch daher, dass ich ein Mensch bin, der seiner eigenen Kindheit ganz nahe steht. Ich interessiere mich sehr für die Gedankenwelt von Kindern und möchte sie mit kleinen, liebevollen und auch hilfreichen Geschichten begeistern. Die Kindheit ist eine so wundervolle Zeit im Leben und wir alle sollten helfen, Kinder glücklich zu machen, sie zu erziehen, ihnen ein Vorbild zu sein und sie zu schützen. Denn sie brauchen uns.

Daher möchte ich mich in Zukunft für Kinder in Not engagieren. Ich würde gern Kindern, denen im Leben Schlimmes widerfahren ist, helfen, dies zu verarbeiten und wieder die schönen Seiten des Lebens wahrzunehmen.

Für mich ist das aufgrund meiner eigenen Kindheitserfahrungen ein ganz persönliches Anliegen. Ich denke, dass viele Fälle von Gewalt gegenüber Kindern verhindert werden könnten. Dazu muss ein Bewusstsein geschaffen werden, dass Kinder unseres besonderen Schutzes bedürfen. *Wir alle* sind für sie verantwortlich und dürfen nicht wegsehen, wenn wir den Verdacht haben, dass einem Kind Leid zugefügt wird.

Ich hoffe, dass ich in Zukunft meinen Teil dazu beitragen kann, dieses Bewusstsein zu schaffen.

Aber das ist noch lange nicht alles. Meine allwissende Glaskugel hat mir nicht umsonst eine glückliche Familie gezeigt: Ich möchte auf jeden Fall Kinder haben – sobald der richtige Mann dafür in mein Leben tritt. Und bis ich den gefunden habe, bleibt Musik die Liebe meines Lebens und meine größte Leidenschaft. Es ist ein Traum von mir, eines Tages von meiner Musik leben zu können und Filmmusik zu komponieren.

Sie finden das ganz schön ehrgeizig? Mag sein, aber ich habe gelernt, dass es sich lohnt, sich auf die Dinge zu konzentrieren, die einem wirklich am Herzen liegen. Und daher möchte ich mich mit den Worten einer meiner Namensgeberinnen, Florence Nightingale, verabschieden:

»Wenn man mit Flügeln geboren wird, sollte man alles dazu tun, sie zum Fliegen zu benutzen.«

Passen Sie auf sich auf!
Ihre Xenia

ENDNOTEN

1) ProSieben Television GmbH: Pressemappe. Abrufbar unter: http://www.presseportal.de. Wird Luder-Prinzessin Xenia von Sachsen »Popstar«? http://www.presseportal.de/pm/25171/600659/prosieben_television_gmbh. Erstellt: 28.09.2004, 12:53 Uhr. Eingesehen: 30.01.2011, 15:37 Uhr.

2) Artikel zum Stichwort »Luder« in: Wikipedia. Abrufbar unter: http://de.wikipedia.org/wiki/Luder. Eingesehen am 2.03.2011, 18:10 Uhr.

3) Artikel zum Stichwort »Promiskuität« in: Wikipedia. Abrufbar unter: http://de.wikipedia.org/wiki/Promiskuit%C3%A4t. Eingesehen am 2.03.2011, 18:12 Uhr.

4) Prinz Marcus Eberhard Edward von Anhalt Herzog zu Sachsen und Westfalen Graf von Askanien: Prinz Germany. Abrufbar unter: http://www.princegermany.com. Rubrik: My Life or my Philosophy. http://www.princegermany.com/prince.html. Rubrik: about me. Eingesehen am 28.03.2011, 14:42 Uhr.

5) Ebd.

6) Ebd.

7) Maja Synke Prinzessin von Hohenzollern: Offizielle Homepage. Abrufbar unter: http://www.prinzessin-von-hohenzollern.de. Rubrik: Historie. http://www.prinzessin-von-hohenzollern.de/historie.html, abgerufen am 22.10.2010, 10:18 Uhr.

8) Maja Synke Prinzessin von Hohenzollern: Offizielle Homepage. Abrufbar unter: http://www.prinzessin-von-hohenzollern.de. Rubrik: Produktlinie. Maja's exklusive Krabbelschuhe. A Princess World. Exklusive Krabbelschuhe von einer Prinzessin für kleine Prinzen und Prinzessinnen. http://www.prinzessin-von-hohenzollern.de/img/katalogdeutsch.pdf, abgerufen am 28.02.2011, 15 Uhr.

9) Ebd.

QUELLEN

Literatur

Gross, Reiner: Geschichte Sachsens. Leipzig: Edition Leipzig 2001.

Prinz von Sachsen Herzog zu Sachsen, Albert: Die Albertinischen Wettiner. Geschichte des Sächsischen Königshauses 1763-1932. Gräfeling: E. Albrecht Verlags-KG 1991.

Internet

Artikel zum Stichwort »Luder« in: Wikipedia. Abrufbar unter: http://de.wikipedia.org/wiki/Luder. Eingesehen am 2.03.2011, 18:10 Uhr.

Prinz von Anhalt Herzog zu Sachsen und Westfalen Graf von Askanien, Marcus Eberhard Edward: Prinz Germany. Abrufbar unter: http://www.princegermany.com. Rubrik: My Life or my Philosophy. http://www.princegermany.com/prince.html. Rubrik: about me. Eingesehen am 28.03.2011, 14:42 Uhr.

Prinzessin von Hohenzollern, Maja Synke: Offizielle Homepage. Abrufbar unter: http://www.prinzessin-von-hohenzollern.de. Rubrik: Historie. http://www.prinzessin-von-hohenzollern.de/historie.html, abgerufen am 22.10.2010, 10:18 Uhr.

Prinzessin von Hohenzollern, Maja Synke: Offizielle Homepage. Abrufbar unter: http://www.prinzessin-von-hohenzollern.de. Rubrik: Produktlinie. Maja's exklusive Krabbelschuhe. A Princess World. Exklusive Krabbelschuhe von einer Prinzessin für kleine Prinzen und Prinzessinnen. http://www.prinzessin-von-hohenzollern.de/img/katalogdeutsch.pdf, abgerufen am 28.02.2011, 15 Uhr.

Prinz von Sachsen Herzog zu Sachsen, Albert; Prinzessin von Sachsen Herzogin zu Sachsen, Elmira: Internetpräsenz des Hauses Wettin. Abrufbar unter: http://www.prinz-albert-von-sachsen.de/. Rubrik: Geschichte des Hauses Wettin von seinen Anfängen bis zur Gegenwart. http://www.prinz-albert-von-sachsen.de/inhalt/historie/hist_haus_wettin.htm, abgerufen am 10.01.2011, 13:48 Uhr.

Artikel zum Stichwort »Promiskuität« in: Wikipedia. Abrufbar unter: http://de.wikipedia.org/wiki/Promiskuit%C3%A4t. Eingesehen am 2.03.2011, 18:12 Uhr.

ProSieben Television GmbH: Pressemappe. Abrufbar unter: http://www.presseportal.de. Wird Luder-Prinzessin Xenia von Sachsen »Popstar«? http://www.presseportal.de/pm/25171/600659/prosieben_television_gmbh. Erstellt: 28.09.2004, 12:53 Uhr. Eingesehen: 30.01.2011, 15:37 Uhr.

Xenia Prinzessin von Sachsen
XENIA
Aus dem Leben einer Prinzessin im 21. Jahrhundert
ISBN 978-3-86265-040-8

Lektorat: Carolin Stanneck
Titelbild: Nico Klein-Allermann | Fotos im Bildteil: Privatarchiv Iris von Sachsen: S. IV-VIII unten links, S. IX-XI, Holger Schupp: S. XII-XIII, Gabriele Zwicklbauer: S. II-III, S. VIII unten rechts, Nico Klein-Allermann: S. I, S. XIV-XVI

KATALOG
Wir senden Ihnen gern kostenlos unseren Katalog.
Schwarzkopf & Schwarzkopf Verlag GmbH
Kastanienallee 32, 10435 Berlin
Telefon: 030 – 44 33 63 00
Fax: 030 – 44 33 63 044

INTERNET & E-MAIL
www.schwarzkopf-schwarzkopf.de
info@schwarzkopf-schwarzkopf.de